Lecture Notes in Operations Research and Mathematical Systems
Economics, Computer Science, Information and Control

Edited by M. Beckmann, Providence and H. P. Künzi, Zürich

Series: Institut für Gesellschafts- und Wirtschaftswissenschaften der Universität Bonn. Advisers: H. Albach, F. Ferschl, W. Krelle

35



F. Ferschl

Institut für Gesellschafts- und Wirtschaftswissenschaften der Universität Bonn

# Markovketten

Springer-Verlag Berlin Heidelberg GmbH 1970

ISBN 978-3-540-04958-6 ISBN 978-3-642-95166-4 (eBook)
DOI 10.1007/978-3-642-95166-4


Originally published by Springer-Verlag Berlin Heidelberg New York in 1970
Softcover reprint of the hardcover 1st edition 1970

Library of Congress Catalog Card Number 71-133863 Title No. 3784

# Vorwort

Das vorliegende Skriptum ist die Ausarbeitung einer zweistündigen Vorlesung, die ich im Wintersemester 1969/70 an der Universität Bonn, hauptsächlich für Studenten der Volkswirtschaft, hielt. Selbstverständlich ließ sich in dieser knappen Zeit der Stoff nicht in der Breite behandeln, wie er nun in diesem Band der Lecture Notes vorgelegt wird. Ich habe daher auf ausführliche Beweise im mündlichen Vortrag verzichtet, es sei denn, sie boten durch eine neue und spezielle Wendung des Gedankens besonderes Interesse oder sie waren ganz kurz und leicht darzulegen. Dafür habe ich versucht, einer eingehenden Diskussion neueinzuführender Begriffe und der Bedeutung von Sätzen im Gesamtzusammenhang der Theorie mehr Raum zu bieten. Ich konnte dies um so leichter tun, als ich meinen Hörern das Erscheinen eines ausgearbeiteten Manuskripts zu versprechen in der Lage war. Beide Partner, Hörer sowie Dozent, nahmen somit dankbar die Institution der Lecture Notes in Anspruch, die es gestattete, ein umfangreiches Gebiet in relativ kurzer Zeit recht intensiv zu behandeln. Darüberhinaus versuchte ich, das Manuskript so abzufassen, daß es auch für einen breiteren Leserkreis interessant würde.

Wegen der vorhandenen, mannigfachen Anwendungsmöglichkeiten von Markovketten mit abzählbarem Zustandsraum in der Unternehmensforschung - man denke etwa an die Methode der eingebetteten Markovketten in der Theorie der Warteschlangen - habe ich mich nicht auf den wesentlich leichteren Fall des endlichen Zustandsraums beschränkt. Ein sehr interessantes Gebiet, das in den letzten Jahren starke Beachtung und intensive Bearbeitung erfuhr, nämlich die Anwendung der Potentialtheorie im Bereich der Markovprozesse, konnte hier jedoch nicht behandelt werden. An die vorliegenden Ausführungen kann jedoch leicht die Lektüre der im Anhang als einschlägig gekennzeichneten Werke angeschlossen werden.

An dieser Stelle darf ich auf einen Gesichtspunkt hinweisen, den ich in dieser Vorlesung besonders betont habe, nämlich die Verwendung von gerichteten Graphen bzw. von Begriffen aus der Theorie der Relationen. Es zeigt sich, daß dieses Instrumentarium erstaunlich weit ohne den Gebrauch wahrscheinlichkeitstheoretischer Überlegungen vorzudringen gestattet; besonders deutlich wird dies im Falle des endlichen Zustandsraums oder bei der Untersuchung periodischer Zustände. Darüberhinaus wird es möglich, die etwas verwirrende Vielfalt der Begriffe, die sich besonders bei der Klassifikation von Zuständen zwischen verschiedenen Autoren ausgebreitet hat, übersichtlich zu ordnen.

Im letzten Abschnitt habe ich kurz auch die - neuerdings nur noch etwas stiefmütterlich behandelte - algebraische Theorie der Potenzen stochastischer Matrizen gestreift. Dabei ließ ich es mir angelegen sein, praktisch handhabbare Rechenmethoden für die Bestimmung der Potenzen mit dem Exponenten als Parameter anzugeben. Zum Abschluß findet sich ein Zahlenbeispiel, welches das Auftreten der Jordanschen Normalform bei stochastischen Matrizen konkret zeigt.

Ich möchte schließlich nicht versäumen, Herrn Gerd Stahl zu danken, der für die sorgfältige Herstellung des Manuskripts verantwortlich zeichnete.

F. Ferschl

Inhaltsverzeichnis

# 1. Die Definition stochastischer Prozesse

## 1.1 Einige Grundbegriffe der Wahrscheinlichkeitstheorie

An den Beginn stellen wir einige Grundbegriffe der Wahrscheinlichkeitstheorie, die für eine Definition des stochastischen Prozesses von Bedeutung sind. Grundlegend sind die Begriffe Stichprobenraum, Ereignis, Wahrscheinlichkeitsmaß und Zufallsgröße.

Ausgangspunkt ist eine Grundmenge $\Omega$, der Stichprobenraum; Elemente von $\Omega$ bezeichnen wir mit $\omega$; wir nennen sie Punkte des Stichprobenraumes oder auch Ergebnisse.

Weiter werden Klassen von Teilmengen des Stichprobenraumes betrachtet. Eine Klasse $\mathcal{F} = \{A, B, \ldots\}$ von Teilmengen von $\Omega$ heißt $\sigma$-Feld, wenn die Elemente von $\mathcal{F}$ folgenden Bedingungen genügen:

a) Die Menge $\Omega$ gehört zu $\mathcal{F}$.
b) Mit der Teilmenge A gehört auch das Komplement $\bar{A}$ zu $\mathcal{F}$.
c) Gehören alle Glieder der Mengenfolge $A_1, A_2, \ldots$ zu $\mathcal{F}$, so auch deren Vereinigung $A_1 \cup A_2 \cup \ldots = \bigcup_{\nu=1}^{\infty} A_\nu$.

Die Elemente von $\mathcal{F}$ nennen wir Ereignisse.

Als nächstes führt man eine reellwertige Mengenfunktion P ein, die für alle Ereignisse $A \in \mathcal{F}$ definiert sei. Wir nennen die Funktion P ein Wahrscheinlichkeitsmaß, wenn sie folgenden Axiomen genügt:

1. $P(\Omega) = 1$ (1.1)
2. $P(A) \geq 0$ für jedes Ereignis A (1.2)
3. Es sei $A_1, A_2, \ldots$ eine Folge von einander ausschließenden Ereignissen. Dann gilt:

$$P(A_1 \cup A_2 \cup \ldots) = P(A_1) + P(A_2) + \ldots \tag{1.3a}$$

oder

$$P(\bigcup_{\nu=1}^{\infty} A_\nu) = \sum_{\nu=1}^{\infty} P(A_\nu) \tag{1.3b}$$

Die Zahl P(A) nennen wir die Wahrscheinlichkeit des Ereignisses A.

Ein Tripel $(\Omega, \mathcal{F}, P)$, bestehend aus einem Stichprobenraum $\Omega$, einem $\sigma$-Feld $\mathcal{F}$ und einem auf $\mathcal{F}$ definierten Wahrscheinlichkeitsmaß P nennen wir einen Wahrscheinlichkeitsraum.

Für zwei Ereignisse A, B definiert man die bedingte Wahrscheinlichkeit von A, gegeben B durch

$$P(A|B) = \frac{P(AB)}{P(B)} \tag{1.4}$$

vorausgesetzt $P(B) > 0$. In der Theorie der stochastischen Prozesse hat man es auch mit bedingten Wahrscheinlichkeiten zu tun, bei denen das bedingende Ereignis B die Wahrscheinlichkeit $P(B) = 0$ besitzt. In solchen Fällen hat man zusätzliche Definitionen einzuführen, die in geeigneter Weise an den vorliegenden Sachverhalt anzupassen sind.

Schließlich betrachten wir eine Abbildung des Stichprobenraumes $\Omega$ in die Menge $\mathbb{R}$ der reellen Zahlen

$$X:\ \Omega \longrightarrow \mathbb{R} \tag{1.5a}$$

Dem Element $\omega$ werde dabei die Zahl $X(\omega) \in \mathbb{R}$ zugeordnet. Ist für jedes $x \in \mathbb{R}$ die Menge $\{\omega | X(\omega) \leq x\}$ ein Ereignis, also ein Element aus $\mathcal{F}$, so nennen wir die Abbildung X eine Zufallsgröße. Ereignisse der Form $\{\omega | X(\omega) \leq x\}$ schreiben wir kurz auch $\{X \leq x\}$.

Anmerkung:
Neu gegenüber elementaren Betrachtungen ist die Einführung des $\sigma$-Feldes $\mathcal{F}$ und die Betrachtung einer Zufallsgröße als Abbildung. Die Klasse aller Teilmengen von $\Omega$ ist zwar ein (spezielles) $\sigma$-Feld; gerade die Theorie der stochastischen Prozesse hat aber gezeigt, daß man allgemeine $\sigma$-Felder zu betrachten hat; im allgemeinen ist es nicht möglich, allen Teilmengen von $\Omega$ Wahrscheinlichkeiten zuzuordnen.

## 1.2 Einführende Beispiele für stochastische Prozesse

Stochastische Prozesse sind mathematische Modelle für Zufallsexperimente, die man als eine Folge aufeinanderfolgender Versuche und Beobachtungen, - oder ganz allgemein - als die Registrierung eines zufallsbedingten Ablaufs ansehen kann. Einige Beispiele mögen konkretes Anschauungsmaterial liefern.

Beispiel 1.1
Eine Münze werde wiederholt geworfen. Bezeichnen wir die Ergebnisse eines Münzwurfs mit Z = Zahl, W = Wappen, so registrieren wir als Ergebnisse des Zufallsexperimentes "wiederholtes Werfen der Münze" unendliche Folgen der Form

$$\omega = (Z, Z, W, Z, W, W, \ldots)$$

Das spezifische Instrumentarium der Theorie der stochastischen Prozesse kommt nämlich erst dann ins Spiel, wenn eine unbeschränkte Anzahl von Versuchen, also unendliche Folgen von Wurfergebnissen betrachtet werden.

Beispiel 1.2

Dem Zufallsexperiment des Beispiels 1.1 können wir weitere stochastische Prozesse zuordnen.

a) Zwei Spieler I und II benutzen die Münzwurfserie zu einem Glücksspiel: erscheint W, zahlt Spieler I an II eine Geldeinheit, erscheint Z erfolgt die Zahlung von II an I. Beide Spieler mögen über unbegrenztes Spielkapital verfügen. Spieler I registriere nun sein Gewinnkonto fortlaufend. Eine solche Aufzeichnung, die wir an den Spielverlauf $\omega$ des Beispiels 1.1 anschließen, ist etwa:

$$\omega \longrightarrow \omega' = (1, 2, 1, 2, 1, 0, \ldots).$$

Man sieht sofort, daß dieser stochastische Prozess auch als Bewegung auf dem Ganzzahlengitter der Zahlenachse gedeutet werden kann:

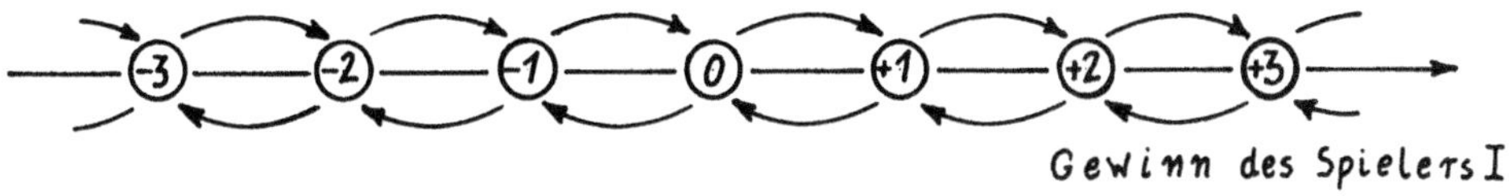


Abb. 1.1 Graph des Spielverlaufs

b) Wir nehmen an, daß beide Spieler zu Beginn nur über ein begrenztes Spielkapital verfügen, etwa je drei Geldeinheiten. Ist das Spielkapital eines Spielers erschöpft, ist die Spielserie beendet. Betrachten wir wieder den Gewinn-Registraturprozeß des Spielers I: Gewinne der Höhe +3 oder -3 zeigen das Ende des Spieles an. Wir treffen die Konvention, daß die Registratur, der unendlichen Wurfserie folgend, auch über das Spielende hinaus ausgedehnt wird. Dann registrieren wir, einmal im Zustand "-3" oder "+3" angelangt, immer dieselbe Zahl. Ein mögliches Spielergebnis wäre:

$$\omega = (1, 0, 1, 0, -1, -2, -3, -3, -3, \ldots)$$

Wir nennen die Zustände von der Art der Registraturen -3 und +3 auch absorbierende Zustände.

Beispiel 1.3

Wir beobachten das Wettergeschehen an aufeinanderfolgenden Tagen. Dabei reduzieren wir die große Mannigfaltigkeit des Wettergeschehens, indem wir - mittels geeigneter Kriterien - nur die Ergebnisse G = gut, S = schlecht für jeden Tag festhalten. Die Realisierungen dieses Beobachtungsexperimentes sind Folgen

$$\omega = (G, G, S, G, G, \ldots).$$

Nehmen wir nun an, es sei bekannt, daß $P(G) = P(S) = \frac{1}{2}$. Man könnte nun vermuten, daß das Modell des Münzwurfs auf den Prozeß des Wetterablaufs anwendbar sei. Dies widerspricht jedoch der Erfahrung insofern, als das Wettergeschehen aufeinanderfolgender Tage nicht unabhängig voneinander abläuft, im Gegensatz zum Münzwurfexperiment, in dem die Unabhängigkeit der einzelnen Münzwürfe praktisch immer gegeben ist.

Die Gewinnregistraturen der Beispiele 1.2 a) und 1.2 b) zeigen auch - obwohl aus dem Münzwurfexperiment abgeleitet - eine ausgegeprägte Abhängigkeit: In Beispiel a) kann z.B. auf eine gerade Zahl nie eine gerade Zahl folgen; im Beispiel b) folgt auf +3 bzw. -3 immer dieselbe Zahl.

Es werden vor allem Prozesse mit solchen Abhängigkeitsstrukturen sein, die uns im Hauptteil der Vorlesung beschäftigen.

In den vorangehenden Beispielen werden die Beobachtungen an diskreten Zeitpunkten getätigt, etwa nach dem ersten, zweiten, dritten, ... Münzwurf, oder an aufeinanderfolgenden Tagen. Desgleichen bilden auch die möglichen Ergebnisse zu jedem Zeitpunkt eine abzählbare Menge. In den beiden folgenden Beispielen zeigen wir mögliche Verallgemeinerungen.

Beispiel 1.4

Vor einem Schalter treffen in zufällig schwankenden Abständen Kunden ein. Ihre Bedienungszeit ist gleichfalls eine Zufallsgröße. Wir stellen ein Beobachtungsexperiment an und registrieren den zeitlichen Verlauf der Anzahl der vor dem Schalter wartenden Personen. Als Ergebnis erhalten wir Stufenfunktionen mit den Sprunghöhen +1, -1, wie in Abb. 1.2 dargestellt:

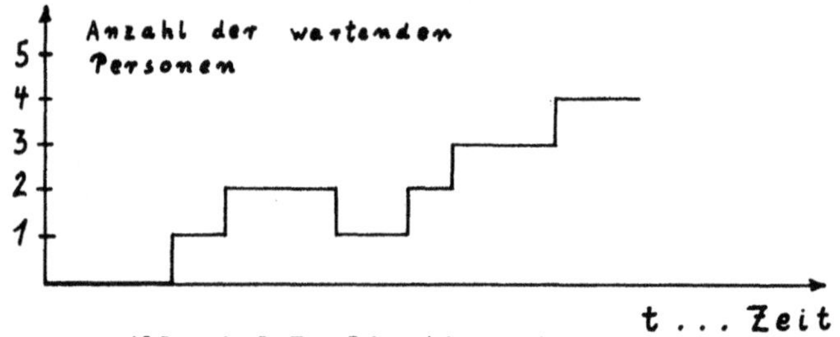


Abb. 1.2 Realisation eines Warteexperiments

Beispiel 1.5

In einem gehirnphysiologischen Experiment möge der Verlauf der Potentialdifferenz zwischen zwei Sondenpunkten registriert werden. Ein mögliches Versuchsergebnis zeige Abb. 1.3:

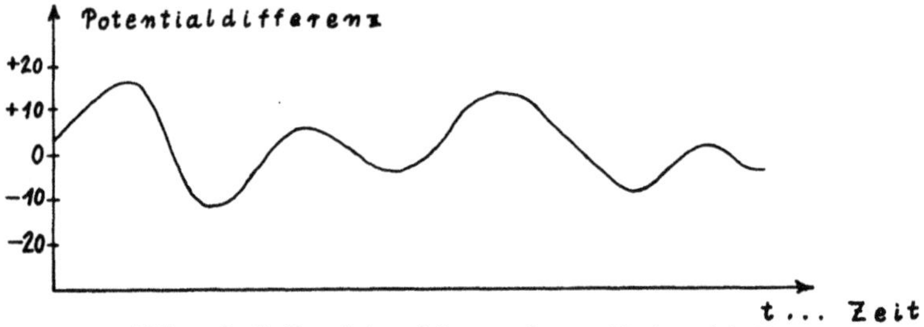


Abb. 1.3 Realisation einer Potentialmessung

In Beispiel 1.4 wurde die Menge der Beobachtungszeitpunkte kontinuierlich gewählt, in Beispiel 1.5 darüberhinaus auch die Menge der möglichen Beobachtungswerte. Ein Versuchsergebnis $\omega$ kann nun nicht mehr als Folge hingeschrieben werden, sondern als Graph einer Funktion.

## 1.3 Definition des stochastischen Prozesses.

Gegeben sei ein Wahrscheinlichkeitsraum ($\Omega$, $\mathcal{F}$, P) und eine unendliche, geordnete Indexmenge $T = \{t\}$. Im folgenden sei T immer als Menge von reellen Zahlen verstanden.

Definition 1.1

Ein stochastischer Prozeß $\mathcal{X}$ ist eine Menge von Zufallsgrößen $X_t$, in Zeichen:

$$\mathcal{X} = \{X_t \mid t \in T\} \tag{1.6}$$

Die Menge T nennen wir den Parameterraum des stochastischen Prozesses. Meist wird der Parameter t als Zeit gedeutet.

Der Wertevorrat der Abbildung $X_t$ sei die Menge $S_t$. Die Vereinigungsmenge $S = \bigcup_t S_t$ nennen wir den Zustandsraum des stochastischen Prozesses.

In (1.6) wird ein stochastischer Prozeß als eine Menge von Abbildungen von $\Omega$ in $\mathbb{R}$ erklärt. Eine weitere Interpretation ergibt sich folgendermaßen: Wir fassen ein festes $\omega \in \Omega$ ins Auge. Jedes $t \in T$ liefert genau einen Bildpunkt $X_t(\omega)$ in S, das heißt: ein festes $\omega$ induziert eine Abbildung

$$x_\omega : T \longrightarrow S \tag{1.7a}$$

$$\text{durch} \quad t \longrightarrow X_t(\omega) \tag{1.7b}$$

Es gilt also

$$x_\omega(t) = X_t(\omega) \tag{1.8}$$

Die dem Stichprobenpunkt $\omega$ zugeordnete Funktion nennen wir Stichprobenfunktion. Auf diese Weise kann man einen stochastischen Prozeß als Verallgemeinerung einer Zufallsgröße auffassen: Eine Zufallsgröße X ordnet jedem $\omega$ eine Zahl zu, ein stochastischer Prozeß ordnet jedem $\omega$ eine Funktion zu, die den Parameterraum T in die Menge S abbildet.

Schließlich ist noch eine dritte Auffassung möglich: Jedem Paar $(\omega, t) \in \Omega \times T$ wird durch den stochastischen Prozeß eine Zahl $X_t(\omega)$ aus S zugeordnet. Man schreibt daher oft $X(t,\omega)$ anstelle von $X_t(\omega)$. Läßt man das Argument $\omega$ weg, so erhält man die Schreibweise X(t) für die Zufallsgröße $X_t$, die besonders dann günstig ist, wenn durch eine notwendige Unterscheidung der Zeitpunktet Staffelindizes notwendig würden.

Es ist üblich, die folgenden vier Typen stochastischer Prozesse besonders herauszustellen. Die Typen werden gebildet durch die Unterscheidung in Prozesse mit diskretem (abzählbaren) und kontinuierlichem Parameterraum und in Prozesse mit diskretem und kontinuierlichem Zustandsraum. Wir geben nachstehend einige Beispiele in Tabellenform:

| Prozeß | Parameterraum | Zustandsraum |
|---|---|---|
| Folge von Münzwürfen (Beispiel 1.1, 1.2)<br>Wetterabfolge (Beispiel 1.3) | diskret | diskret |
| Warteschlange vor einem Schalter (Beispiel 1.4) | stetig | diskret |
| Folge von stetigen Zufallsgrößen $X_1, X_2, X_3, \ldots$ | diskret | stetig |
| Registrieren von Potentialdifferenzen (Beispiel 1.5)<br>Barometerkurven, Temperaturkurven | stetig | stetig |

## 1.4 Die Charakterisierung eines stochastischen Prozesses durch seine endlich-dimensionalen Verteilungen.

Eine entscheidende Frage ist: Welche Informationen benötigt man, um einen stochastischen Prozeß zu kennzeichnen?

Es sei ein stochastischer Prozeß $\mathcal{T}$ gegeben, ferner ein beliebiges n-tupel $(t_1, t_2, \ldots, t_n)$ von Elementen aus T. Dann sind durch den stochastischen Prozeß die endlich-dimensionalen Verteilungsfunktionen

$$F(t_1, t_2, \ldots, t_n; x_1, x_2, \ldots, x_n) = P\{X_{t_1} \leq x_1, X_{t_2} \leq x_2, \ldots, X_{t_n} \leq x_n\}$$

$$\text{für alle } t_1, t_2, \ldots, t_n; \quad n = 1, 2, \ldots \tag{1.9}$$

eindeutig bestimmt. Man nennt die Verteilungsfunktionen (1.9) die vom <u>stochastischen Prozeß erzeugte Familie von Verteilungsfunktionen</u>.

Umgekehrt können wir fragen, inwiefern durch Familien von Verteilungsfunktionen stochastische Prozesse gegeben sind. Dazu benötigen wir den Begriff der konsistenten Familie.

Definition 1.2

Es sei T eine beliebige Indexmenge und $F(t_1, t_2, \ldots t_n; \cdot)$ eine Familie von Verteilungsfunktionen über der Indexmenge T. Die Familie ist konsistent, wenn

für alle $n = 1, 2, \ldots$

alle $t_1, t_2, \ldots, t_n \in T$

und alle $x_1, x_2, \ldots, x_n \in [-\infty, +\infty]$ gilt:

a) Für jede Permutation $\begin{pmatrix} 1 & 2 & \cdots & n \\ \pi(1) & \pi(2) & \cdots & \pi(n) \end{pmatrix}$ der Zahlen 1, 2, ..., n ist $F(t_1, t_2, \ldots, t_n; x_1, x_2, \ldots, x_n) = F(t_{\pi(1)}, t_{\pi(2)}, \ldots, t_{\pi(n)}; x_{\pi(1)}, x_{\pi(2)}, \ldots, x_{\pi(n)})$

b) Für jedes $n \geq 2$ und $1 \leq i \leq n$ ist
$$F(t_1, \ldots, t_{i-1}, t_{i+1}, \ldots, t_n; x_1, \ldots, x_{i-1}, x_{i+1}, \ldots, x_n) =$$
$$F(t_1, \ldots, t_{i-1}, t_i, t_{i+1}, \ldots, t_n; x_1, \ldots, x_{i-1}, +\infty, x_{i+1}, \ldots, x_n).$$

Für reelle Indexmengen T kann Bedingung a) durch die Einführung von geordneten n-tupeln $t_1 < t_2 < \ldots < t_n$ ersetzt werden. Bedingung b) drückt aus, daß n-1 dimensionale Verteilungen der Familie als Randverteilungen zu den zugehörigen n-dimensionalen Verteilungen der Familie passen müssen.

Für konsistente Familien von Verteilungsfunktionen gilt nun der

Satz 1.1 (KOLMOGOROV)

Es sei T eine Indexmenge.

a) Zu jeder konsistenten Familie von Verteilungsfunktionen über der Indexmenge T existiert ein stochastischer Prozeß $\mathcal{T} = \{X_t \mid t \in T\}$, der die Familie erzeugt.

b) Die Familie bestimmt eindeutig die Wahrscheinlichkeit jedes Ereignisses, das sich durch abzählbar viele Zufallsgrößen ausdrücken läßt.

Anmerkung:

Die in Teil b) des vorstehenden Satzes gegebene Einschränkung auf abzählbar viele Zufallsgrößen ist wesentlich. Es sei etwa $T = [0, \infty)$. Die Wahrscheinlichkeit des Ereignisses E: "der Prozeß verläuft von 0 bis c unterhalb der Konstanten a", in Zeichen:

$E = \{\max_{0 \leq t \leq c} X_t < a\}$ kann nicht durch abzählbar viele Zufallsgrößen ausgedrückt werden. Man kann leicht zwei stochastische Prozesse mit derselben konsistenten Familie von Verteilungsfunktionen konstruieren, für welche die Wahrscheinlichkeit P(E) verschieden ausfällt. Prozesse mit diskretem Parameterraum sind jedoch durch ihre konsistenten Verteilungsfamilien vollständig bestimmt.

Der Satz von Kolmogorov läßt es als sinnvoll erscheinen, Klassen von stochastischen Prozessen durch Eigenschaften endlich-dimensionaler Verteilungsfunktionen auszuzeichnen:

Definition 1.3 Stationäre Prozesse.

Ein stochastischer Prozeß $\{X(t) \mid t \in T\}$ heißt stationär, wenn für alle $n \geq 1$,

alle $\{t_1, t_2, \ldots, t_n\} \subset T$

und alle $s > 0$, so daß auch

$\{t_1+s, t_2+s, \ldots, t_n+s\} \subset T$, die Verteilung der n-dimensionalen Zufallsgrößen

$$[X(t_1), X(t_2), \ldots, X(t_n)] \quad \text{und} \quad [X(t_1+s), X(t_2+s), \ldots, X(t_n+s)] \tag{1.10}$$

gleich sind.

Definition 1.4 Markov-Prozesse.

Ein stochastischer Prozeß $\{X(t) \mid t \in T\}$ heißt Markov-Prozeß, wenn für alle $n \geq 3$,

alle reellen Zahlen $x_1, x_2, \ldots, x_n$

und alle $t_1 < t_2 < \ldots < t_n \in T$ gilt:

$$P\{X(t_n) \leq x_n \mid X(t_{n-1}) = x_{n-1}, \ldots, X(t_1) = x_1\} =$$
$$P\{X(t_n) \leq x_n \mid X(t_{n-1}) = x_{n-1}\}. \tag{1.11}$$

Definition 1.5 Martingale.

Ein stochastischer Prozeß $\{X(t) \mid t \in T\}$ heißt Martingal, wenn für alle $n \geq 2$,

alle reellen Zahlen $x_1, \ldots, x_{n-1}$

und alle $t_1 < \ldots < t_n \in T$ gilt:

$$E[X(t_n) \mid X(t_{n-1}) = x_{n-1}, \ldots, X(t_1) = x_1] = X_{n-1} \tag{1.12}$$

Definition 1.6 Charakterisierung durch Zuwächse.

Ein stochastischer Prozeß $\{X(t) | t \in T\}$ heißt ein Prozeß

a) mit unabhängigen Zuwächsen, wenn für alle $n \geq 3$ und alle $t_1 < t_2 < \dots < t_n \in T$ die Zufallsgrößen

$$X(t_2) - X(t_1),\ X(t_3) - X(t_2),\ \dots,\ X(t_n) - X(t_{n-1})$$

unabhängig sind.

b) mit stationären oder homogenen Zuwächsen, wenn für alle $s < t$, $s' < t'$ mit $t - s = t' - s'$ und $\{s, s', t, t'\} \subset T$ die Verteilungen der Zufallsgrößen

$$X(t) - X(s) \quad \text{und} \quad X(t') - X(s')$$

gleich sind.

Stationäre Prozesse sind invariant gegenüber Verschiebungen des Beobachtungszeitpunktes. Viele Prozesse werden erst nach einem "Einschwingungsvorgang" für $t \longrightarrow \infty$ angenähert stationär.

Markov-Prozesse kann man anschaulich folgendermaßen charakterisieren: Hat man die Gelegenheit, die Realisation eines Prozesses an einem bestimmten Punkt $t \in T$ zu beobachten, so ist durch diese Beobachtung das Wahrscheinlichkeitsgesetz des weiteren Verlaufs insoweit bestimmt, als durch die zusätzliche Kenntnis des Verlaufes vor t keine weiteren Informationen über den zukünftigen Verlauf gewonnen werden können. Markov-Prozesse mit diskretem Parameterraum und diskretem Zustandsraum werden uns im Hauptteil der Vorlesung beschäftigen. Markov-Prozesse sind die in den Beispielen 1.1, 1.2 angegebenen Prozesse. Beispiel 1.3 wird mit ziemlich guter Annäherung als Markov-Prozeß angesehen werden können; man wird aber zugeben müssen, daß in Wirklichkeit etwa die bedingten Wahrscheinlichkeiten $P\{X_n = G | X_{n-1} = G,\ X_{n-2} = G\}$ und $P\{X_n = G | X_{n-1} = G,\ X_{n-2} = S\}$ etwas differieren.

Martingale spielen vor allem in der Theorie der stochastischen Prozesse eine Rolle. Als Martingale kann man die im Beispiel 1.2 angegebenen Prozesse ansehen. Martingale können u. a. mit Spielsituationen in Zusammenhang gebracht werden: Seien $X_1, X_2, \dots$ die Resourcen eines Spielers in einer Folge von Spielen, dann ist der Prozeß $\{X_n | n = 1, 2, \dots\}$ ein Martingal, wenn das Spiel in folgendem Sinn "fair" ist: Der Erwartungswert des Spielkapitals nach dem n+1-ten Spiel ist gleich dem Spielkapital nach dem n-ten Spiel. Man beachte, daß die Unabhängigkeit der Spielgewinne $X_{n+1} - X_n$ nicht gefordert wird!

## 1.5 Einige ergänzende Bemerkungen zur Wahrscheinlichkeitstheorie

a) Zur rationellen Beschreibung gewisser Phänomene bei stochastischen Prozessen, insbesondere von Wartezeiten, benutzen wir reelle Zufallsgrößen im erweiterten Sinn, nämlich solche, die den Stichprobenraum $\Omega$ auf die abgeschlossene reelle Zahlengerade $\overline{\mathbb{R}} = [-\infty, +\infty]$ abbilden, das heißt: wir lassen auch $-\infty$ und $+\infty$ als Werte von Zufallsgrößen zu.

b) Abstrakte diskrete Zufallsgrößen. Wir werden im folgenden nur stochastische Prozesse mit diskretem Zustandsraum S und diskretem Parameterraum T betrachten. Während wir in allen Fällen T als die Menge $\mathbb{N}^\bullet = \{0, 1, 2, \ldots\}$ der um die 0 vermehrten positiven Zahlen nehmen, ist es nützlich, für S beliebige, abzählbare Mengen zuzulassen.

Sei $S = \{c_\nu \mid \nu = 1, 2, \ldots\}$ eine abzählbare Menge.

Definition 1.7

Eine abstrakte diskrete Zufallsgröße X ist eine Abbildung

$$X: \Omega \longrightarrow S$$

mit der Eigenschaft, daß alle Mengen $E_{c_\nu} = \{\omega \mid X(\omega) = c_\nu\}$ Ereignisse sind.

Wir schreiben wiederum anstelle von $\{\omega \mid X(\omega) = c_\nu\}$ auch $\{X = c_\nu\}$ und haben dann unter anderem folgende Eigenschaften der Ereignisse $\{X = c_\nu\}$:

1. Die Ereignisse $\{X = c_\nu\}$ schließen einander aus
2. $\bigcup_{\nu=1}^{\infty} \{X = c_\nu\} = \Omega$ und daraus unmittelbar
3. $\sum_{\nu=1}^{\infty} P\{X = c_\nu\} = 1.$

c) Einige Sätze über bedingte Wahrscheinlichkeiten.

aa) Einfügen eines weiteren bedingenden Ereignisses.
Nach Definition der bedingten Wahrscheinlichkeit gilt für $P(B) > 0$

$$P(AB) = P(A|B) \cdot P(B) \tag{1.13}$$

Sei auch $P(C) > 0$. Dann erhält man

$$\underline{P(AB|C) = P(A|BC) \cdot P(B|C)} \tag{1.14}$$.

bb) Die Kettenformel
Es sei $P(A_n A_{n-1} \cdot \ldots \cdot A_1) > 0$. Dann erhält man als weitere Verall-

gemeinerung von (1.13):

$$P(A_{n+1}\cdot A_n\cdot A_{n-1}\cdot \ldots \cdot A_2\cdot A_1) =$$
$$P(A_1)\cdot P(A_2|A_1)\cdot \ldots \cdot P(A_n|A_{n-1}\cdot \ldots \cdot A_2\, A_1)\cdot P(A_{n+1}|A_n\cdot A_{n-1}\cdot \ldots \cdot A_1) \qquad (1.15)$$

cc) Satz von der vollständigen Wahrscheinlichkeit.

Wir betrachten eine Zerlegung des Stichprobenraums $\Omega$ : $B_1 \cup B_2 \cup \ldots = \Omega$ mit $B_r \cdot B_s = \emptyset$ für $r \neq s$ und $P(B_k) > 0$ für alle k.

Dann gilt:

$$P(A) = \sum_k P(A|B_k)\cdot P(B_k) \qquad (1.16)$$

Durch Einschieben einer weiteren Bedingung C mit $P(C) > 0$ erhalten wir:

$$P(A|C) = \sum_k P(A|B_k C)\cdot P(B_k|C) \qquad (1.17)$$

Der Beweis der Formeln (1.14) bis (1.17) kann leicht durch mehrfache Anwendung der Grundformel $P(A|B) = P(AB) / P(B)$ geführt werden.

dd) Mengensummierung in der Bedingung

Satz 1.2

Es sei $C_1 \cup C_2 \cup \ldots = C$ eine Zerlegung des Ereignisses C und $P(C) > 0$. Es sei weiter $P(A|C_k) = c$ für alle $C_k$ mit $P(C_k) > 0$. Dann gilt auch

$$P(A|C) = P(A|\bigcup_k C_k) = c \qquad (1.18).$$

Beweis.

Es gilt $P(C) = \sum_k P(C_k) = \sum_k{}' P(C_k)$, wobei $\sum{}'$ Summierung über alle k mit $P(C_k) > 0$ bedeute. Aus der Zerlegung von C folgt eine Zerlegung von $AC = AC_1 \cup AC_2 \cup \ldots$ und somit

$$P(AC) = \sum_k{}' P(AC_k) = \sum_k{}' P(A|C_k)\cdot P(C_k) = c \sum_k{}' P(C_k) = c\cdot P(C)$$

und weiter

$$c = \frac{P(AC)}{P(C)} = P(A|C) \quad \text{q. e. d.}$$

# 2. Die Definition von Markovketten; Übergangswahrscheinlichkeiten

## 2.1 Stochastische Ketten und Markov-Ketten

Wir betrachten einen stochastischen Prozeß $\mathfrak{X} = \{X_t | T\}$. Zustandsraum S und Parameterraum T seien diskret. Wir schreiben:

$$S = \{c_1, c_2, c_3, \ldots\}, \qquad T = \{0, 1, 2, \ldots\}.$$

Die Zufallsgrößen $X_t$ sind als abstrakte Zufallsgrößen im Sinne von Def. 1.7 aufzufassen. Stochastische Prozesse dieser Art nennen wir stochastische Ketten.

Ereignisse der Form

$$\{X_t = i_t, X_{t-1} = i_{t-1}, \ldots, X_o = i_o\} \tag{2.1}$$

bezeichnen wir als Basisereignisse der Dimension t. Aus dem Satz 1.1 folgt, daß die stochastische Kette eindeutig gegeben ist, wenn für alle $i_1, i_2, \ldots, i_t \in S$ und alle $t$ die Wahrscheinlichkeiten der Basisereignisse gegeben sind.

Anmerkung zur Bezeichnungsweise

Für variable Elemente von S verwenden wir im folgenden die Symbole i, j, k, ... eventuell unter Zuhilfenahme von Indizes. Man unterscheide: $c_1, c_2, c_3, \ldots$ ist eine Aufzählung der Elemente von S ; $i_o, i_1, i_2, \ldots$ bezeichnen die Elemente, die zu den Zeitpunkten 0, 1, 2, ... in Erscheinung treten.
Für das Ereignis $\{X_t = i_t\}$ schreiben wir abkürzend auch $E_{t,i_t}$, für ein Basisereignis also auch $E_{o,i_o} \cdot E_{1,i_1} \cdot \ldots \cdot E_{t,i_t}$.

Auf Basisereignisse können wir die Kettenformel (1.15) anwenden:

$$P\{X_t = i_t, X_{t-1} = i_{t-1}, \ldots, X_1 = i_1, X_o = i_o\} =$$
$$P\{X_o = i_o\} \cdot P\{X_1 = i_1 | X_o = i_o\} \cdot \ldots \cdot P\{X_t = i_t | X_{t-1} = i_{t-1}, \ldots, X_o = i_o\} \tag{2.2}$$

In der Kettenformel (2.2) treten folgende Wahrscheinlichkeiten auf:

a) Die Wahrscheinlichkeiten $P\{X_o = i_o\}$, welche die Anfangsverteilung der Kette bilden.

b) Bedingte Wahrscheinlichkeiten, welche die Verteilung der Zufallsgröße $X_t$ angeben, unter der Voraussetzung, daß vom Prozeß bisher der Weg $\langle i_o, i_1, \ldots, i_{t-1}\rangle$ durchlaufen wurde.

Aufgrund von (2.2) können wir sagen: Sind die Anfangsverteilung von $X_o$ und alle bedingten Verteilungen der Form $P\{X_t = i_t \mid X_{t-1} = i_{t-1}, \ldots, X_o = i_o\}$ gegeben, so ist die stochastische Kette eindeutig bestimmt.

Um unnötigen Fallunterscheidungen auszuweichen, verzichten wir auf die Forderung, daß die Wahrscheinlichkeit des bedingenden Ereignisses nicht verschwinden dürfe, sondern wir treffen folgende Konvention für stochastische Ketten:

a) Alle bedingten Wahrscheinlichkeiten mit Basisereignissen als Bedingung seien gegeben.

b) Die Rechenregeln für bedingte Wahrscheinlichkeiten $P(A|B)$ bleiben auch für den Fall $P(B) = 0$ erhalten.

Wir spezialisieren nun den Begriff des Markov-Prozesses (siehe Definition 1.4) für stochastische Ketten und kommen damit zu

Definition 2.1

Eine stochastische Kette heißt Markov-Kette, wenn für alle $i_o, i_1, \ldots, i_{t-1}, i_t$ und alle $t \geqslant 2$ gilt:

$$P\{X_t = i_t | X_{t-1} = i_{t-1}, \ldots, X_o = i_o\} = P\{X_t = i_t \mid X_{t-1} = i_{t-1}\} \tag{2.3}$$

oder in unserer zweiten Schreibweise

$$P\{E_{t,i_t} \mid E_{t-1,i_{t-1}} \cdot \ldots \cdot E_{o,i_o}\} = P\{E_{t,i_t} \mid E_{t-1,i_{t-1}}\} \tag{2.4}$$

Anmerkung:

Die Bezeichnung "Markov-Ketten" wird in der Literatur häufig auf alle Markov-Prozesse mit diskretem Zustandsraum ausgedehnt, u. a. von CHUNG [7] . KEMENY, SNELL, KNAPP [9] schränken diese Bezeichnung auf die homogenen Markovketten (siehe Definition 2.3) ein.

## 2.2 Diskussion der Markov-Eigenschaft

Wir nennen die in (2.3) definierte Ketteneigenschaft kurz "Markov-Eigenschaft" und sprechen auch von Ketten mit "begrenzter Nachwirkung". Aus (2.3) können wir noch allgemeinere Beziehungen ableiten.

Satz 2.1

Für alle $t \geq 2$, $n \geq 0$ und alle $i_o, i_1, \ldots, i_{t+n}$ gilt:

$$P\{X_{t+n} = i_{t+n}, \ldots, X_t = i_t | X_{t-1} = i_{t-1}, \ldots, X_o = i_o\} =$$
$$P\{X_{t+n} = i_{t+n}, \ldots, X_t = i_t | X_{t-1} = i_{t-1}\} \qquad (2.5)$$

Den Beweis führen wir durch vollständige Induktion nach n. Wir setzen zur Abkürzung

$$A = \{X_{t+n+1} = i_{t+n+1}\} \qquad C = \{X_{t-1} = i_{t-1}\}$$
$$B = \{X_{t+n} = i_{t+n}, \ldots, X_t = i_t\} \qquad D = \{X_{t-2} = i_{t-2}, \ldots, X_o = i_o\}$$

und behaupten: Aus $P(B|CD) = P(B|C)$ (Induktionsvoraussetzung) folgt: $P(AB|CD) = P(AB|C)$ (Induktionsbehauptung).

Nun ist
$$\begin{aligned} P(AB|CD) &= P(A|BCD) \cdot P(B|CD) && \text{aus (1.14)} \\ &= P(A|BCD) \cdot P(B|C) && \text{Induktionsvoraussetzung} \\ &= P(A|BC) \cdot P(B|C) && \text{Satz 1.2} \\ &= P(AB|C) && \text{aus (1.14)} \end{aligned}$$

Da für $n = 0$ die Behauptung mit der Markov-Eigenschaft (2.3) übereinstimmt, folgt die Induktionsbehauptung. Wir führen noch den Übergang $P(A|BCD) = P(A|BC)$ genau aus, da wir diesen Typ des Argumentierens auch im folgenden verwenden.

Es sei

$$D^{(t-2)}(j_{t-2}, \ldots, j_o) = \{X_{t-2} = j_{t-2}, \ldots, X_o = j_o\}$$

ein allgemeines Basisereignis der Dimension t-2.

$$BC = \bigcup_{j_{t-2}, \ldots, j_o \in S} BCD^{(t-2)}(j_{t-2}, \ldots, j_o) \qquad (2.6)$$

ist eine Zerlegung von BC; die Markov-Eigenschaft ergibt für alle $D^{(t-2)}$

$$P(A|BCD^{(t-2)}) = P(A|B) = c \qquad (2.7)$$

Nun können wir Satz 1.2 auf die Zerlegung (2.6) anwenden und erhalten:

$$P(A|BC) = P(A| \bigcup BCD^{(t-2)}) = c = P(A|B)$$

und wegen (2.7), und da ja D eines der Basisereignisse $D^{(t-2)}$ ist,

$$P(A|BC) = P(A|BCD).$$

Satz 2.2

Es sei $F_t$ ein Ereignis, das zu seiner Beschreibung nur Beobachtungen zu den Zeitpunkten $\tau > t$ benötigt. Dann gilt:

$$P\{F_t | X_{t-1} = i_{t-1}, \ldots, X_o = i_o\} = P\{F_t | X_{t-1} = i_{t-1}\} \qquad (2.8)$$

für alle $t$ und alle $i_o, \ldots, i_{t-1} \in S$.

Beweis:

$F_t$ läßt sich als abzählbare Vereinigung von Ereignissen der Form

$\{X_{t+n} = i_{t+n}, \ldots, X_t = i_t\}$, $n = 0, 1, 2, \ldots$ darstellen.

Beachtet man diese Tatsache, so ergibt sich Gleichung (2.8) unmittelbar aus Gleichung (2.5).

Die Markov-Eigenschaft gilt also nicht nur, wie ursprünglich definiert für Ereignisse, die den Zeitpunkt t betreffen, sondern für die gesamte Entwicklung des Prozesses nach t.

Die Markov-Eigenschaft läßt sich auch noch hinsichtlich des bedingenden Ereignisses in (2.3) erweitern.

Satz 2.3

Es sei $0 \leq t_1 < \ldots < t_{k-1} < t_k < t$, dann gilt für alle $k \geq 2$ und alle $i, j_1, \ldots, j_{k-1}, j_k \in S$

$$P\{X_t = i | X_{t_k} = j_k, X_{t_{k-1}} = j_{k-1}, \ldots, X_{t_1} = j_1\} =$$

$$P\{X_t = i | X_{t_k} = j_k\} \qquad (2.9)$$

In den meisten Darstellungen wird anstelle der schwächeren Aussage (2.3) gleich die Forderung (2.9) zur Definition der Markov-Eigenschaft benutzt.

Wir geben hier nur eine Beweisskizze für Satz 2.3 . Zunächst folgt aus Satz 2.2 als Spezialfall:

$$P\{X_t = i | X_{t_k} = j_k, X_{t_{k-1}} = i_{k-1}, \ldots, X_o = i_o\} = P\{X_t = i | X_{t_k} = j_k\} \qquad (2.10).$$

Weiter können wir das bedingende Ereignis in (2.9), nämlich

$\{X_{t_k} = j_k, X_{t_{k-1}} = j_{k-1}, \ldots, X_{t_1} = j_1\}$ als Vereinigung von Basisereignissen der Dimension $t_k$ ansehen. Da für diese Spezialfälle (siehe 2.10) die Markov-Eigenschaft gilt, können wir mittels des Satzes 1.2 (Mengensummierung in der Bedingung) ähnlich wie beim Beweis des Satzes 2.1 von (2.10) zur Behauptung (2.9) gelangen. ∎

Es ist nun unmittelbar zu sehen, wie man durch Kombination von (2.8) und (2.9) zu einem noch allgemeineren Resultat gelangen kann:

Satz 2.4

Es sei $F_t$ ein Ereignis, definiert wie in Satz 2.2. Dann gilt für alle $0 \leq t_1 < \dots < t_{k-1} < t_k < t$, alle $k \geq 2$ und alle $j_1, \dots, j_{k-1}, j_k \in S$

$$P\{F_t | X_{t_k} = j_k, X_{t_{k-1}} = j_{k-1}, \dots, X_{t_1} = j_1\} = P\{F_t | X_{t_k} = j_k\} \tag{2.11}$$

## 2.3 Übergangswahrscheinlichkeiten; Zustandswahrscheinlichkeiten

### 2.3.1 Definition der Übergangswahrscheinlichkeiten

In Abschnitt 2.1 hatten wir die Wahrscheinlichkeit eines Basisereignisses durch eine Kettenformel aus der Anfangsverteilung und gewissen bedingten Wahrscheinlichkeiten berechnet. Für Markovketten erhalten wir aus der Kettenformel (2.2) und der Formulierung der Markov-Eigenschaft

$$P\{X_t = i_t, X_{t-1} = i_{t-1}, \dots, X_1 = i_1, X_0 = i_0\} =$$
$$P\{X_0 = i_0\} \cdot P\{X_1 = i_1 | X_0 = i_0\} \cdot P\{X_2 = i_2 | X_1 = i_1\} \cdot \dots$$
$$\dots \cdot P\{X_t = i_t | X_{t-1} = i_{t-1}\} \tag{2.12}$$

Formel (2.12) zeigt, daß die Wahrscheinlichkeiten aller Basisereignisse und damit alle Wahrscheinlichkeitsaussagen über Markovketten sich bestimmen lassen, wenn

a) die Anfangsverteilung der Zufallsgröße $X_0$

b) alle bedingten Wahrscheinlichkeiten der Form $P\{X_t = j | X_{t-1} = i\}$

gegeben sind. Letztere nennen wir Übergangswahrscheinlichkeiten. Wir beginnen jedoch mit einem etwas allgemeineren Konzept der Übergangswahrscheinlichkeiten.

Definition 2.2

Es sei $0 \leq s \leq t$ und $t - s = n \geq 0$.
Die bedingten Wahrscheinlichkeiten

$$P\{X_t = j | X_s = i\} = P\{E_{t,j} | E_{s,i}\} = p_{ij}(s,t) \tag{2.13}$$

nennen wir Übergangswahrscheinlichkeiten n-ter Ordnung.
Für die Übergangswahrscheinlichkeiten 0-ter Ordnung setzen wir

$$p_{ij}(t,t) = p_{ij}^{(o)} = \begin{cases} 1 & \text{für } i = j \\ 0 & \text{für } i \neq j \end{cases} \tag{2.14}$$

Anmerkung:
(2.14) folgt aus der Definition der bedingten Wahrscheinlichkeit und dem Begriff der Zerlegung. Die explizite Festsetzung der Übergangswahrscheinlichkeiten 0-ter Ordnung ist jedoch notwendig, um auch den Fall einer Bedingung mit Wahrscheinlichkeit 0 zu erfassen.

Die Übergangswahrscheinlichkeiten können wir in einer Matrix zusammenfassen:

$$\mathcal{P}(s,t) = (p_{ij}(s,t) = \begin{pmatrix} p_{11}(s,t) & p_{12}(s,t) & p_{13}(s,t) & \cdots \\ p_{21}(s,t) & p_{22}(s,t) & p_{23}(s,t) & \cdots \\ p_{31}(s,t) & p_{32}(s,t) & p_{33}(s,t) & \cdots \\ \vdots & & & \end{pmatrix} \tag{2.15}$$

Wir nennen $\mathcal{P}(s,t)$ eine Übergangsmatrix n-ter Ordnung. Die Übergangsmatrix hat folgende Eigenschaften:

a) Ihre Elemente sind nichtnegative Zahlen.
b) Die Zeilensummen betragen 1.

Die Eigenschaft b) ergibt sich aus

$$\sum_{j \in S} p_{ij}(s,t) = \sum_{j \in S} P\{E_{t,j} | E_{s,i}\} = P\{\bigcup_{j \in S} E_{t,j} | E_{s,i}\} = P\{\Omega | E_{s,i}\} = 1.$$

Matrizen mit den Eigenschaften a) und b) nennen wir stochastische Matrizen. Übergangsmatrizen 0-ter Ordnung sind gemäß (2.14) Einheitsmatrizen:

$$\mathcal{P}(t,t) = \mathcal{P}^{(o)} = \mathcal{E} = \begin{pmatrix} 1 & 0 & 0 & \cdots \\ 0 & 1 & 0 & \cdots \\ 0 & 0 & 1 & \cdots \\ \vdots & & & \end{pmatrix} \tag{2.16}$$

Anmerkung:

Bei der Indizierung der Übergangswahrscheinlichkeiten in der Darstellung (2.15) hätte man, unserer Konvention in Definition 1.7 gemäß eigentlich schreiben müssen $p_{c_1 c_1}(s,t)$ anstelle von $p_{11}(s,t)$. Wir machen hier von einer trivialen Abbildung $S \longrightarrow \{1, 2, 3, \ldots\}$ Gebrauch, deren wir uns auch später bedienen werden, wo dies zweckmäßig erscheint und unmißverständlich möglich ist.

Im nächsten Abschnitt entwickeln wir ein systematisches Konzept zur Berechnung der Übergangswahrscheinlichkeiten.

## 2.3.2 Die Gleichungen von Chapman - Kolmogorov

Satz 2.5

Es sei $u > t > s > 0$. Dann gelten die Gleichungen von Chapman - Kolmogorov

$$\sum_{k \in S} p_{ik}(s,t)\, p_{kj}(t,u) = p_{ij}(s,u) \qquad (2.17)$$

Zum Beweis setzen wir

$$A = \{X_u = j\}, \qquad B_k = \{X_t = k\}, \qquad C = \{X_s = i\}.$$

Dann wird

$p_{ik}(s,t) = P(B_k | C)$, $\quad p_{ij}(s,u) = P(A|C)$ und

$p_{kj}(t,u) = P(A|B_k) = P(A|B_k C)$, letzteres wegen Satz 2.3 (erweiterte Markoveigenschaft). Setzt man dies in die Version (1.17) des Satzes von der vollständigen Wahrscheinlichkeit ein, erhält man unmittelbar Formel (2.17). ■

Die Gleichungen von Chapman - Kolmogorov können nun in eine Beziehung zwischen Übergangsmatrizen übersetzt werden. Es sei $\mathfrak{C} = \mathfrak{A}\mathfrak{B}$ das Produkt der beiden Matrizen $\mathfrak{A} = (a_{ik})$ und $\mathfrak{B} = (b_{kj})$. Dann gilt für die Elemente von $\mathfrak{C} = (c_{ij})$:

$$c_{ij} = \sum_k a_{ik}\, b_{kj} \qquad (2.18).$$

Setzen wir: $\quad \mathfrak{A} = \mathfrak{P}(s,t) \qquad \mathfrak{B} = \mathfrak{P}(t,u) \qquad \mathfrak{C} = \mathfrak{P}(s,u)$

und dementsprechend

$$a_{ik} = p_{ik}(s,t) \qquad b_{kj} = p_{kj}(t,u) \qquad c_{ij} = p_{ij}(s,u),$$

dann sind die Gleichungen von Chapman - Kolmogorov unmittelbar als das

Multiplikationsgesetz für die Matrizen $\mathcal{P}(s,t)$, $\mathcal{P}(t,u)$ und $\mathcal{P}(s,u)$ zu erkennen und wir erhalten:

Satz 2.6

Es sei $u \geq t \geq s \geq 0$. Dann gilt für Übergangsmatrizen die multiplikative Beziehung

$$\mathcal{P}(s,t) \cdot \mathcal{P}(t,u) = \mathcal{P}(s,u) \qquad (2.19)$$

Durch wiederholte Anwendung der Gleichungen (2.19) erhalten wir

$$\mathcal{P}(s,t) = \mathcal{P}(s, s+1) \cdot \mathcal{P}(s+1, s+2) \cdot \ldots \cdot \mathcal{P}(t-1, t) \qquad (2.20).$$

Wir können auf diesem Wege Übergangsmatrizen belieger Ordnung durch Multiplikation von Übergangsmatrizen der Ordnung 1 berechnen. Der allgemeinen Beziehung (2.12), welche die fundamentale Rolle der einstufigen Übergangswahrscheinlichkeiten bereits feststellte, haben wir damit eine konkrete Berechnungsvorschrift an die Seite gestellt.

## 2.3.3 Homogene Markovketten

Spezifische Aussagen über Markovketten, die über die Gleichungen von Chapman - Kolmogorov und die Folgerungen (2.19) und (2.20) hinausgehen, sind bei der Allgemeinheit der Konstruktion schwer zu erhalten. Wir betrachten daher weiterhin nur den Spezialfall der homogenen Markovkette.

Definition 2.3

Eine Markovkette heißt homogene Markovkette oder auch Markovkette mit stationären Übergangswahrscheinlichkeiten, wenn die einstufigen Übergangswahrscheinlichkeiten vom Parameter $t$ nicht abhängen. Man schreibt

$$p_{ij}(t-1, t) = p_{ij} \qquad t = 1, 2, \ldots \qquad (2.21)$$

Die Matrix $$\mathcal{P} = (p_{ij}) = \begin{pmatrix} p_{11} & p_{12} & p_{13} & \cdots \\ p_{21} & p_{22} & p_{23} & \cdots \\ p_{31} & p_{32} & p_{33} & \cdots \\ \vdots & & & \end{pmatrix}$$

bezeichnen wir als Übergangsmatrix der (homogenen) Markovkette.

Aus der Produktformel (2.20) erhalten wir nun

$$\mathcal{P}(s,t) = \underbrace{\mathcal{P}\cdot\mathcal{P}\cdot\ldots\mathcal{P}}_{t\,-\,s\ \text{mal}} = \mathcal{P}^{t-s} = \mathcal{P}^{n} \qquad (2.22)$$

Die Übergangswahrscheinlichkeiten höherer Ordnung $p_{ij}(s,t)$ hängen also nur von der Differenz $n = t - s$ ab und man schreibt deshalb

$$p_{ij}(s,t) = p_{ij}^{(n)}. \qquad (2.23)$$

Wir fassen die Eigenschaften von Übergangswahrscheinlichkeiten n-ter Ordnung zusammen in

Satz 2.7

a) Die Gleichungen von Chapman - Kolmogorov lauten für homogene Markovketten:

$$p_{ij}^{(m+n)} = \sum_{k\in S} p_{ik}^{(m)}\, p_{kj}^{(n)} \qquad (2.24)$$

b) Die Übergangsmatrizen n-ter Ordnung sind für homogene Markovketten gegeben durch

$$\left(p_{ij}^{(n)}\right) = \mathcal{P}^{n} \qquad (2.25).$$

Anmerkung:

Eine homogene Markovkette ist im allgemeinen kein stationärer Prozeß, sondern ein stochastischer Prozeß mit unabhängigen, stationären Zuwächsen. Damit eine Markovkette zu einem stationären Prozeß wird, sind noch geeignete Annahmen über die Anfangsverteilung $\{X_o = i_o\}$ zu treffen.

## 2.3.4 Zustandswahrscheinlichkeiten

Für Entscheidungsmodelle, die Markovketten verwenden, sind meist die Verteilungen der Zufallsgrößen $X_t$ von Bedeutung. Wie bei den Übergangswahrscheinlichkeiten ist es praktisch, abkürzende Schreibweisen einzuführen.

Wir schreiben

$$P\{X_t = i\} = p_i(t) \qquad i\in S, \quad t = 0, 1, 2, \ldots \qquad (2.26)$$

für die Anfangsverteilung auch einfach $p_i(0) = p_i$ und nennen die $p_i(t)$ Zustandswahrscheinlichkeiten oder absolute Wahrscheinlichkeiten zum Zeitpunkt t.

In Analogie zur Matrizendarstellung schreiben wir die Verteilung von $X_t$ als Zeilenvektor:

$$\gamma_t = (p_i(t)),\ i \in S = (p_1(t),\ p_2(t),\ \dots) \tag{2.27}$$

Zur Berechnung der Zustandswahrscheinlichkeiten dient der

<u>Satz 2.8</u>

$$p_j(t) = \sum_{i \in S} p_i(0)\ p_{ij}^{(t)} \qquad \text{für alle } j \in S \tag{2.28a}$$

oder in Matrizenschreibweise

$$\gamma_t = \gamma_0 \cdot \mathcal{P}^t \tag{2.28b}$$

Zum Beweis setzen wir:

$P(A) = P\{X_t = j\} = p_j(t), \qquad P(B_i) = P\{X_o = i\} = p_i(0)$

$P(A|B_i) = P\{X_t = j | X_o = i\} = p_{ij}^{(t)}$ und tragen dies in Formel (1.16) ein. Man erhält dann unmittelbar Formel (2.28a).

Die homogene Markovkette als wohlbestimmter stochastischer Prozeß ist gegeben durch die Anfangsverteilung $\gamma_0$ und die Übergangsmatrix $\mathcal{P}$. Im folgenden konzentrieren wir uns jedoch hauptsächlich auf Aussagen, die nur auf der Struktur der Übergangsmatrix selbst beruhen. Meist spricht man schon von "der Markovkette", wenn eine Übergangsmatrix gegeben ist; genaugenommen hat man es aber mit einer <u>Klasse</u> von Markovketten zu tun, die sich durch verschiedene Anfangsverteilungen voneinander unterscheiden. Wir werden später ein Graphenmodell für jede solche durch $\mathcal{P}$ gegebene Klasse von Markovketten geben.

## 2.4 Beispiele für Markovketten

<u>Beispiel 2.1</u> <u>Markovketten mit zwei Zuständen</u>

Der Zustandsraum $S = \{c_1, c_2\}$ liefert den einfachsten Fall einer (nichttrivialen) Markovkette mit der Übergangsmatrix

$$\mathcal{P} = \begin{pmatrix} p_{11} & p_{12} \\ p_{21} & p_{22} \end{pmatrix}$$ oder in etwas übersichtlicherer Schreibweise $$\mathcal{P} = \begin{pmatrix} 1-\alpha & \alpha \\ \beta & 1-\beta \end{pmatrix}$$

In diesem Fall ist es leicht, durch direkte Rechnung die n-te Potenz der Übergangsmatrix zu bestimmen:

$$\mathcal{P}^n = \frac{1}{\alpha+\beta}\begin{pmatrix}\beta & \alpha\\ \beta & \alpha\end{pmatrix} + \frac{[1-(\alpha+\beta)]^n}{\alpha+\beta}\begin{pmatrix}\alpha & -\alpha\\ -\beta & \beta\end{pmatrix} \qquad (2.29).$$

Durch vollständige Induktion nach n ist (2.29) leicht zu verifizieren. Aus dieser Darstellung sieht man direkt, daß $\mathcal{P}^n$ eine stochastische Matrix ist. Für $0 < \alpha + \beta < 2$ ist

$$\lim_{n\to\infty} \mathcal{P}^n = \begin{pmatrix} \frac{\beta}{\alpha+\beta} & \frac{\alpha}{\alpha+\beta} \\ \frac{\beta}{\alpha+\beta} & \frac{\alpha}{\alpha+\beta} \end{pmatrix} \qquad (2.30)$$

also eine stochastische Matrix mit gleichen Zeilen.

Spezialfall 1

Eine Markovkette mit Zustandsraum $S = (Z,W)$ gibt uns das Münzwurf-Beispiel 1.1. Seine Übergangsmatrix ist offenbar

$$\mathcal{P} = \begin{pmatrix} \frac{1}{2} & \frac{1}{2} \\ \frac{1}{2} & \frac{1}{2} \end{pmatrix}$$

Spezialfall 2

1962 veröffentlichten GABRIEL und NEUMANN eine Studie über den Regenfall in Tel-Aviv, und zwar wurden Daten aus insgesamt 27 Jahren für die Monate Dezember, Januar, Februar (also die Monate der Regenperiode) gesammelt. Die meteorologischen Eigenschaften dieses Ortes lassen eine Klassifikation in zwei Zustände zu: $S = \{$trockener Tag, Tag mit Niederschlag$\}$. Sie erhielten folgende Statistik:

| | | Beobachtungstag | | Summe |
|---|---|---|---|---|
| | | trocken | Niederschlag | |
| vorausgehender Tag: | trocken | 1049 | 350 | 1399 |
| | Niederschlag | 351 | 687 | 1038 |

Daraus gewinnt man folgende Schätzung für die Übergangsmatrix:

$$\mathcal{P} = \begin{pmatrix} 0{,}750 & 0{,}250 \\ 0{,}338 & 0{,}662 \end{pmatrix}$$

Allerdings ist durch die formale Konstruktion der Übergangsmatrix aus den obigen Beobachtungsdaten nicht gesagt, daß die Niederschlagsfolge eine Markovkette darstellt. Vielmehr müßte durch die Untersuchung längerer Sequenzen als zwei Tage die Markoveigenschaften gesichert werden.

Beispiel 2.2 Irrfahrtmodelle (random walks)

a) Die einfache Irrfahrt (simple random walk)

Auf einer Geraden werden alle Punkte mit ganzzahligen Koordinaten $0, \pm 1, \pm 2, \ldots$ markiert. Wir sprechen dann von einem eindimensionalen Zahlengitter. Ein "Teilchen" bewege sich nun mit Schritten der Länge 1 auf diesem Gitter: Ein Schritt nach rechts erfolge mit der Wahrscheinlichkeit p, ein Schritt nach links mit der Wahrscheinlichkeit q, wobei $p + q = 1$. Ein graphisches Schema dieser Bewegung gibt Abb. 2.1

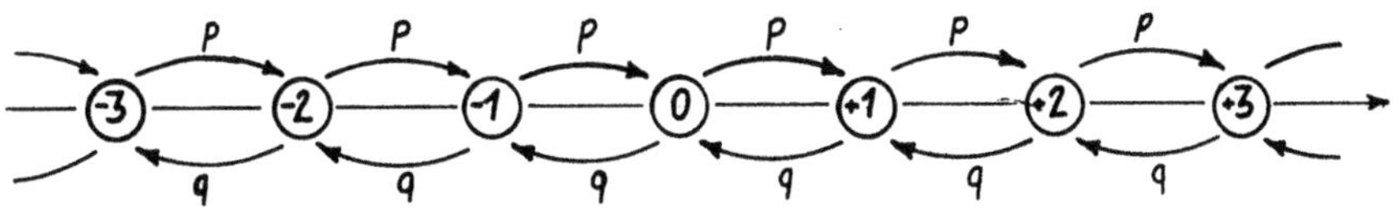


Abb. 2.1 Einfache Irrfahrt

Die Zufallsgröße $X_t$ bezeichne die Position, die das Teilchen nach t Schritten einnimmt. Aus der Beschreibung dieser Bewegung ist unmittelbar ersichtlich, daß die Folge $\{X_t | t = 0, 1, \ldots\}$ eine homogene Markovkette mit dem Zustandsraum $S = \{\ldots, -2, -1, 0, +1, +2, \ldots\}$ und den Übergangswahrscheinlichkeiten

$$\begin{aligned} p_{i,i+1} &= P\{X_{t+1} = i+1 | X_t = i\} = p \\ p_{i,i-1} &= P\{X_{t+1} = i-1 | X_t = i\} = q \\ p_{ij} &= 0 \quad \text{sonst} \end{aligned} \quad ; i \text{ ganzzahlig} \qquad (2.31)$$

bildet. Die Übergangsmatrix kann in folgender Weise geschrieben werden:

$$\begin{array}{c} \\ \vdots \\ -2 \\ -1 \\ 0 \\ +1 \\ +2 \\ \vdots \end{array} \begin{array}{c} \begin{array}{ccccccc} \ldots & -2 & -1 & 0 & +1 & +2 & \ldots \end{array} \\ \left( \begin{array}{ccccccc} & \vdots & & & & \vdots & \\ \ldots & 0 & p & 0 & 0 & 0 & \ldots \\ & q & 0 & p & 0 & 0 & \\ & 0 & q & 0 & p & 0 & \\ & 0 & 0 & q & 0 & p & \\ \ldots & 0 & 0 & 0 & q & 0 & \ldots \\ & \vdots & & & & \vdots & \end{array} \right) \end{array} \qquad (2.32)$$

Die Übergangswahrscheinlichkeiten n-ter Ordnung können direkt unter Zuhilfenahme der Binomialverteilung berechnet werden. $p_{ij}^{(n)}$ bedeutet die Wahrscheinlichkeit, nach n Schritten vom Punkt i nach Punkt j zu gelangen.

Die Wahrscheinlichkeit unter n Schritten $x$ Schritte nach rechts und $y$ Schritte nach links zu machen, beträgt $\binom{n}{x}p^x q^y$. Soll man bei diesen n Schritten gerade von $i$ nach $j$ gelangen, so muß offenbar gelten

$$x + y = n \qquad x - y = j - i$$

und daraus folgt:

$$x = \frac{1}{2}(n + j - i) \qquad y = \frac{1}{2}(n + i - j).$$

Wir haben dabei noch zu fordern: $n \equiv j - i\ (2)$. Dann erhalten wir für die gesuchten Übergangswahrscheinlichkeiten n-ter Ordnung:

$$p_{ij}^{(n)} \begin{cases} = \binom{n}{\frac{1}{2}(n+j-i)} p^{\frac{1}{2}(n+j-i)}\, q^{\frac{1}{2}(n+i-j)} & \text{für} \quad n \equiv j-i\ (2) \\ = 0 & \text{sonst.} \end{cases} \qquad (2.33).$$

Insbesondere folgt aus (2.33), daß das Teilchen nur nach einer geraden Anzahl von Schritten an den Ausgangspunkt seiner Bewegung zurückkehren kann, und wir erhalten als Spezialfall von (2.33):

$$p_{ii}^{(2n)} = \binom{2n}{n} p^n q^n \qquad (2.34).$$

<u>Spezialfall</u> Der in Beispiel 1.2 a) beschriebene Spielverlauf bildet eine einfache Irrfahrt mit $p = \frac{1}{2}$, $q = \frac{1}{2}$.

b) <u>Die allgemeine Irrfahrt in einer Dimension</u>

Die einfache Irrfahrt kann in folgender Weise gedeutet werden: Es sei $\{Z_t\}$ eine Folge unabhängiger Zufallsgrößen mit der Verteilung

$$P\{Z_t = -1\} = q \qquad P\{Z_t = +1\} = p \qquad t = 1, 2, \ldots$$

Dann ist offenbar, wenn die Bewegung im Punkte i begann,

$$X_n = i + Z_1 + Z_2 + \ldots + Z_n \qquad (2.35).$$

$p_{ij}^{(n)}$ wird dann zur Verteilung der Zufallsgröße $X_n$, wobei j deren (variable) Realisation bedeute.

Nehmen wir nun für die $Z_t$ beliebige diskrete Zufallsgrößen mit gleicher Verteilung, so erhalten wir die allgemeine eindimensionale Irrfahrt. Anschaulich heißt das, daß nun das Teilchen beliebige Sprünge im Zahlengitter vollführen kann, wobei $Z_t$ die "Sprungweite" bedeutet. Damit ist eines der Grundprobleme der Wahrscheinlichkeitsrechnung, nämlich das Studium unabhängiger Zufallsgrößen, als spezieller stochastischer Prozeß gedeutet.

### c) Beschränkte Irrfahrten auf der Geraden

Verallgemeinerungen von Irrfahrtmodellen ergeben sich, wenn man der Bewegung auf dem Gitter gewisse Beschränkungen auferlegt, die durch "Barrieren" oder "Schranken" auf der Geraden veranschaulicht werden können.

Absorbierende Schranken sind Punkte, die einmal erreicht, nicht wieder verlassen werden können. Für sie gilt $p_{ii} = 1$.

Der Punkt $i$ ist eine (von unten) reflektierende Schranke, wenn gilt:

$$p_{i+1,i} = q \qquad p_{ii} = a \qquad p_{i,i+1} = 1 - a$$

Der Wert a kann alle Werte im Intervall $0 < a \leq 1$ annehmen. Häufig betrachtet man die Fälle $a = 1$ und $a = q$. Im letzten Fall können wir uns eine reflektierende Wand bei $i - \frac{1}{2}$ vorstellen: bewegt sich das Teilchen von $i$ aus nach links, wird es an der Wand wieder nach $i$ reflektiert.

Mannigfache Irrfahrtsmodelle können nun durch das Setzen von Schranken der beiden Typen kombiniert werden. Man kann einseitig und zweiseitig beschränkte Irrfahrten betrachten. Zweiseitig beschränkte Irrfahrten mit Schranken bei den Punkten $i = 0$ und $i = 4$ seien durch Übergangsmatrix und graphisches Schema als Beispiele angeführt:

absorbierende Schranken

$$\begin{pmatrix} 1 & 0 & 0 & 0 & 0 \\ q & 0 & p & 0 & 0 \\ 0 & q & 0 & p & 0 \\ 0 & 0 & q & 0 & p \\ 0 & 0 & 0 & 0 & 1 \end{pmatrix}$$

reflektierende Schranken

$$\begin{pmatrix} q & p & 0 & 0 & 0 \\ q & 0 & p & 0 & 0 \\ 0 & q & 0 & p & 0 \\ 0 & 0 & q & 0 & p \\ 0 & 0 & 0 & q & p \end{pmatrix}$$

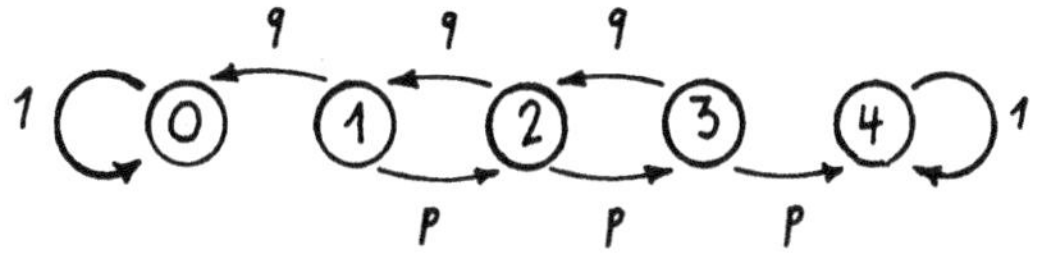


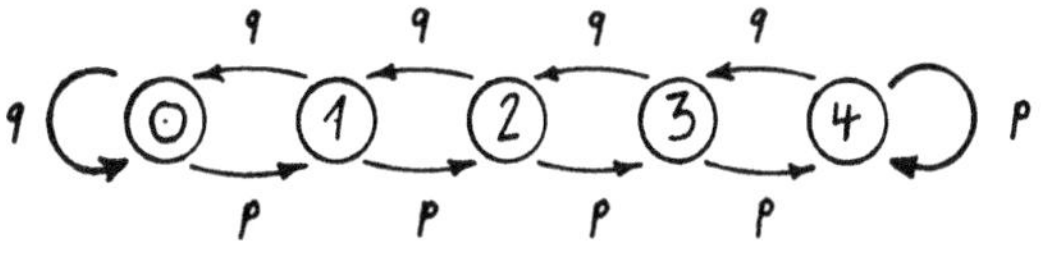

d) Irrfahrten in mehrdimensionalen Zahlengittern

Der Zustandsraum des stochastischen Prozesses besteht nun aus d-dimensionalen Vektoren $(x_1, x_2, \ldots, x_d)$ mit ganzzahligen Koordinaten $x_k$ $(k = 1, 2, \ldots, d)$. Man spricht von Irrfahrten in der Ebene, im Raum, usw.. Wir zeigen in Abb. 2.2 das Schema einer einfachen, symmetrischen Irrfahrt in der Ebene: In einem quadratischen Gitter wandert ein Teilchen mit der gleichen Wahrscheinlichkeit von je $\frac{1}{4}$ zu den vier benachbarten Punkten.

Abb. 2.2
Einfache Irrfahrt
in der Ebene

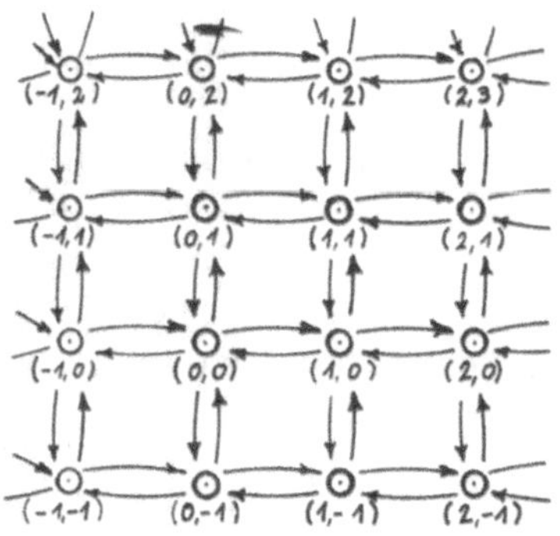


Allgemein sprechen wir von einer einfachen, symmetrischen Irrfahrt in d Dimensionen, wenn von einem Punkt $(x_1, x_2, \ldots, x_d)$ aus nur die 2d Übergänge zu den Nachbarpunkten $(x_1 \pm 1, x_2, \ldots, x_d)$, $(x_1, x_2 \pm 1, \ldots, x_d) \ldots (x_1, x_2, \ldots, x_d \pm 1)$ möglich sind und alle einfachen Übergangswahrscheinlichkeiten $\frac{1}{2d}$ betragen.

Spezialfall

Der in Beispiel 1.2 b) beschriebene Spielverlauf stellt eine einfache Irrfahrt mit den Schrittwahrscheinlichkeiten $p = q = \frac{1}{2}$ und absorbierenden Schranken in den Punkten $-3$ und $+3$ dar. Allgemein spricht man von einem "gamblers ruin" -Modell in folgender Situation: Zwei Spieler I und II beginnen mit einem Anfangskapital von a bzw. b Geldeinheiten. Spieler I gewinnt mit der Wahrscheinlichkeit p, Spieler II mit der Wahrscheinlichkeit $q = 1 - p$. Nach jedem Spiel zahlt der Verlierer seinem Spielpartner den Betrag einer Geldeinheit. Das Spiel ist beendet, wenn einer der Spieler sein gesamtes Anfangskapital verloren hat. Nehmen wir als Zustandsraum die kumulierten Gewinne des Spielers I, so haben wir eine Irrfahrt mit absorbierenden Schranken in den Punkten $-a$ und $b$ vor uns. Wird jedoch vereinbart, daß immer dann, wenn ein Spieler seine letzte Geldeinheit verspielt hat, er sie vom Gegner rückerstattet bekommt, so erhalten wir eine Irrfahrt mit reflektierenden Barrieren in den Punkten $-a + 1$ und $b - 1$. Typische Fragestellungen im Falle absorbierender Schranken sind: Wie groß ist die Wahrscheinlichkeit, daß Spieler II die Serie gewinnt? Wie lange dauert das Spiel? Wie lange dauert das Spiel, gesetzt den Fall, Spieler I gewinnt?

Spezialfall: Satzgewinn beim Tischtennis

Satzgewinner beim Tischtennis ist der Spieler, welcher als erster 21 Punkte erreicht. Beim Stand von 21 : 20 wird jedoch solange weitergespielt, bis die Punktedifferenz zwei beträgt. Wir gehen von der Situation aus, daß Spieler A gegen Spieler B 21 : 20 führt. Für den weiteren Spielverlauf genügt es nun (und so geschieht dies auch in der Praxis), die Differenz: Punktezahl für A - Punktezahl für B zu registrieren. Wir können dann das Endspiel als Markovprozeß mit dem Zustandsraum $S = \{-2, -1, 0, 1, 2\}$, der Übergangsmatrix

$$\begin{pmatrix} 1 & 0 & 0 & 0 & 0 \\ q_1 & 0 & p_1 & 0 & 0 \\ 0 & q_2 & 0 & p_2 & 0 \\ 0 & 0 & q_3 & 0 & p_3 \\ 0 & 0 & 0 & 0 & 1 \end{pmatrix}$$

und dem graphischen Schema

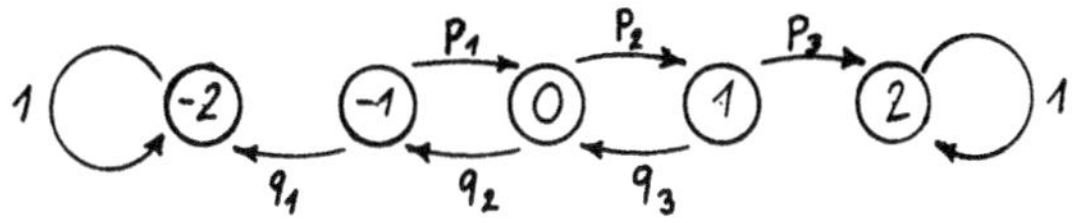


deuten. Für die Wahrscheinlichkeiten $p_i$, $q_i$ mit $p_i + q_i = 1$ kann man annehmen, daß $p_1 > p_2 > p_3$ und $q_1 < q_2 < q_3$ gilt: d.h., die Spieler bemühen sich umso mehr, je ungünstiger die Spielsituation für sie ist. In diesem Beispiel wurde auch eine Aussage über die Anfangsverteilung gemacht; sie wird durch den Zeilenvektor $\gamma_0 = (0, 0, 0, 1, 0)$ gegeben.

Wir haben hier eine Irrfahrt mit zwei absorbierenden Zuständen vor uns mit der Besonderheit, daß die <u>räumliche Homogenität</u> der Irrfahrt nicht mehr gegeben ist, das heißt, alle Schrittwahrscheinlichkeiten hängen vom Ausgangszustand ab.

Beispiel 2.3 Verzweigungsprozesse

Wir betrachten nun das Beispiel einer Markovkette, die sich aus einem einfachen Modell des Bevölkerungswachstums ergibt. Ausgangspunkt sei eine Bevölkerung gleichartiger Individuen. Jedes Individuum erzeugt Nachkommen, deren Anzahl eine Zufallsgröße $Z$ mit der Verteilung

$$P\{Z = m\} = g_m \qquad m = 0, 1, 2, \ldots \tag{2.36}$$

sei. Wir verfolgen nun die Bevölkerung Generation für Generation. Die ursprünglich gegebenen Individuen bilden die nullte Generation, deren Nachkommen die erste Generation, deren Abkömmlinge die zweite Generation, usw. Die Zufallsgröße $X_n$ bezeichne die Anzahl der Individuen der n-ten Generation. Die Folge $\{X_n | n > 0\}$ bildet eine homogene Markovkette mit dem Zustandsraum $S = \{0, 1, 2, \ldots\}$. Die Übergangswahrscheinlichkeiten $p_{ij}$ gewinnen wir durch folgende Überlegung. Es sei $X_n = i > 0$. Die Anzahl der Individuen der nächsten Generation, also $X_{n+1}$ ist offenbar die Summe der $i$ unabhängigen Zufallsgrößen $Z_1, Z_2, \ldots, Z_i$, jede mit der Verteilung (2.36) und wir erhalten:

$$p_{ij} = P\{X_{n+1} = j | X_n = i\} = P\{Z_1 + Z_2 + \ldots + Z_i = j\} \tag{2.37}$$

Für $i = 0$ gilt klarerweise

$$p_{0j} = P\{X_{n+1} = j | X_n = 0\} = \begin{cases} 1 & \text{für } j = 0 \\ 0 & \text{für } j > 0 \end{cases} \tag{2.38}$$

Üblicherweise betrachtet man einen Prozeßbeginn im Zustand 1. Der Zustand 0 ist durch $p_{00} = 1$ ausgezeichnet: eine Eigenschaft, analog den absorbierenden Schranken im Falle einer Irrfahrt. Wir sprechen wieder von einem absorbierenden Zustand.

Die explizite Berechnung schon der einstufigen Übergangswahrscheinlichkeiten ist sehr verwickelt. Nachstehend seien einige Randglieder der Übergangsmatrix, ausgedrückt durch die Verteilung (2.36), angegeben:

$$\mathcal{P} = \begin{pmatrix} 1 & 0 & 0 & \cdots \\ g_0 & g_1 & g_2 & \cdots \\ g_0^2 & 2g_0g_1 & 2g_0g_2+g_1^2 & \cdots \\ g_0^3 & 3g_0^2g_1 & 3g_0^2g_2+3g_0g_1^2 & \cdots \\ g_0^4 & 4g_0^3g_1 & 4g_0^3g_2+6g_0^2g_1^2 & \cdots \\ \vdots & \vdots & \vdots & \end{pmatrix}$$

Man behandelt daher den Verzweigungsprozeß vorzugsweise mit spezifischen Methoden, die sich der erzeugenden Funktionen diskreter Zufallsgrößen bedienen.

Spezialfall: Familiennamen

Das klassische Beispiel für Verzweigungsprozesse (GALTON, 1889).

Bei der Betrachtung von Familiennamen zählen nur männliche Nachkommen. $g_m$ ist nun die Wahrscheinlichkeit, daß der Träger eines Namens m Söhne hat. Eine empirische Studie aus den USA (LOTKA, 1931) ergab für die Verteilung der Anzahl der männlichen Nachkommen angenähert

$$g_o = 0{,}4825 \qquad g_m = 0{,}2126 \cdot 0{,}5893^{m-1}; \quad m \geq 1$$

daraus konnte man die (überraschend hohe) Wahrscheinlichkeit von 0,86 für das Aussterben eines Familiennamens, ausgehend von einem Mann berechnen. Allerdings, wenn ursprünglich k Träger eines Namens vorhanden sind, so können wir (angenähert) von k unabhängig laufenden Prozessen sprechen, und die Wahrscheinlichkeit des Aussterbens wird dann $0{,}86^k$, also ziemlich klein schon für mäßig große k.

Spezialfall: Warteschlangen

Wir betrachten das Beispiel 1.4. Ein Kunde, der an einen leeren Schalter kommt, bildet die nullte Generation. Alle Kunden, die während der Zeit seiner Bedienung ankommen, bilden die erste Generation, usf. Das Aussterben dieser "Bevölkerung" ist gleichbedeutend mit der Tatsache, daß schließlich wieder ein Zeitpunkt eintritt, zu dem kein Kunde vor dem Schalter wartet. Die Gesamtzahl aller Kunden in einer "Betriebsperiode" ist gleich der Summe aller Nachkommen, einschließlich des "Ahnherrn" selbst, in diesem Verzweigungsprozeß.

Es seien hier (ohne Beweis) die wichtigsten Ergebnisse aus der Theorie der diskreten Verzweigungsprozesse angegeben.

Sei $G(z) = \sum_{m=0}^{\infty} g_m z^m$ die erzeugende Funktion der Zufallsgröße $Z$ = Anzahl der Nachkommen eines Individuums und $A = \bigcup_{n=0}^{\infty} \{X_n = 0\}$ das Ereignis "die Bevölkerung stirbt aus". Man nennt P(A) die Extinktionswahrscheinlichkeit. Schließlich sei $\mu = E(Z)$ und $\sigma^2 = \mathrm{Var}(Z)$. Dann erhält man unter anderem - unter der Bedingung $\{X_o = 1\}$ -:

Erwartungswert und Varianz des Umfangs der n-ten Generation:

$$E(X_n) = \mu^n \qquad \mathrm{Var}(X_n) = \sigma^2 \mu^n \frac{1-\mu^n}{1-\mu} \tag{2.39}$$

Die Extinktionswahrscheinlichkeit:

$$\text{Ist} \quad \mu < 1, \quad \text{so ist} \quad P(A) = 1$$
$$\mu > 1, \quad \text{so ist} \quad P(A) = \xi \tag{2.40}$$

wobei $\xi$ die (im Fall $\mu > 1$ eindeutig bestimmbare) Wurzel der Gleichung $z = G(z)$ ist, für die $\xi < 1$ gilt.

Erwartungswert der gesamten Nachkommenschaft

Ist $\mu < 1$, so beträgt der Erwartungswert der Anzahl der gesamten Nachkommenschaft (einschließlich des Ahnherrn) $\frac{1}{1-\mu}$.

Beispiel 2.4 Der diskrete Erneuerungsprozeß

Wir betrachten eine Markovkette mit der Übergangsmatrix

$$\begin{pmatrix} q_1 & p_1 & 0 & 0 & 0 & \cdots \\ q_2 & 0 & p_2 & 0 & 0 & \cdots \\ q_3 & 0 & 0 & p_3 & 0 & \cdots \\ q_4 & 0 & 0 & 0 & p_4 & \cdots \\ \vdots & & & & & \end{pmatrix} \tag{2.41}$$

mit $p_k + q_k = 1$. Für diese Markovkette können wir folgende Interpretation geben. Die Funktionsfähigkeit der Maschine werde zu äquidistanten Zeitpunkten $t = 0, 1, 2, \ldots$ überprüft. Wird ein Fehler entdeckt, wird die Maschine durch eine neue ersetzt. Die "Lebensdauer" wird dadurch zu einer diskreten Zufallsgröße Z. Wir definieren

$$p_1 = P\{Z = 1\}$$
$$p_k = P\{Z = k \mid Z = k-1\} \quad \text{für } k > 1.$$

Die Zufallsgröße $X_t$ bedeute nun das Alter der Maschine zu Beginn des auf den Zeitpunkt t folgenden Intervalls. Mit der Wahrscheinlichkeit $p_k$ geht dann das Alter k in das Alter k+1 über, mit der Wahrscheinlichkeit $q_k = 1 - p_k$ muß eine neue Maschine installiert werden, d.h. wir beginnen das nächste Intervall mit dem Alter 0.

Die der Übergangsmatrix (2.41) zugeordnete graphische Darstellung zeigt recht anschaulich, wie der Prozeß abläuft

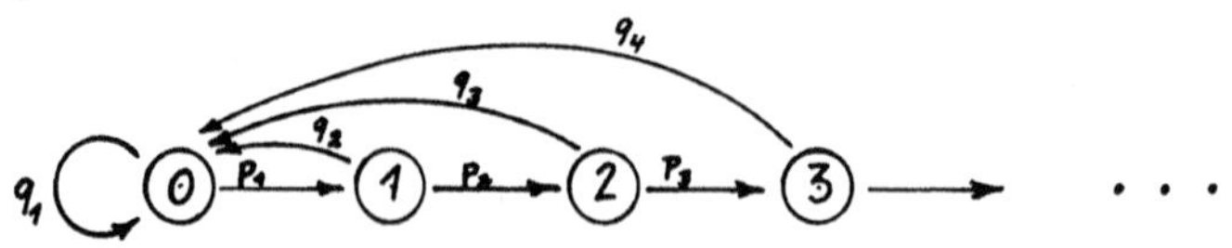


Abb. 2.3 Graph des diskreten Erneuerungsprozesses

Beispiel 2.5 Markovketten r-ter Ordnung.

Eine stochastische Kette heißt Markov-Kette der Ordnung r, wenn für alle $i_o, i_1, \ldots, i_t$ und alle $t > r + 1$ gilt:

$$P\{X_t = i_t | X_{t-1} = i_{t-1}, \ldots, X_o = i_o\} =$$

$$P\{X_t = i_t | X_{t-1} = i_{t-1}, \ldots, X_{t-r} = i_{t-r}\} \qquad (2.42)$$

Bei einer Markov-Kette der Ordnung r kann also die weitere Entwicklung des stochastischen Prozesses aus der Kenntnis des gegenwärtigen Zustandes und des Zustandes in den $r - 1$ vorangegangenen Zeitpunkten prognostiziert werden. Daß jedoch Markov-Ketten r-ter Ordnung grundsätzlich nichts Neues bringen, kann man leicht einsehen: Sei der Zustandsraum der ursprünglich gegebenen stochastischen Kette S. Wir bilden eine neue stochastische Kette $\{Y_{r-1}, Y_r, Y_{r+1}, \ldots\}$ mit dem Parameterraum $T = \{r - 1, r, r + 1, \ldots\}$ und dem Zustandsraum $S' = S \cdot S \cdot \ldots \cdot S = S^r$, d.h. S' bildet die Menge aller geordneten r-tupel aus Elementen des Zustandsraumes S. Einem Basisereignis

$$\{X_t = i_t, X_{t-1} = i_{t-1}, \ldots, X_{t-r} = i_{t-r}, X_{t-r-1} = i_{t-r-1}, \ldots, X_o = i_o\}$$

entspreche das Basisereignis

$$\{Y_t = (i_t, i_{t-1}, \ldots, i_{t-r+1}), Y_{t-1} = (i_{t-1}, i_{t-2}, \ldots, i_{t-r}), \ldots$$
$$\ldots, Y_{r-1} = (i_{r-1}, i_{r-2}, \ldots, i_o)\}$$

Nun seien $(j_r, j_{r-1}, \ldots, j_1)$ und $(k_r, k_{r-1}, \ldots, k_1)$ zwei Elemente aus S'. Dann gilt für die Übergangswahrscheinlichkeit

$$P(Y_t = (j_r, j_{r-1}, \ldots j_1) | Y_{t-1} = (k_r, k_{r-1}, \ldots, k_1)) =$$

$$P\{X_t = j_r | X_{t-1} = j_{r-1}, \ldots, X_{t-r+1} = j_1, X_{t-1} = k_1\}, \text{ wenn } j_{r-1} = k_r, \ldots$$
$$\ldots, j_1 = k_2 \quad \text{oder}$$
$$= 0 \quad \text{sonst.}$$

Auf diese Weise wird ersichtlich, daß $\{Y_t | t = r - 1, r, \ldots\}$ eine (gewöhnliche) Markovkette im Zustandsraum $S' = S^r$ wird. Somit können wir jeder Markovkette r-ter Ordnung eine gewöhnliche Markovkette zuordnen.

Selbstverständlich kann man auch gewöhnlichen Markovketten durch diesen Vorgang der "Erweiterung des Zustandsraumes" neue Markovketten zuordnen.

Unter Umständen sind auf diese Weise genauere Informationen über die Eigenschaften der ursprünglichen Kette zu erhalten.

Anwendungsbeispiel: Ein Lagerhaltungsmodell

Ein Unternehmen kontrolliere das Lager für einen bestimmten, in seinem Maschinenpark benötigten Ersatzteil in folgender Weise: Es werden die beiden Plandaten $l_1$ = maximaler Lagerbestand, $l_2$ = Bestellbestand vorgegeben. Zu Beginn einer jeden Periode, also zu den Zeitpunkten $t = 0, 1, 2, \ldots$ wird der Lagerbestand $X_t$ festgestellt. Ist $X_t \leq l_1$, so wird die Differenz $l_2 - X_t$ bestellt, sonst wird keine Bestellung vorgenommen. Der Bedarf an Ersatzteilen in einer Periode sei eine Zufallsgröße $Y$ mit der Wahrscheinlichkeitsverteilung $P\{Y = m\} = y_m$, $m = 0, 1, 2, \ldots$. Negative Lagerbestände, das heißt unerledigte Reparaturen zu Beginn einer Periode werden zugelassen; sie werden mit später eintreffenden Lieferungen von Ersatzteilen verrechnet.

Anmerkung:
In der Lagerhaltungstheorie spricht man üblicherweise von einem (S, s)-Modell. Um Bezeichnungskollisionen zu vermeiden, setzen wir hier $l_1 = S$, $l_2 = s$.

Beträgt die Lieferfrist $r$ Perioden, so bildet der stochastische Prozeß $\{X_t\}$ eine Markovkette der Ordnung $r$. Im Falle $r = 1$ haben wir eine gewöhnliche Markovkette mit dem Zustandsraum $S = \{l_1, l_1 - 1, l_1 - 2, \ldots\}$ vor uns. Die Übergangswahrscheinlichkeiten sind dann:

$$p_{ij} \begin{array}{lll} = y_{l_1-j} & & i \leq l_2 \\ = 0 & \text{für} & i > l_2 \text{ und } j > i \\ = y_{i-j} & & i > l_2 \text{ und } j \leq i \end{array}$$

Für das numerische Beispiel $l_1 = 3$, $l_2 = 0$ und die Bedarfsverteilung gegeben durch

$$y_0 = 0{,}2 \quad y_1 = 0{,}5 \quad y_2 = 0{,}2 \quad y_3 = 0{,}1 \quad y_m = 0 \text{ für } m \geq 4$$

erhalten wir eine Markovkette mit dem Zustandsraum
$S = \{3, 2, 1, 0, -1, -2\}$
und der Übergangsmatrix

$$\begin{array}{c} \\ 3 \\ 2 \\ 1 \\ 0 \\ -1 \\ -2 \end{array} \begin{array}{c} \begin{array}{cccccc} 3 & 2 & 1 & 0 & -1 & -2 \end{array} \\ \begin{pmatrix} 0,2 & 0,5 & 0,2 & 0,1 & 0 & 0 \\ 0 & 0,2 & 0,5 & 0,2 & 0,1 & 0 \\ 0 & 0 & 0,2 & 0,5 & 0,2 & 0,1 \\ 0,2 & 0,5 & 0,2 & 0,1 & 0 & 0 \\ 0,2 & 0,5 & 0,2 & 0,1 & 0 & 0 \\ 0,2 & 0,5 & 0,2 & 0,1 & 0 & 0 \end{pmatrix} \end{array}$$

Bei einer Lieferfrist von r Perioden müßte ein Zustandsraum mit $6^r$ Elementen verwendet werden.

Beispiel 2.6 Allgemeine stochastische Ketten als Markovketten betrachtet

Im vorhergehenden Beispiel konnte gezeigt werden, daß Markovketten r-ter Ordnung durch Erweiterung des Zustandsraumes in gewöhnliche Markovketten umgewandelt werden konnten. Durch eine Verallgemeinerung dieses Verfahrens kann man zeigen, daß sogar jede stochastische Kette als Markovkette aufgefaßt werden kann.

Es sei $\{X_t\}$ eine stochastische Kette mit S als Zustandsraum. Wir definieren eine stochastische Kette $\{Y_t\}$ in folgender Weise. Es sei V die Menge aller endlichen Folgen mit Elementen aus S. Sind u und v zwei Folgen aus V mit

$$u = (i_1, i_2, \ldots, i_n)$$

$$v = (i_1, i_2, \ldots, i_n, i_{n+1})$$

so definieren wir

$$P\{Y_{t+1} = v | Y_t = u\} = P\{X_{t+1} = i_{n+1} | X_t = i_n, X_{t-1} = i_{n-1}, \ldots, X_o = i_o\}$$

In allen anderen Fällen, in denen v nicht durch eine Verlängerung von u um ein Glied aus S entsteht, setzen wir $P\{Y_{t+1} = v | Y_t = u\} = 0$.

Wir erhalten dann eine Markovkette mit dem Zustandsraum V, die unter anderem dadurch gekennzeichnet ist, daß man in keinen Zustand zurückkehren kann.

## 3. Die graphentheoretische Analyse von Markovketten

In den vorangehenden Abschnitten haben wir schon mehrmals von gerichteten Graphen Gebrauch gemacht, um Markovketten zu veranschaulichen. Die Instrumente der Graphentheorie können darüberhinaus zu einer systematischen Analyse der Markovketten beitragen.

## 3.1 Grundbegriffe aus der Theorie der Graphen und Relationen

Ausgangspunkt sei eine beliebige Menge $X = \{x, y, z, \ldots\}$.[+)] Das kartesische Produkt $X*X$ ist die Menge aller geordneten Paare, gebildet aus den Elementen von X:

$$X*X = \{(x,y) \mid x, y \in X\} \tag{3.1}$$

Es sei V eine Teilmenge des kartesischen Produktes $X*X$. Das Paar $\Gamma = (X;V)$ nennen wir einen gerichteten Graphen. Die Elemente von X heißen die Punkte des Graphen, die Paare $(x,y) \in V$ gerichtete Kanten oder kurz Kanten des Graphen. x heißt der Anfangspunkt, y der Endpunkt der Kante (x,y). Ein Graph heißt vollständig, wenn $V = X*X$.

Bekanntlich ist eine geometrische Darstellung von gerichteten Graphen in folgender Weise möglich: Die Punkte des Graphen werden durch Punkte in der Ebene, die Kanten durch gerichtete Verbindungslinien in der Zeichenebene repräsentiert. Die nachstehenden Abbildungen mögen diese Darstellungsweise verdeutlichen:

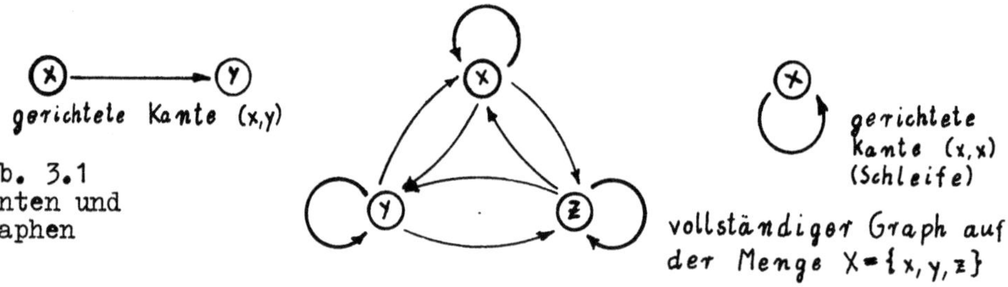


Abb. 3.1 Kanten und Graphen

Eine Abbildung w der Kantenmenge V in die Menge der reellen Zahlen $\mathbb{R}$ nennen wir eine Bewertung des Graphen:

$$w: \quad V \longrightarrow \mathbb{R}$$

$$(x,y) \longrightarrow w(x,y)$$

Das Paar $[(x,y), w(x,y)]$ bestehend aus Kante und zugeordneter reeller Zahl heißt bewertete Kante und wird in folgender Weise dargestellt:

$$\overset{x}{\circ} \xrightarrow{\quad w(x,y) \quad} \overset{y}{\circ}$$

Das Tripel $\Gamma_w = (X;\ W,\ w)$ nennen wir einen bewerteten Graphen.

Wir betrachten weiter gewisse geordnete Teilmengen der Kantenmenge V. Ein Weg ist eine Folge von Kanten $(x,x_1), (x_1, x_2), \ldots, (x_{l-1},y)$ mit der Eigenschaft, daß der Endpunkt einer Kante mit dem Anfangspunkt der

[+)] Wir verwenden in diesem Abschnitt das Symbol X (bisher für Zufallsgrößen verwendet) auch zur Bezeichnung von Mengen, ohne Verwechslungen befürchten zu müssen.

nächsten Kante übereinstimmt. Wir bezeichnen Wege mit $\langle x, x_1, \ldots$ $\ldots, x_{l-1}, y\rangle$ oder kurz $\langle x \ldots y\rangle$. Die Punkte x und y heißen Anfangspunkt und Endpunkt. Stimmen Anfangs- und Endpunkt eines Weges überein, so nennen wir den Weg einen Kreis. Die Anzahl der Kanten des Weges $\langle x \ldots y\rangle$ nennen wir Länge des Weges und schreiben dafür $l\langle x \ldots y\rangle$. Ein Kreis der Länge 1 heißt Schleife.

Beispiel 3.1

Es sei $\Gamma$ der vollständige Graph mit r Punkten. Die Anzahl der verschiedenen möglichen Wege von x nach y mit der Länge l beträgt $l^{r-1}$. Die Menge aller Wege $\langle x, x_1, x_2, \ldots, x_{l-1}, y\rangle$ erhält man in einem vollständigen Graphen nämlich dadurch, daß man $x_1, x_2, \ldots$ $\ldots, x_{l-1}$ unabhängig voneinander alle Elemente von X durchlaufen läßt.

Die Länge eines Weges ist ein Beispiel für die Bewertung von Wegen. Für die Theorie der Markovketten ist daneben die Produktbewertung eines Weges von Bedeutung, die in einem gerichteten Graphen folgendermaßen definiert wird:

$$w\langle x \ldots y\rangle = w\langle x, x_1, x_2, \ldots, x_{n-1}, y\rangle = w(x, x_1)\, w(x_1, x_2) \ldots w(x_{n-1}, y) \qquad (3.2)$$

Der Begriff des gerichteten Graphen $\Gamma = (X;V)$ ist äquivalent dem Begriff einer zweistelligen Relation in der Menge X.

Beispiel 3.2

Beispiele für zweistellige Relationen in der Menge der reellen Zahlen können etwa aus den Beziehungen "kleiner", "gleich", "größer oder gleich", für die man bekanntlich $x < y$, $x = y$, $x \geq y$ schreibt, abgeleitet werden.

Wir gehen wieder von der Grundmenge $X = \{x, y, z, \ldots\}$ aus und betrachten eine Beziehung $\rho$, die zwischen Elementen von X besteht und schreiben $x \rho y$, wenn x mit y in der Beziehung $\rho$ steht. Eine Beziehung $\rho$ ist offenbar vollständig beschrieben, wenn wir die Grundmenge X und alle geordneten Paare $(x, y) \in X \times X$ kennen, für welche $x \rho y$ zutrifft. Für die mathematische Behandlung von Beziehungen ist es vorteilhaft, der Beziehung $\rho$ die Menge dieser geordneten Paare zuzuordnen. Wir bezeichnen diese Menge mit $[\rho]$ und sprechen dann von einer zweistelligen Relation (kurz: Relation) und haben dann:

$$[\rho] = \{(x, y) \mid x \rho y \text{ und } x, y \in X\} \qquad (3.3)$$

Wir unterscheiden also zwischen Beziehung $\rho$ und Relation $[\rho]$, obwohl beide Begriffe einander eineindeutig zuordenbar sind. Um dies ganz deutlich zu machen, bemerken wir: Der Ausdruck $x \varrho y$ ist eine *Aussage*, welche die Beziehung $\varrho$ vom Paar (x, y) *behauptet*, während die die Relation $[\varrho]$ eine *Menge* darstellt. Diese Gegenüberstellung der Begriffe "Beziehung" und "Relation" ist nichts anderes als die in der Logik verwendete Unterscheidung zwischen *intensionalen* und *extensionalen* Begriffen. Der Begriff der Relation ist jedoch nicht auf zweistellige Relationen beschränkt. Teilmengen des kartesischen Produktes $X \ast X \ast \ldots \ast X = X^n$ bezeichnet man als n-stellige Relationen.

Aus der Definition (3.3) ist unmittelbar zu erkennen, daß gerichtete Graphen und zweistellige Relationen einander entsprechen, wenn wir in $\Gamma = (X;V)$ $V = [\varrho]$ setzen.

*Beispiel 3.3*
In der Menge der nichtnegativen, reellen Zahlen $\mathbb{R}^+$ sind die Relationen $[\leq]$, $[=]$ und $[\geq]$ durch Teilmengen des ersten Quadranten der Zahlenebene gegeben:

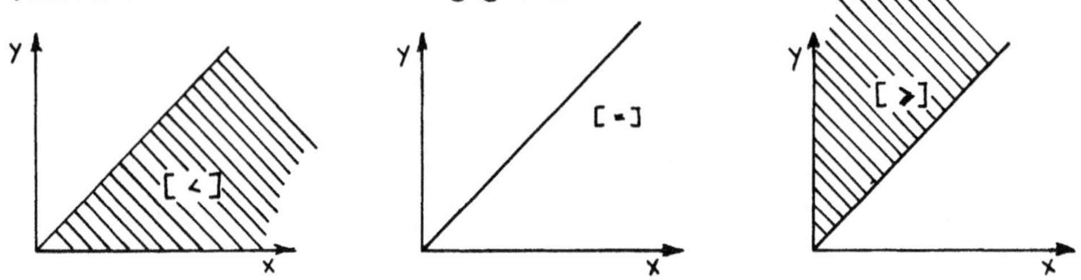


Abb. 3.2 Darstellung von Relationen als Teilmengen

## 3.2 Ordnungs- und Äquivalenzrelationen

Es sei $[\varrho]$ eine Relation auf X. Einige ausgezeichnete Eigenschaften von Relationen bzw. der zugehörigen Beziehungen sind die

| | es gilt: | | für alle: |
|---|---|---|---|
| Reflexivität: | $x \varrho x$ | | x |
| Transitivität: | $x \varrho y,\ y \varrho z$ | $\longrightarrow x \varrho z$ | x, y, z |
| Symmetrie: | $x \varrho y$ | $\longrightarrow y \varrho x$ | x, y |
| Antisymmetrie: | $x \varrho y,\ y \varrho x$ | $\longrightarrow x = y$ | x, y |

Durch diese Eigenschaften pflegt man gewisse Typen von Relationen zu kennzeichnen:

| Relationstyp: | Eigenschaft der Relation: |
|---|---|
| schwache Ordnung | reflexiv, transitiv |
| Halbordnung | reflexiv, transitiv, antisymmetrisch |
| Äquivalenzrelation | reflexiv, transitiv, symmetrisch |

Man kann zeigen: Jede Äquivalenzrelation induziert eine Zerlegung der Menge X, deren Komponenten Äquivalenzklassen genannt werden. Die Äquivalenzbeziehung besteht zwischen zwei Elementen genau dann, wenn sie in derselben Äquivalenzklasse liegen.

Schwache Ordnung und Halbordnung sind Beispiele für Ordnungsrelationen. Es sei $[\varrho]$ eine beliebige Relation. Ein Element $a \in X$ heißt minimal, wenn aus $a \varrho x$ folgt $x = a$; ein Element $b \in X$ heißt maximal, wenn aus $x \varrho b$ folgt $x = b$. Zu einer beliebigen Relation $[\varrho]$ brauchen weder minimale noch maximale Elemente zu existieren. Eine endliche Halbordnung besitzt jedoch mindestens ein minimales und ein maximales Element.

Für die graphische Darstellung von Halbordnungen benutzt man die zugehörige Nachbarschaftsrelation. Es sei $[\varrho]$ eine Halbordnung. Die Nachbarschaftsrelation $[\nu]$ ist definiert durch folgende Bedingungen:

Es gilt $x \nu y$, wenn:
a. $x \varrho y$
b. $x \neq y$
c. Es gibt kein $z \neq x, y$, sodaß $x \varrho z$ und $z \varrho y$.

Gilt $x \varrho y$ so nennen wir y Nachfolger von x, x Vorgänger von y

Gilt $x \nu y$ so nennen wir y unterer Nachbar von x, x oberer Nachbar von y

Jeder Halbordnung kann umkehrbar eindeutig eine Nachbarschaftsrelation zugeordnet werden.

Beispiel 3.4

In Abb. 3.3 zeigen wir das Beispiel einer Halbordnung mit der Grundmenge $X = \{a, b, c, d\}$ und die zugehörige Nachbarschaftsrelation:

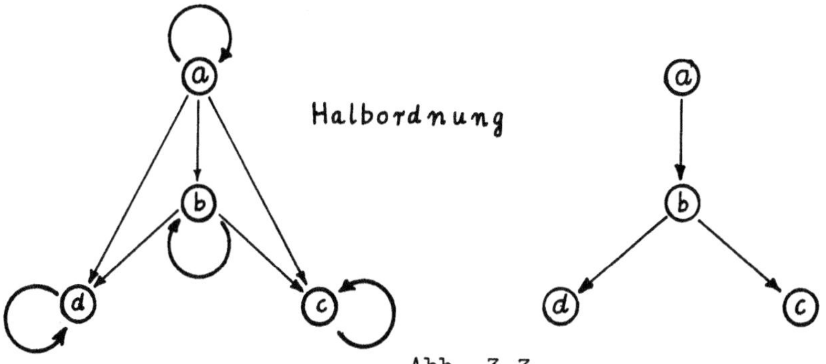


Abb. 3.3

Minimale Elemente sind c und d, maximales Element ist a.

Abschließend zeigen wir, wie jeder Relation und damit jedem Graphen eindeutig eine schwache Ordnung und jeder schwachen Ordnung eine Halbordnung zugeordnet werden kann. Dazu wählen wir folgende Bezeichnungsweise:

| gegeben ist: | | zugeordnet wird: | |
|---|---|---|---|
| beliebige Relation | $[\varrho]$ | schwache Ordnung | $[\varrho']$ |
| beliebige schwache Ordnung | $[\tau]$ | Halbordnung | $[\tau^*]$ |

Durch das Hintereinanderschalten der Operationen "'" und "*" kann schließlich folgende Zuordnung getroffen werden:

| | | | |
|---|---|---|---|
| beliebige Relation | $[\varrho]$ | Halbordnung | $[\varrho'^*] = [\varrho^0]$ |

## $1^0$ Konstruktion einer schwachen Ordnung zu $[\varrho]$

Wir gehen von einer beliebigen Relation $[\varrho]$ aus und betrachten den zugehörigen Graphen $\Gamma = (X;V)$ mit $V = [\varrho]$. Die Relation $[\varrho']$ wird durch folgende Bedingungen definiert:

Es gilt $x\,\varrho'\,y$, wenn:
a'. $x = y$
oder:
b'. $x \neq y$ und es existiert ein Weg $\langle x \ldots y\rangle$.

Die Relation $[\varrho']$ ist tatsächlich eine schwache Ordnung.
Wegen a'. ist $[\varrho']$ reflexiv.
Es sei $x\,\varrho'\,y$ und $y\,\varrho'\,z$. Ist $x = y$ oder $y = z$ so folgt unmittelbar $x\,\varrho'z$. Ist jedoch $x \neq y$ und $y \neq z$, so gibt es nach b'. Wege $\langle x \ldots y\rangle$ und $\langle y \ldots z\rangle$. Durch Aneinanderreihung erhalten wir den Weg $\langle x, \ldots, y, \ldots z\rangle = \langle x \ldots z\rangle$, und somit gilt $x\,\varrho'\,z$. Wir haben also gezeigt: Aus $x\,\varrho'\,y$ und $y\,\varrho'\,z$ folgt $x\,\varrho'\,z$ und damit die Transitivität von $[\varrho']$ bewiesen.

## $2^0$ Konstruktion einer Äquivalenzrelation in einer schwachen Ordnung $[\tau]$

Wir gehen von einer beliebigen schwachen Ordnung $[\tau]$ auf der Menge X aus. Eine Äquivalenzrelation $[\sim]$ wird durch folgende Bedingung definiert:

Es gilt $x \sim y$, wenn: $x\,\tau\,y$ und $y\,\tau\,x$. (3.4)

Die Relation $[\sim]$ ist tatsächlich eine Äquivalenzrelation.

Symmetrie und Reflexivität von $[\sim]$ folgen unmittelbar aus (3.4) und der Reflexivität schwacher Ordnungen.

Es sei nun $x \sim y$ und $y \sim z$. Dann gilt nach (3.4): $x \tau y$, $y \tau x$, $y \tau z$ und $z \tau y$. Nun ist $[\tau]$ transitiv, also:

$$\left.\begin{array}{llll} \text{aus} & x \tau y, \; y \tau z & \text{folgt} & x \tau z \\ \text{aus} & z \tau y, \; y \tau x & \text{folgt} & z \tau x \end{array}\right\} \begin{array}{l}\text{und daraus}\\ \text{wegen (3.4)}\end{array} : \quad x \sim z.$$

Wir haben also aus $x \sim y$ und $y \sim z$ die Aussage $x \sim z$ gefolgert und damit die Transitivität von $[\sim]$ gezeigt.■

Vermöge der Äquivalenzrelation $[\sim]$ zerlegen wir X in die Menge $\mathcal{C}$ von Äquivalenzklassen: $\mathcal{C} = \{C_1, C_2, \ldots\}$. Es gilt also

$$X = C_1 \cup C_2 \cup \ldots$$
$$\text{mit} \quad C_i C_j = \emptyset \quad \text{für } i \neq j.$$

3° Konstruktion einer Halbordnung in der Menge C von Äquivalenzklassen

Wir gehen nun von der Menge C von Äquivalenzklassen aus, die wir durch die Konstruktionsschritte 1° und 2° erhalten hatten und definieren die Relation $[\tau^*]$ auf C durch folgende Bedingung:

Es gilt $C_i \tau^* C_j$, wenn: Es gibt ein $x \in C_i$ und ein $y \in C_j$, so daß $x \tau y$. (3.5)

Die Relation $[\tau^*]$ ist tatsächlich eine Halbordnung auf C.

Reflexivität: Es sei $C_i \in C$ und $x \in C_i$. Da $[\tau]$ reflexiv ist, also $x \tau x$ gilt, haben wir auch $C_i \tau^* C_i$ für jedes $C_i \in C$.

Transitivität: Es sei $C_i \tau^* C_j$ und $C_j \tau^* C_k$. Es gibt also Elemente x, y, z, u mit

$$\begin{array}{lll} x \in C_i, \quad y \in C_j & \text{so daß} & x \tau y \\ z \in C_j, \quad u \in C_k & & z \tau u. \end{array}$$

Da y, z in der gleichen Äquivalenzklasse $C_j$ liegen, gilt $y \tau z$ (und sogar $z \tau y$). Wir erhalten also die Aussagenkette $x \tau y$, $y \tau z$ und $z \tau u$ und wegen der Transitivität von $[\tau]$ auch $x \tau u$. Damit ist Bedingung (3.5) für $C_i$ und $C_k$ erfüllt und es gilt $C_i \tau^* C_k$.

Antisymmetrie: Es sei $C_i \tau^* C_j$ und $C_j \tau^* C_i$. Es gibt also Elemente x, y, z, u mit

$$\begin{array}{lll} x \in C_i, \quad y \in C_j & \text{so daß} & x \tau y \\ z \in C_j, \quad u \in C_i & & z \tau u. \end{array}$$

Weiter bemerken wir, daß x und u sowie y und z in der gleichen Äquivalenzklasse liegen. Wir folgern also die Aussagen:

$$x \sim u \quad \text{und daher auch:} \quad x \tau u, \quad u \tau x$$
$$y \sim z \qquad\qquad\qquad\qquad\quad y \tau z, \quad z \tau y.$$

Aus den vorhandenen sechs "$\tau$"-Aussagen wählen wir die Kette $y \tau z$, $z \tau u$, $u \tau x$ und erhalten $y \tau x$. Es gilt also zugleich $x \tau y$ und $y \tau x$ und somit auch $x \sim y$. Das heißt, x und y liegen in derselben Äquivalenzklasse, es gilt also $C_i = C_j$. Wir haben also $C_i = C_j$ aus $C_i \; \tau^* \; C_j$ und $C_j \; \tau^* \; C_i$ gefolgert und damit die Antisymmetrie von $[\tau^*]$ gezeigt.

In der Graphentheorie nennt man die Äquivalenzklassen $C_i$ die stark zusammenhängenden Komponenten des Graphen.

Beispiel 3.5

Im Graphen der Abb. 3.4.a werden die stark zusammenhängenden Komponenten markiert. Die zugeordnete Halbordnung wird mittels ihres Nachbarschaftsgraphen dargestellt (Abb. 3.4.b).

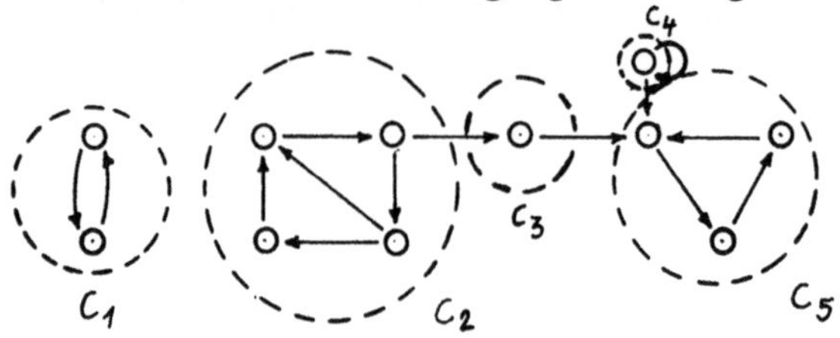


Abb. 3.4.a

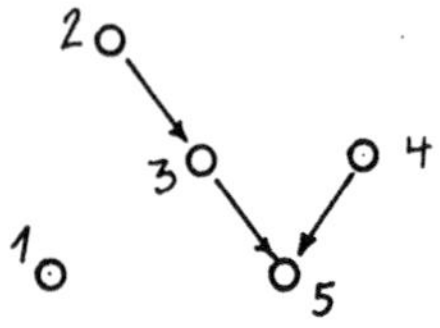


Abb. 3.4.b

Minimale Elemente der Halbordnung $[\rho^\circ]$ sind die Elemente $C_1$, $C_5$; maximale Elemente $C_1$, $C_2$, $C_4$. $C_1$ ist zugleich minimales und maximales Element.

## 3.3 Graphen, die einer Markovkette zugeordnet werden können

Grundmenge für die nachfolgenden Graphendefinitionen ist die Menge S der Zustände einer Markovkette. Mengen geordneter Paare von Zuständen bezeichnen wir mit W. Es gilt also $W \subset S \times S$.

Definition 3.1

Der Graph $\Pi = (S;W)$ mit

$$W = \{(i, j) \mid i, j \in S \text{ und } p_{ij} > 0\}$$

heiße Erreichbarkeitsgraph der Markovkette.

Definition 3.2

Der bewertete Graph $\Pi_p(S;W,\ p)$ mit der Bewertung

$$p(i,\ j) = p_{ij}$$

heiße der Transitionsgraph der Markovkette.

Nach der Definition des Graphen $\Pi = (S;\ W)$ sind alle Bewertungen positiv, also $p_{ij} > 0$. Die bisher verwendeten graphischen Darstellungen von Markovketten waren Transitionsgraphen.

Definition 3.3

Der Graph $\Gamma_p = (S;\ S \ast S,\ p)$ mit der Bewertung

$$p(i,\ j) = p_{ij} \geq 0$$

heiße der vollständige Graph der Markovkette.

Beispiel 3.6

Wir betrachten die drei Graphen am Beispiel der Markovkette mit dem Zustandsraum $S = \{1,\ 2,\ 3\}$ und der Übergangsmatrix

$$\begin{pmatrix} 0 & 1 & 0 \\ p & 0 & q \\ 0 & 1 & 0 \end{pmatrix}$$

Der Erreichbarkeitsgraph wird: 

Der Transitionsgraph : 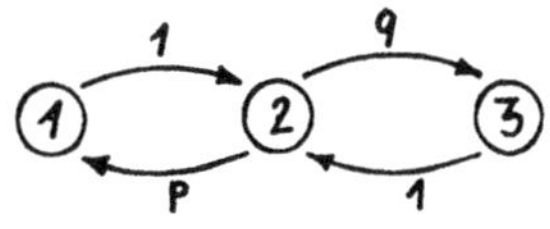


Der vollständige Graph : 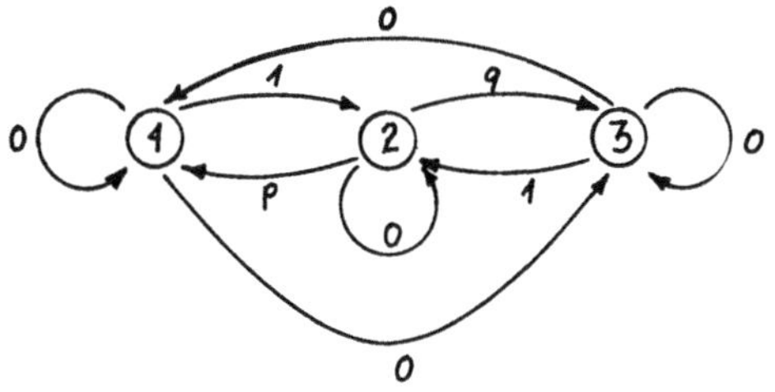


Die Begriffsbildungen in der Theorie der Markovketten lassen sich immer einem der drei Graphentypen zuordnen.

Die Grundbegriffe der Theorie ordnet man am besten dem vollständigen Graphen zu.

Es sei $n \geq 1$ und $\langle i,\ i_1,\ \dots,\ i_{n-1},\ j \rangle$ ein Weg der Länge n in $\Gamma_p$. Als Bewertung wählen wir die Produktbewertung

$$w\langle i, i_1, \ldots, i_{n-1}, j\rangle = p_{ii_1} \cdot p_{i_1 i_2} \cdot \ldots \cdot p_{i_{n-1} j} \tag{3.6}$$

Summiert man die Produktbewertungen aller Wege von $i$ nach $j$, so erhält man die Übergangswahrscheinlichkeit n-ter Ordnung:

$$p_{ij}^{(n)} = \sum_{i_1, i_2, \ldots, i_{n-1} \in S} w\langle i, i_1, \ldots, i_{n-1}, j\rangle = \sum_{i_1, i_2, \ldots, i_{n-1} \in S} p_{ii_1} \cdot p_{i_1 i_2} \cdot \ldots \cdot p_{i_{n-1} j} \tag{3.7}$$

Im Abschnitt 4.2 betrachten wir Größen $f_{ij}^{(n)}$, die in folgender Weise definiert werden können:

$$f_{ij}^{(n)} = \sum_{i_1, i_2, \ldots, i_{n-1} \in S - \{j\}} w\langle i, i_1, \ldots, i_{n-1}, j\rangle = \sum_{i_1, i_2, \ldots, i_{n-1} \in S - \{j\}} p_{ii_1} \cdot p_{i_1 i_2} \cdot \ldots \cdot p_{i_{n-1} j} \tag{3.8}$$

$f_{ij}^{(n)}$ kann man als die Wahrscheinlichkeit deuten, daß man, von i ausgehend, nach n Schritten den Zustand j zum erstenmal erreicht.

Der Vorteil der Verwendung des vollständigen Graphen bei der Definition von $p_{ij}^{(n)}$ und $f_{ij}^{(n)}$ liegt darin, daß man die Summierung über einfach strukturierte Mengen, nämlich die kartesischen Produkte $S^{n-1}$ bzw. $[S - \{j\}]^{n-1}$ vornehmen kann.

Die später einzuführenden Begriffe "transienter", "null-rekurrenter" und "positiv rekurrenter" Zustand müssen dem Transitionsgraphen zugeordnet werden. Es wird sich aber zeigen, daß zu ihrer Unterscheidung im Falle eines endlichen Zustandsraumes $S$ der Erreichbarkeitsgraph ausreicht.

Begriffe, die im Erreichbarkeitsgraphen definiert werden können, werden in den nächsten Abschnitten besprochen.

## 3.4 Zusammenhangsrelationen für Markovketten

Wir gehen aus vom Erreichbarkeitsgraphen $\Pi = (S; W)$. Als Teilmenge von $S \times S$ können wir $W$ als Relation auffassen; die zugehörige Beziehung heißt offenbar "in einem Schritt erreichbar". Wir stellen daher an den Anfang die

### Definition 3.4

Die Beziehung "j ist von i in einem Schritt erreichbar", in Zeichen: $i \,\pi\, j$ gilt, wenn $p_{ij} > 0$. Die zugeordnete Relation ist

$$[\pi] = W \tag{3.9}$$

Daran schließen wir

Definition 3.5

Die Beziehung "j ist von i aus erreichbar", in Zeichen $i \rightsquigarrow j$ ist gegeben durch

$$[\rightsquigarrow] = [\Pi'] \tag{3.10}$$

Die Relation $[\rightsquigarrow]$ ist also die der Fundamentalrelation $[\Pi]$ zugeordnete schwache Ordnung. Ist $i \neq j$, so besagt $i \rightsquigarrow j$, daß in $\Pi = (S; W)$ ein Weg $\langle i \ldots j \rangle$ existiert. Eine probabilistische Deutung der Relation $[\rightsquigarrow]$ erhalten wir durch

Satz 3.1

Es gilt $i \rightsquigarrow j$ genau dann, wenn ein $n \geq 0$ existiert, so daß $p_{ij}^{(n)} > 0$.

a) Es sei $i = j$. Dann gilt $i \rightsquigarrow i$ nach der Konstruktionsvorschrift für die schwache Ordnung $[\rightsquigarrow] = [\Pi']$. Andererseits ist $p_{ii}^{(o)} = 1$ nach (2.14).

b) Es sei $i \neq j$. Gilt $i \rightsquigarrow j$, so gibt es einen Weg $\langle i, i_1, i_2, \ldots i_{n-1}, j \rangle$ im Erreichbarkeitsgraphen und daher ist $p_{ii_1} > 0$, $p_{i_1i_2} > 0$, .. .., $p_{i_{n-1}j} > 0$. Damit ist auch

$$p_{ij}^{(n)} = \sum_{k_1,\ldots k_{n-1} \in S} p_{i,k_1} \cdot p_{k_1k_2} \cdot \ldots \cdot p_{k_{n-1},j} > p_{ii_1} p_{i_1i_2} \cdots p_{i_{n-1}j} > 0 \tag{3.11}$$

Ist andererseits $p_{ij}^{(n)} > 0$, so ist die Summe in (3.11) positiv, folglich auch mindestens einer der Summanden, etwa $p_{ij_1} \cdot p_{j_1j_2} \cdot\cdot \cdot\cdot p_{j_{n-1}j} > 0$. Dann sind auch alle Faktoren dieses Produktes positiv und damit haben wir im Erreichbarkeitsgraphen $\Pi = (S; W)$ einen Weg $\langle i, j_1, j_2, \ldots, j_{n-1}, j \rangle$ und es gilt $i \rightsquigarrow j$. ■

Definition 3.6

Die Zustände i, j sind gegenseitig erreichbar, in Zeichen $i \leftrightsquigarrow j$, wenn gilt: $i \rightsquigarrow j$ und $j \rightsquigarrow i$.

$[\leftrightsquigarrow]$ ist also die zur Relation $[\Pi]$ gehörige Äquivalenzrelation, durch die die Zustandsmenge S in Äquivalenzklassen $C_1$, $C_2$, ... zerlegt wird.

Wichtig für die Theorie der Markovketten sind <u>Klasseneigenschaften</u> von Zuständen. Eine Eigenschaft $\varepsilon$ ist Klasseneigenschaft, wenn mit dem Zustand i auch jeder Zustand der i enthaltenden Äquivalenzklasse diese Eigenschaft besitzt.

<u>Definition 3.7</u>

Eine Markovkette heißt <u>irreduzibel</u>, wenn der Zustandsraum $S$ nur aus einer einzigen Äquivalenzklasse besteht.

Mit anderen Worten: Kann man von jedem Zustand aus jeden beliebigen anderen Zustand erreichen, ist die Markovkette irreduzibel.

Der Begriff der Irreduzibilität ist bereits ein Begriff, welcher der Halbordnung $[\pi^0] = [\rightsquigarrow^*]$ der Äquivalenzklassen zugeordnet werden kann. Eine besondere Rolle werden auch die minimalen Elemente dieser Halbordnung spielen. Zunächst werden einige weitere Begriffe der traditionellen Theorie in der Sprache der Halbordnung $[\rightsquigarrow^*]$ dargestellt:

<u>Definition 3.8</u>

Die Äquivalenzklassen $C_{m_1}, C_{m_2}, \ldots$ mögen die minimalen Elemente der Halbordnung $[\rightsquigarrow^*]$ darstellen. Die Zustände in der Menge $\bigcup_k C_{m_k}$ heißen <u>wesentlich</u>, alle anderen Zustände <u>unwesentlich</u>.

Es gibt Markovketten ohne wesentliche Zustände.

<u>Definition 3.9</u>

Eine Menge $C$ von Zuständen heißt <u>abgeschlossen</u>, wenn kein Zustand in der Menge $S - C$ von $C$ aus erreichbar ist.

Eine abgeschlossene Menge von Zuständen kann in folgender Weise gekennzeichnet werden:

a) Eine abgeschlossene Menge enthält mit jedem Zustand $i$ auch die ganze Äquivalenzklasse $C(i)$, welche $i$ enthält.

b) Enthält $C$ eine Äquivalenzklasse $C_r$, dann auch alle Nachfolger von $C_r$ in der Halbordnung $[\rightsquigarrow^*]$.

Die Menge $S$ aller Zustände ist abgeschlossen.

Beispiel 3.7

Der Erreichbarkeitsgraph einer Markovkette sei

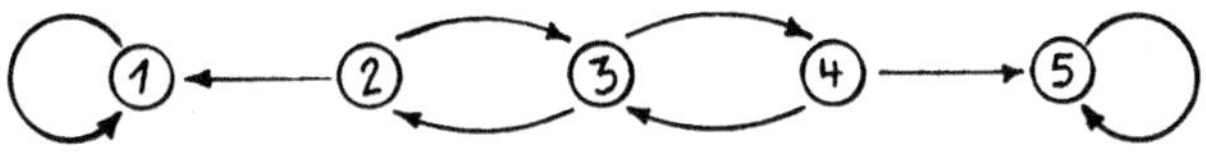


mit $S = \{1,2,3,4,5\}$.

Die Äquivalenzklassen $C_1 = \{1\}$, $C_2 = \{2, 3, 4\}$, $C_3 = \{5\}$ bilden eine Halbordnung mit den Nachbarschaftsgraphen

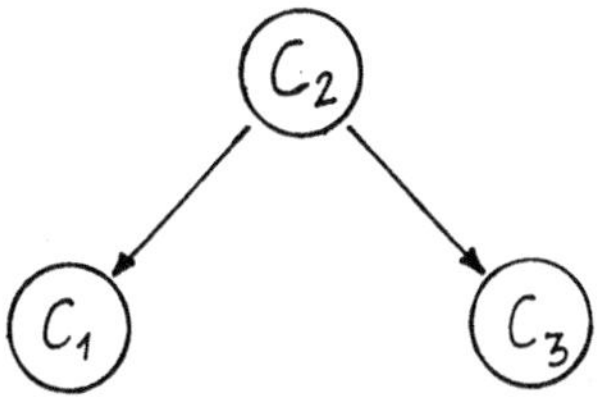


Abgeschlossene Mengen in dieser Markovkette sind die Zustandsmengen $C_1$, $C_3$, $C_1 \cup C_3$ sowie $S = C_1 \cup C_2 \cup C_3$

Definition 3.10

Besteht eine abgeschlossene Menge nur aus einem Zustand i, so heißt i absorbierender Zustand.

Absorbierende Zustände sind uns in den Beispielen der vorangehenden Abschnitte bereits mehrfach begegnet. Absorbierende Schranken bei Irrfahrten, der Zustand 0 im Verzweigungsprozeß sind absorbierende Zustände im Sinne obiger Definition.

Von einem absorbierenden Zustand i aus kann kein Zustand $j \neq i$ erreicht werden.

In der Sprache der Halbordnung $[\sim^*]$ können absorbierende Zustände folgendermaßen gekennzeichnet werden: Absorbierende Zustände sind Zustände in Äquivalenzklassen, die

a) minimale Elemente der Halbordnung sind
b) nur aus einem Zustand bestehen.

Die Zustände 1 und 5 in Beispiel 3.7 sind absorbierende Zustände.

Abgeschlossene Mengen von Zuständen sind vor allem deshalb von Bedeutung, weil sie sich auch in der Übergangsmatrix $\mathcal{P} = (p_{ij})$ leicht charakterisieren lassen. Zur Demonstration betrachten wir eine Markovkette mit endlichem Zustandsraum S. $C \subset S$ sei eine abgeschlossene

Menge mit m Elementen. Die Menge S sei so durchnumeriert, daß

$$C = \{c_1, c_2, \ldots, c_m\}$$
$$S - C = \{c_{m+1}, c_{m+2}, \ldots, c_s\}$$

wird. Die Übergangsmatrix $\mathfrak{P}$ kann dann als <u>Übermatrix</u> geschrieben werden:

$$\mathfrak{P} = \left(\begin{array}{c|c} \mathfrak{a} & \mathfrak{O} \\ \hline \mathfrak{u} & \mathfrak{w} \end{array}\right) \tag{3.12}$$

Dabei sind $\mathfrak{a}$ und $\mathfrak{w}$ quadratische Matrizen vom Typ (m*m) bzw. (s - m*s - m); die Matrix $\mathfrak{a}$ gehört zu den Zuständen der abgeschlossenen Menge C. $\mathfrak{O}$ ist eine Nullmatrix vom Typ (m*s - m).

Die Potenzen von $\mathfrak{P}$ lassen sich nach den Rechenregeln für Übermatrizen in folgender Form darstellen:

$$\mathfrak{P}^n = \left(\begin{array}{c|c} \mathfrak{a}^n & \mathfrak{O} \\ \hline \mathfrak{u}_n & \mathfrak{w}^n \end{array}\right) \tag{3.13}$$

Haben wir eine Übergangsmatrix in der Form (3.12) vorliegen, so können wir daraus folgende Fakten ablesen:

a) Ist $i \in C$ und $j \in S - C$, so ist $p_{ij}^{(n)} = 0$ für alle $n > 0$, das heißt, die Zustandsmenge C bildet tatsächlich eine abgeschlossene Menge.

b) Die Matrix $\mathfrak{a}$ ist wiederum eine stochastische Matrix. Allgemein gilt: Streicht man die Zeilen und Spalten in der Übergangsmatrix, die zu Zuständen <u>außerhalb</u> einer abgeschlossenen Menge C gehören, so erhalten wir wieder eine stochastische Matrix.

c) Gehören i, j <u>beide</u> zu einer abgeschlossenen Menge C oder beide zum Komplement S - C, so können die Übergangswahrscheinlichkeiten an den Potenzen der Teilmatrizen $\mathfrak{a}$ und $\mathfrak{w}$ abgelesen werden.

d) Betrachtet man nur die Bewegungen innerhalb der abgeschlossenen Klasse C, so erhalten wir eine Markovkette mit der Übergangsmatrix $\mathfrak{a}$. Die Entwicklung in dieser Kette ist unabhängig davon, ob sie eingebettet in den ursprünglichen Prozeß oder isoliert im Zustandsraum C allein betrachtet wird.

Selbstverständlich lassen sich diese Überlegungen in gleicher Weise auf Markovketten mit abzählbar unendlichen Mengen C und S − C übertragen, wobei lediglich die Frage der Numerierung in geeigneter Weise gelöst werden muß.

Beispiel 3.8

Die Äquivalenzklassen einer Markovkette seien $C_1$, $C_2$, $C_3$, $C_4$ und $C_5$ und mögen eine Halbordnung mit dem Nachbarschaftsgraphen

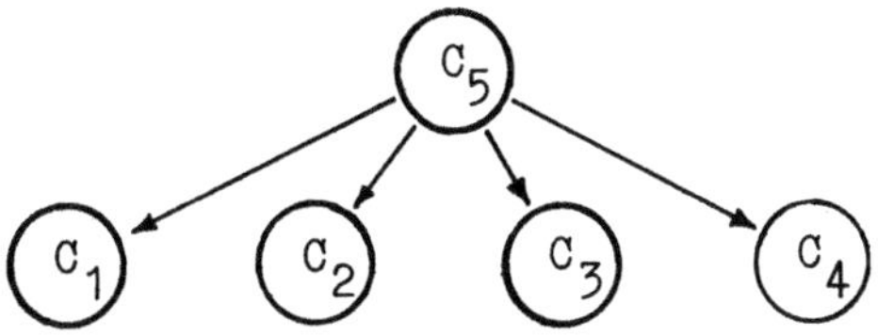


bilden. Es sei $C_1 = \{c_1\}$, $C_2 = \{c_2\}$; $c_1$ und $c_2$ sind also absorbierende Zustände. Dann kann man die Übergangsmatrix in folgender Weise als Übermatrix schreiben:

$$\mathfrak{P} = \left(\begin{array}{cc|c|c|c}
1 & 0 & 0 \ldots 0 & 0 \ldots 0 & 0 \ldots 0 \\
0 & 1 & 0 \ldots 0 & 0 \ldots 0 & 0 \ldots 0 \\ \hline
0 & 0 & & & \\
\vdots & \vdots & \mathfrak{P} & \mathfrak{O} & \mathfrak{O} \\
0 & 0 & & & \\ \hline
0 & 0 & & & \\
\vdots & \vdots & \mathfrak{O} & \mathfrak{P}_2 & \mathfrak{O} \\
0 & 0 & & & \\ \hline
\multicolumn{2}{c|}{\mathfrak{A}} & \mathfrak{B} & \mathfrak{C} & \mathfrak{D}
\end{array}\right)$$

## 3.5 Periodische Zustände

Wir betrachten die beiden Zahlenmengen

$$\mathbb{N}_i = \{ n \mid p_{ii}^{(n)} > 0 \} \tag{3.14}$$

und

$$\mathbb{N}_{ij} = \{ n \mid p_{ij}^{(n)} > 0 \} \tag{3.15}$$

Die Menge $\mathbb{N}_i$ enthält auf jeden Fall die Zahl 0, die Menge $\mathbb{N}_{ij}$ kann die leere Menge sein. Wir interessieren uns für die Struktur dieser Zahlenmenge und fassen zunächst $\mathbb{N}_i$ ins Auge.

Die Zahlenmenge $\mathbb{N}_i$ bildet eine additive Halbgruppe, das heißt:

mit $a \in \mathbb{N}_i$ und $b \in \mathbb{N}_i$ gilt auch $a + b \in \mathbb{N}_i$. Seien $a > 0$, $b > 0$. Dann existieren im Erreichbarkeitsgraphen Kreise $\langle i \dots i \rangle$ mit den Längen a und b. Durchläuft man beide Kreise hintereinander, erhalten wir einen Kreis der Länge $a + b$, haben also $p_{ii}^{(a+b)} > 0$.

Definition 3.11

Die Periode $d_i$ des Zustandes i ist gegeben durch

a) Ist $\mathbb{N}_i = \{0\}$, so ist $d_i = \infty$

b) Enthält $\mathbb{N}_i$ Zahlen $n > 0$, so ist $d_i$ der größte gemeinsame Teiler der Zahlen aus $\mathbb{N}_i$, in Zeichen: $d_i = g.\ g.\ T\ \mathbb{N}_i$.

Ist:
- $d_i = \infty$, so sprechen wir von einer uneigentlichen Periode.
- $d_i = \infty$ oder $d_i = 1$, so heißt der Zustand i aperiodisch.
- $d_i > 1$, so heißt der Zustand i periodisch.

Satz 3.2

Die Zustände einer Äquivalenzklasse haben dieselbe Periode.

Beweis:

a) Für Äquivalenzklassen mit nur einem Zustand ist die Behauptung richtig. Hier kommen nur die Fälle $d_i = \infty$ und $d_i = 1$ in Frage.

b) Es sei $i \sim j$ und $i \neq j$. Dann existieren Zahlen $m, n > 0$, so daß $p_{ij}^{(m)} > 0$ und $p_{ji}^{(n)} > 0$. Da man über j nach i zurückkehren kann, existiert ein Kreis $\langle i \dots i \rangle$ der Länge $s > 0$. Wir konstruieren nun Kreise $\langle j \dots j \rangle$ auf folgende Weise:

| | | | | | |
|---|---|---|---|---|---|
| Weg | $\langle j \dots i \rangle$ | , Länge n | Weg | $\langle j \dots i \rangle$ | , Länge n |
| Kreis | $\langle i \dots i \rangle$ | , Länge s | 2*Kreis | $\langle i \dots i \rangle$ | , Länge 2s |
| Weg | $\langle i \dots j \rangle$ | , Länge m | Weg | $\langle i \dots j \rangle$ | , Länge m |
| Kreis | $\langle j \dots j \rangle$ | , Länge n+s+m | Kreis | $\langle j \dots j \rangle$ | , Länge n+2s+m |

Es gilt also: $n + s + m \in \mathbb{N}_j$, $n + 2s + m \in \mathbb{N}_j$; daher:

$$d_j / n + s + m$$
$$d_j / n + 2s + m$$

und daraus: $d_j / s$.

Diese Überlegung gilt für jede Zahl $s \in \mathbb{N}_i$, also ist $d_j$ ein gemeinsamer Teiler der Zahlen in $\mathbb{N}_i$, somit teilt $d_j$ die Zahl $g.\ g.\ T\ \mathbb{N}_i$ oder: $d_j / d_i$. Nun ist die Relation $[\sim]$ symmetrisch, wir können mit vertauschten i, j dieselbe Schlußweise wiederholen und erhalten dann: $d_i / d_j$.

Aus $d_i/d_j$ und $d_j/d_i$ folgt aber $d_i = d_j$.■

Im Falle von Äquivalenzklassen mit mindestens zwei Zuständen kommt nur $d_i = 1$ oder $d_i > 1$ in Frage. In den nachstehenden Überlegungen schließen wir den Fall von Äquivalenzklassen mit nur einem Zustand aus. Insbesondere liegen periodische Zustände immer in Äquivalenzklassen mit einer Elementenzahl von mindestens 2.

Die Eigenschaft eines Zustands, die Periode d zu haben, ist also eine Klasseneigenschaft und wir können von der Periode einer Klasse sprechen.

Beispiel 3.9

a) Der Erreichbarkeitsgraph der einfachen Irrfahrt auf der Geraden

läßt unmittelbar erkennen, daß die Zustände die Periode 2 haben, oder: die einfache Irrfahrt ist eine Markovkette mit der Periode 2.

b) Wir betrachten die Markovkette, deren Erreichbarkeitsgraph in Abb. 3.5 gegeben sei.

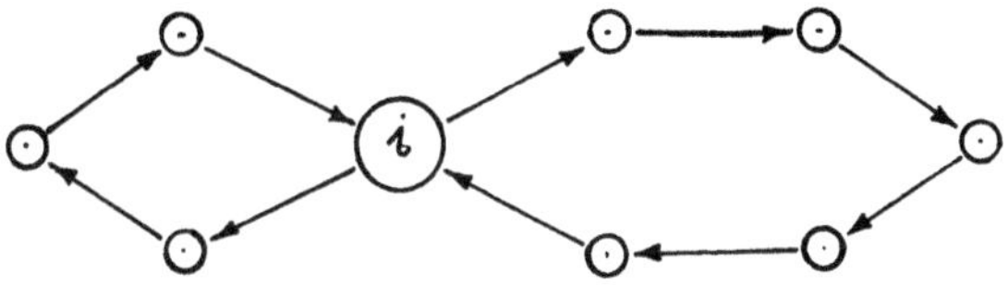


Abb. 3.5 Erreichbarkeitsgraph mit der Periode 2

Für den Zustand i gilt $\mathbb{N}_i = \{0, 4, 6, 8, 10, \ldots\}$ und es ist $d_i = 2$. Wir bemerken in diesem Beispiel folgendes: nicht alle Vielfachen der Periode 2 sind in $\mathbb{N}_i$ enthalten, jedoch finden wir nach Überschreiten einer gewissen Schranke alle weiteren Vielfachen der Periode vor.

Um die genauere Struktur von $\mathbb{N}_i$ kennenzulernen, benötigen wir die folgenden zahlentheoretischen Hilfssätze, die hier ohne Beweis angeführt seien:

Lemma 1:

Es seien $n_1, n_2, \ldots, n_p$ positive ganze Zahlen mit dem größten gemeinsamen Teiler d. Dann gibt es eine positive ganze Zahl M, so daß für alle ganzen Zahlen $m > M$ die Darstellung

$$md = a_1 n_1 + a_2 n_2 + \dots + a_p n_p$$

mit positiven, ganzen Zahlen $a_s$, $1 \leq s \leq p$, möglich ist.

Lemma 2:

Es sei d der größte gemeinsame Teiler der Ganzzahlenmenge $\mathbb{M}$. Dann gibt es eine endliche Teilmenge von $\mathbb{M}$, deren größter gemeinsamer Teiler d ist.

Wir erhalten dann

Satz 3.3.a

Es sei $d_i$ der größte gemeinsame Teiler der Menge $\mathbb{N}_i$. Dann gibt es eine Zahl M, so daß für alle ganzen Zahlen $m > M$ die Vielfachen $md_i$ in $\mathbb{N}_i$ enthalten sind.

Die äquivalente Formulierung in der Sprache der Übergangswahrscheinlichkeiten lautet:

Satz 3.3.b

Sei $d_i$ die Periode des Zustandes i. Dann gibt es eine Zahl M, so daß für alle ganzen Zahlen $m > M$ gilt: $p_{ii}^{(md_i)} > 0$.

Satz 3.3.b sagt also, daß nach einer gewissen Anlaufzeit die Rückkehr zu jedem Zeitpunkt des "Periodengitters" möglich ist. Ist speziell $d_i = 1$, so ist $p_{ii}^{(m)} > 0$ für alle $m > M$.

Beweis:
Wir wählen aus der Menge $\mathbb{N}_i$ die Zahlen $n_1, n_2, \dots, n_p$ so, daß g. g. T $(n_1, n_2, \dots, n_p) = d_i$. Nach Lemma 2 ist dies immer mit endlichem p möglich. Nach Lemma 1 gibt es dann eine Zahl M, so daß für alle ganzen $m > M$ die Darstellung

$$md_i = a_1 n_1 + a_2 n_2 + \dots + a_p n_p \qquad (3.16)$$

möglich ist, wobei die $a_s$ positiv und ganz sind. Im Erreichbarkeitsgraphen heißt das: Es existieren Wege $\langle i \dots i \rangle$ mit den Längen $n_1, n_2, \dots, n_p$. Dann gibt es aber auch einen Weg $\langle i \dots i \rangle$ der Länge $md_i$; man erhält ihn, indem man

$\langle i \dots i \rangle$ mit der Länge $n_1$ $a_1$ mal

$\langle i \dots i \rangle$ mit der Länge $n_p$ $a_p$ mal

durchläuft. Damit gilt auch: $p_{ii}^{(md_i)} > 0$. ∎

Wir untersuchen nun die Struktur der Menge $\mathbb{N}_{ij}$. Wir beschränken uns auf den Fall $i \leftrightarrow j$. Dann haben nach Satz 3.2 i und j dieselbe Periode, die wir mit d bezeichnen wollen. Dann gilt:

Satz 3.4

Es mögen i, j derselben Äquivalenzklasse angehören. Ihre Periode sei $d > 1$. Dann gibt es eine eindeutig bestimmbare ganze Zahl $r_{ij}$ mit

$$0 \leq r_{ij} \leq d - 1$$

so daß gilt:

a) Aus $p_{ij}^{(n)} > 0$ folgt $n = md + r_{ij}$

b) Es gibt eine Zahl $M(i, j)$, so daß für alle $m > M(i, j)$ gilt:

$$p_{ij}^{(md + r_{ij})} > 0.$$

Satz 3.4 sagt also in der Sprache des Erreichbarkeitsgraphen: Die möglichen Weglängen von $\langle i \dots j \rangle$ liegen auf einem um $r_{ij}$ "verschobenen Periodengitter". Ab einer bestimmten Weglänge sind alle Weglängen des verschobenen Periodengitters möglich.

Beweis:

Es sei $p_{ij}^{(n)} > 0$ und $p_{ij}^{(n')} > 0$. Da $i \leftrightarrow j$, gibt es eine Zahl s mit $p_{ji}^{(s)} > 0$. Durch Aneinanderfügen von Wegen im Erreichbarkeitsgraphen sieht man, daß dann auch $p_{ii}^{(n+s)} > 0$ und $p_{ii}^{(n'+s)} > 0$. Die Zahlen $n + s$, $n' + s$ sind durch d teilbar, folglich auch ihre Differenz $(n + s) - (n' + s) = n - n'$.

Nun lassen sich für die beiden Zahlen n, n' die Darstellungen

$$\begin{aligned} n &= ad + r_{ij} \\ n' &= a'd + r_{ij}' \end{aligned} \quad \text{mit} \quad \begin{aligned} 0 &\leq r_{ij} < d \\ 0 &\leq r_{ij}' < d \end{aligned} \qquad (3.17)$$

finden. $r_{ij}$ und $r_{ij}'$ sind nämlich die Reste, welche sich bei der Division von n bzw. n' durch d ergeben.

Nun ist

$$n - n' = (a - a')d + (r_{ij} - r_{ij}')$$

durch d teilbar, folglich auch die Differenz $r_{ij} - r_{ij}'$. Da aber wegen (3.17) $|r_{ij} - r_{ij}'| < d$, ist die Teilbarkeit der Differenz $r_{ij} - r_{ij}'$ durch d nur möglich für $r_{ij} = r_{ij}'$. ∎

Aus Satz 3.4 können wir nun eine weitere Klasseneinteilung der Zustände der Äquivalenzklasse C, die den Ausgangszustand i enthält, ableiten. Wir halten zunächst den Zustand i fest. Jedem Zustand aus C kann dann in eindeutiger Weise eine Zahl $r = 0, 1, \ldots, d-1$ zugeordnet werden. Dies begründet die Zerlegung

$$C = D_o(i) \cup \ldots \cup D_r(i) \cup \ldots \cup D_{d-1}(i) \tag{3.18}$$

und zwar so, daß $j \in D_r(i)$ gilt, wenn $p_{ij}^{(nd+r)} > 0$.

Geht man vom Zustand i aus, so kann das System, solange man in C bleibt, die Klassen $D_r(i)$ nur in folgender Weise zyklisch durchlaufen:

$$D_o(i) \longrightarrow D_1(i) \longrightarrow \ldots \longrightarrow D_{d-1}(i) \longrightarrow D_o(i) \longrightarrow \ldots$$

Diese Klasseneinteilung der Menge C hängt jedoch nicht vom Ausgangszustand i ab. Es sei etwa $j \in D_r(i)$. Dann gilt:

$$D_1(j) = D_{r+1}(i) \tag{3.19}$$

Für beliebige Zustände k, l gilt nämlich:

$$k \in D_1(j) \longrightarrow k \in D_{r+1}(i) \tag{3.20}$$

und

$$l \in D_{r+1}(i) \longrightarrow l \in D_1(j) \tag{3.21}$$

Beziehung (3.20) ist unmittelbar einsichtig. Es sei nun $l \in D_s(j)$. Dann gilt:

$$p_{jl}^{(md+s)} > 0 \tag{3.22}$$

und wegen der Voraussetzung in (3.21)

$$p_{il}^{(md+r+1)} > 0 \tag{3.23}$$

Aus der Voraussetzung $j \in D_r(i)$ folgt

$$p_{ij}^{(md+r)} > 0 \tag{3.24}$$

und aus (3.22) und (3.24) schließlich $p_{il}^{(2md+r+s)} > 0$.

Vergleichen wir dieses Ergebnis mit (3.23), so folgt wegen der Eindeutigkeit der Verschiebung, daß $(r + s) - (r + 1)$ durch d teilbar ist und somit $s = 1$. Wir fassen das Ergebnis zusammen in

Satz 3.5

Es sei C eine Äquivalenzklasse mit der Periode $d > 1$. Dann kann C in d Teilmengen $D_o, D_1, \ldots, D_{d-1}$ zerlegt werden und zwar so, daß die Klassen in eindeutig gegebener Reihenfolge zyklisch durchlaufen werden.

Anmerkung:

Im aperiodischen Fall $d = 1$ können wir C mit der Teilmenge $D_0$ identifizieren.

Anmerkung:

Die Beweise zur Periodizität können formal einfacher geführt werden, wenn man die Relation der "Kongruenz modulo d" eingeführt hätte. Zwei ganze Zahlen a, b heißen kongruent modulo d, in Zeichen: $a \equiv b(d)$, wenn $d / a - b$ gilt. Das bedeutet gleichzeitig, daß a und b bei Division durch d den gleichen Rest lassen.

Beispiel 3.10

a) Wir betrachten den Erreichbarkeitsgraph einer Irrfahrt mit reflektierenden Schranken bei $-2$ und $+2$:

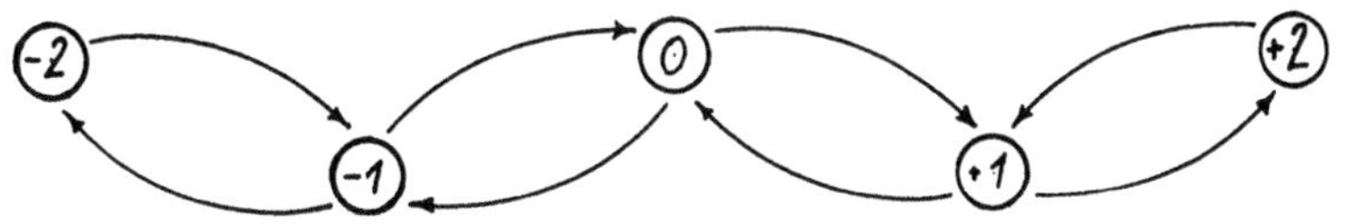


Diese Markovkette hat die Periode 2; die Zustände lassen sich auf die beiden Klassen $D_0 = \{-2, 0, +2\}$ und $D_1 = \{-1, +1\}$ aufteilen, zwischen denen das System deterministisch hin- und herpendelt. Besonders klar wird dies in der Darstellung der Abb. 3.6:

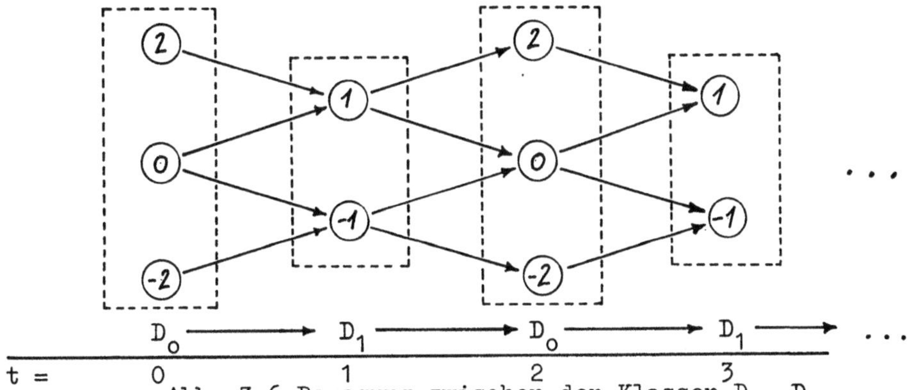


Abb. 3.6 Bewegung zwischen den Klassen $D_0$, $D_1$ einer Markovkette mit der Periode 2.

Zum Zeitpunkt $t = 0$ befinde sich das System in der Klasse $D_0$. Von hier ausgehend wurden alle möglichen Übergänge im Zeitverlauf dargestellt.

b) Wir betrachten nochmals die Markovkette des Beispiels 3.9.b, bezeichnen aber alle Zustände neu:

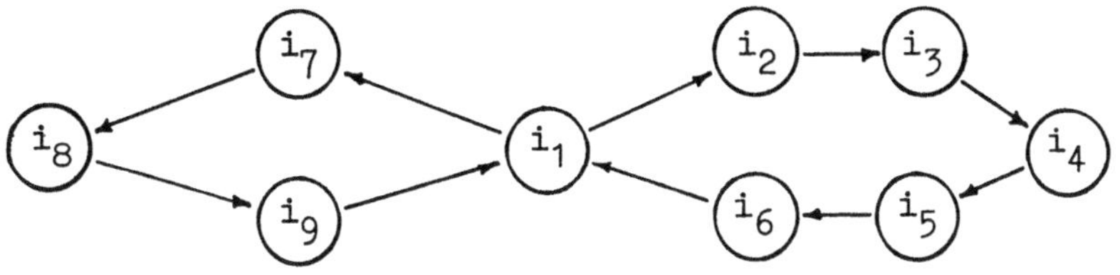


Abb. 3.7

Die Kette hat die Periode 2; die beiden Teilklassen sind
$D_o = \{i_1, i_3, i_5, i_8\}$ ; $D_1 = \{i_2, i_4, i_6, i_7, i_9\}$.

Den abschließenden Betrachtungen zur Periodizität legen wir eine irreduzible Markovkette mit dem Zustandsraum S und der Periode $d > 1$ zugrunde. Es sei

$$S = \bigcup_{r=0}^{d-1} D_r$$

die Zerlegung des Zustandsraums in die Periodenklassen.

Wir betrachten nun die Folge der Zufallsgrößen $X_o, X_d, X_{2d}, \ldots$ wobei $P\{X_o = i\} = 1$ mit $i \in D_r$ sei. Aus den bisher angestellten Überlegungen ist fast unmittelbar zu entnehmen:

- die stochastische Kette $\{X_{t \cdot d}\}$ bildet eine aperiodische Markovkette mit dem Zustandsraum $D_r$ und der Übergangsmatrix $\left(p_{ij}^{(d)}\right)$ mit $i, j \in D_r$.
- der Erreichbarkeitsgraph der Markovkette mit der Übergangsmatrix $\left(p_{ij}^{(d)}\right)$, $i, j \in S$, zerfällt in d Komponenten, zwischen denen keine Übergänge möglich sind.

Beispiel 3.11

Die einfache Irrfahrt mit den Schrittwahrscheinlichkeiten p, q hat die Periode 2. Die Mengen der geraden bzw. der ungeraden Zahlen bilden die beiden Teilklassen $D_o$, $D_1$

Die reduzierte Kette $\{p_{ij}^{(2)}\}$ auf der Menge $D_o = \{\ldots,-4,-2,0,2,4.$ besitzt den Transitionsgraphen

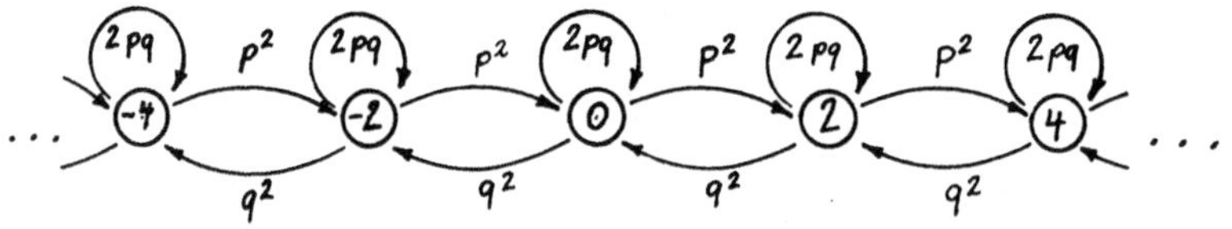


Der reduzierte Markovprozeß hat die Struktur einer (aperiodischen) Irrfahrt auf dem Ganzzahlengitter der Geraden. Nach der einfachen Umbenennung

$$2i \longrightarrow i \qquad\qquad i = o, \pm 1, \pm 2, \ldots$$

der Zustände von $D_o$ können wir im Anschluß an Beispiel 2.2.b diese Irrfahrt durch folgende Verteilung der Sprungweite $Z_t$ charakterisieren:

$$P\{Z_t = -1\} = q^2; \quad P\{Z_t = 0\} = 2pq; \quad P\{Z_t = 1\} = p^2 \quad (3.25)$$

Die Übergangsmatrix einer irreduziblen Markovkette mit der Periode d kann leicht in eine übersichtliche Standardform gebracht werden. Es seien $D_0, D_1, \ldots, D_{d-1}$ die Periodenklassen in der Reihenfolge des zyklischen Durchlaufens. Der Menge der möglichen Übergänge von $D_{r-1}$ nach $D_r$ ordnen wir die Matrix $\mathcal{P}_r = (p_{ij})$ mit $i \in D_{r-1}$, $j \in D_r$ zu. Durch geeignete Umordnung der Zustände von S gewinnt man die Übergangsmatrix der Markovkette in der Form

$$\mathcal{P} = \begin{array}{c|cccccc} & D_0 & D_1 & D_2 & \cdots & & D_{d-1} \\ \hline D_0 & \mathcal{O} & \mathcal{P}_1 & \mathcal{O} & \cdots & & \mathcal{O} \\ D_1 & \mathcal{O} & \mathcal{O} & \mathcal{P}_2 & \cdots & & \mathcal{O} \\ \vdots & & & & & & \\ D_{d-2} & \mathcal{O} & \mathcal{O} & \mathcal{O} & \cdots & & \mathcal{P}_{d-1} \\ D_{d-1} & \mathcal{P}_d & \mathcal{O} & \mathcal{O} & \cdots & & \mathcal{O} \end{array} \tag{3.26}$$

Eine weitere einfache Kennzeichnung irreduzibler periodischer Markovketten gewinnen wir aus der Bemerkung, daß die Elemente der Hauptdiagonale von $\mathcal{P}$ alle verschwinden müssen. Dies ist ein notwendiges Kriterium für die Periodizität, das wir ohne Umordnung der Zustände sofort benutzen können.

Beispiel 3.12

Die beiden einfachsten periodischen Markovketten sind durch die nachstehenden Übergangsmatrizen und Erreichbarkeitsgraphen gegeben.

Periode 2: $\begin{pmatrix} 0 & 1 \\ 1 & 0 \end{pmatrix}$

Periode 3: $\begin{pmatrix} 0 & 1 & 0 \\ 0 & 0 & 1 \\ 1 & 0 & 0 \end{pmatrix}$

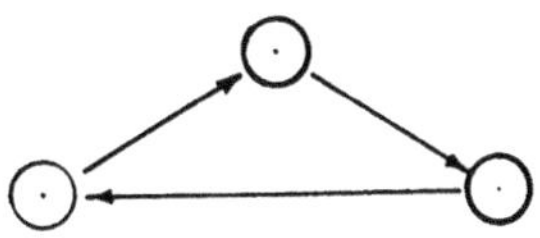

Sie stellen das "deterministische" Durchlaufen eines Zyklus von 2 bzw. 3 Elementen dar.

Beispiel 3.13

Wir betrachten den in Abb 3.9 gegebenen Transitionsgraphen einer Markovkette mit der Periode $d = 3$.

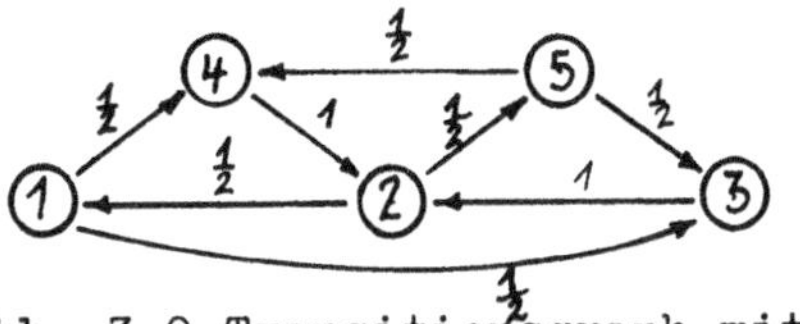


Abb. 3.9 Transitionsgraph mit der Periode 3

Die Periodenklassen sind $D_0 = \{1, 5\}$, $D_1 = \{3, 4\}$, $D_2 = \{2\}$.
Die Standardform der Übergangsmatrix wird

$$\mathfrak{P} = \begin{pmatrix} 0 & 0 & \frac{1}{2} & \frac{1}{2} & 0 \\ 0 & 0 & \frac{1}{2} & \frac{1}{2} & 0 \\ 0 & 0 & 0 & 0 & 1 \\ 0 & 0 & 0 & 0 & 1 \\ \frac{1}{2} & \frac{1}{2} & 0 & 0 & 0 \end{pmatrix}$$

(Spaltenbeschriftung: 1 5 3 4 2)

## 4. Das Rückkehrverhalten von Markovketten

Der Begriff der Periodizität eines Zustandes ist nichts anderes als die Beschreibung einer speziellen Form des Rückkehrverhaltens: Nur zu bestimmten Zeitpunkten ist die Rückkehr in einen Zustand i möglich. Die Periodizität war eine dem Erreichbarkeitsgraphen zugeordnete Eigenschaft. Nun soll das Rückkehrverhalten in einem allgemeineren Zusammenhang studiert werden, und zwar soll nicht nur - wie bei Betrachtung der Periodizität - die Möglichkeit oder Unmöglichkeit der Rückkehr, sondern die Wahrscheinlichkeit der Rückkehr ins Auge gefaßt werden. Das heißt: wir betrachten nunmehr Rückkehrbegriffe im Transitionsgraphen.

Um die Entwicklungen dieses Abschnittes übersichtlich halten zu können, sammeln wir vorweg einige Grundbegriffe und Sätze der Analysis.

### 4.1 Einige spezifische Hilfsmittel aus der Analysis.

#### 4.1.1 Begriffe und Sätze aus der Folgen- und Reihenlehre

a) Folgen und Reihen

Eine Zahlenfolge $a_0, a_1, a_2, \ldots, a_n, \ldots$ bezeichnen wir mit $\{a_n\}$. Als Reihen bezeichnen wir Folgen von Teilsummen $s_n = a_1 + a_2 + \ldots + a_n = \sum_{\nu=0}^{n} a_\nu$ einer Zahlenfolge. Wir sagen, die Reihe $a = \sum_{n=0}^{\infty} a_n$ konvergiert, wenn die Folge $\{s_n\}$ konvergiert.

Gilt $\lim_{n\to\infty} \sum_{\nu=0}^{n} a_\nu = \pm\infty$, so nennen wir die Reihe bestimmt divergent und schreiben dann $a = \sum_{n=0}^{\infty} a_n = \pm\infty$. Ist $a = \pm\infty$, so setzen wir $\frac{1}{a} = \frac{1}{\lim_{n\to\infty} \sum_{\nu=0}^{n} a_\nu}$, und es wird dann $\frac{1}{a} = 0$.

Konvergiert die Reihe $\sum_{n=0}^{\infty} a_n$, so ist $\lim_{n\to\infty} a_n = 0$. Sind die Reihenglieder nichtnegativ, so konvergiert die Reihe $\sum_{n=0}^{\infty} a_n$ oder sie divergiert bestimmt nach $+\infty$.

Einer Folge $\{a_n\}$ kann die Potenzreihe $\sum_{n=0}^{\infty} a_n z^n$ zugeordnet werden. Potenzreihen werden allgemein für komplexe Variable $z$ definiert. Für jede Potenzreihe gibt es eine Zahl $\rho \geq 0$, den Konvergenzradius, so daß die Reihe für alle $|z| < \rho$ konvergiert. Im Inneren des Konvergenzbereichs $|z| < \rho$ definiert die Reihe eine Funktion $A(z) = \sum_{n=0}^{\infty} a_n z^n$.

b) Die Satzgruppe um den Satz von Abel

Mit Ausnahme des trivialen Falles $\rho = 0$ ist das Verhalten der Potenzreihe in den Randpunkten des Konvergenzbereichs nicht ohne die Zuhilfenahme spezieller Eigenschaften der Folge $\{a_n\}$ bestimmbar. Als wichtige Beweisgrundlage einer Reihe von Sätzen über das Rückkehrverhalten in Markovketten dient jedoch das nachstehende Satzpaar, welches das Verhalten der Funktion $A(z)$ an gewissen Randpunkten des Konvergenzbereiches beschreibt.

Satz 4.1 - Satz von Abel

Es sei $A(z) = \sum_{n=0}^{\infty} a_n z^n$ eine Potenzreihe mit dem Konvergenzradius $\rho$ und $|z_0| = \rho$. Konvergiert die Reihe $\sum_{n=0}^{\infty} a_n z_0^n$, so gilt $\lim_{z\to z_0} A(z) = \sum_{n=0}^{\infty} a_n z_0^n$, wenn der Übergang $z \longrightarrow z_0$ auf einem Weg verläuft, der den Konvergenzkreis nicht berührt.

Definiert man $A(z_0)$ durch $\sum_{n=0}^{\infty} a_n z_0^n$, so sagt Satz 4.1, daß die Funktion $A(z)$ im Randpunkt $z_0$ stetig ist.

Unter speziellen Voraussetzungen kann man auch die Umkehrung des Satzes von Abel erhalten:

Satz 4.2

Es sei $A(z) = \sum_{n=0}^{\infty} a_n z^n$ eine reelle Potenzreihe mit $a_n \geq 0$. Notwendig und hinreichend für die Konvergenz von $\sum_{n=0}^{\infty} a_n$ ist die Existenz des Grenzwertes $\lim_{z\uparrow 1} A(z)$ und es gilt

$\lim_{z\uparrow 1} A(z) = A(1)$.

Das Symbol $z \uparrow 1$ bedeute, daß $z$ auf der reellen Zahlengerade von unten nach der Zahl 1 strebt.

c) Erzeugende Funktionen

Die Funktion $A(z) = \sum_{n=0}^{\infty} a_n z^n$ nennen wir auch erzeugende Funktion der Folge $\{a_n\}$, denn es gilt:

$$a_n = \frac{1}{n!} \left. \frac{d^n A(z)}{dz^n} \right|_{n=0}$$

Der Begriff der erzeugenden Funktion wird vor allem im Zusammenhang mit diskreten Zufallsgrößen verwendet: Es sei $\{p_n\}$ die Wahrscheinlichkeitsverteilung der diskreten Zufallsgröße X, also $P\{X = n\} = p_n$, $n = 0, 1, 2, \ldots$ Dann heißt $P(z) = \sum_{n=0} p_n z^n$ die erzeugende Funktion der Zufallsgröße X. Es gilt $P(1) = 1$. Weiter ist $P'(z) = \sum_{n=0}^{\infty} np_n z^{n-1}$ für $|z| < 1$. Da $E(X) = \sum_{n=0}^{\infty} np_n$, folgt aus Satz 4.2:

$$\lim_{z \uparrow 1} P'(z) = P'(1) = E(X)$$

falls der Erwartungswert existiert, das heißt also, falls $\sum_{n=0}^{\infty} np_n$ konvergiert. Divergiert $\sum_{n=0}^{\infty} np_n$, so schreiben wir $E(X) = \infty$.

d) Faltungen

Es seien die beiden Folgen $\{a_n\}$ und $\{b_n\}$ gegeben und die Folge $\{c_n\}$ sei definiert durch

$$c_n = a_0 b_n + a_1 b_{n-1} + \ldots + a_n b_0 = \sum_{\nu=0}^{n} a_\nu b_{n-\nu}.$$

Wir nennen $\{c_n\}$ die Faltung der Folgen $\{a_n\}$ und $\{b_n\}$ und schreiben

$$\{c_n\} = \{a_n\} * \{b_n\}$$

Für die zugehörigen erzeugenden Funktionen gilt dann: $C(z) = A(z)B(z)$. Die Faltung von Folgen ist von Bedeutung für die Betrachtung von Summen unabhängiger Zufallsgrößen: Sind X und Y unabhängige Zufallsgrößen mit den Verteilungen $\{p_n\}$ und $\{q_n\}$, so ist die Verteilung von $Z = X + Y$ gegeben durch die Faltung $\{p_n\} * \{q_n\}$.

e) Konvergenz im Sinne von Cesàro

Die Folge $\{1, -1, 1, -1, \ldots\}$ mit dem allgemeinen Glied $a_n = (-1)^n$ ist nicht konvergent; der Mittelwert der Reihenglieder strebt jedoch gegen Null. Dies führt uns zur

Definition 4.1

Eine Folge $\{a_n\}$ konvergiert im Sinne von Cesàro (kurz: die Folge ist C-konvergent), wenn die Folge $\{m_n\}$ mit
$m_n = \frac{1}{n}(a_1 + a_2 + \ldots + a_n)$ im gewöhnlichen Sinn konvergiert.

Es gilt der

Satz 4.3

Ist eine Folge $\{a_n\}$ konvergent, so ist sie auch C-konvergent und die beiden Grenzwerte sind gleich.

f) Periodische Folgen

Es sei $t = \text{g.g.T}\{n \mid a_n \neq 0\}$ der größte gemeinsame Teiler der Indizes n, für welche die Glieder der Folge $\{a_n\}$ nicht verschwinden.

Definition 4.2

Ist $t = 1$, so heißt die Folge $\{a_n\}$ aperiodisch, ist $t > 1$, nennen wir die Folge $\{a_n\}$ periodisch mit der Periode t.

Ist die Folge $\{a_n\}$ periodisch mit der Periode t, so kann die erzeugende Funktion als Potenzreihe in $z^t$ dargestellt werden:

$$A(z) = \sum_{m=0}^{\infty} a_{mt}(z^t)^m .$$

Satz 4.4

Es sei $\{a_n\}$ eine periodische Folge mit der Periode t und es sei $\lim_{m\to\infty} a_{mt} = \alpha$. Dann ist die Folge $\{a_n\}$ C-konvergent und es gilt

$$\lim_{n\to\infty} a_n = \frac{\alpha}{t} \qquad \text{im Sinne von Cesàro.}$$

Beispiel 4.1

Die Folge $\{a_n\} = \{1, 0, 1, 0, \ldots\}$ hat die Periode $t = 2$ und es ist $\lim_{m\to\infty} a_{2m} = 1$, die Folge $\{a_n\}$ selbst ist jedoch nicht konvergent. Es gilt aber

$$\lim_{n\to\infty} a_n = \frac{1}{2} \qquad \text{im Sinne von Cesàro.}$$

### 4.1.2 Die Satzgruppe um das Erneuerungstheorem

a) Voraussetzungen und Bezeichnungen

Gegeben seien zunächst die beiden Folgen

$\{a_n\}$ mit $\quad a_o = 0, \quad a_n > 0, \quad \sum_{n=0}^{\infty} a_n = a < 1.$

$\{b_n\}$ mit $\quad b_n > 0, \quad \sum_{n=0}^{\infty} b_n = b < \infty.$

Aus den beiden Folgen werden zwei weitere Folgen abgeleitet:

$$\{c_n\} \text{ mit } \quad c_o = 1, \quad c_n = a_o c_n + a_1 c_{n-1} + \dots + a_n c_o \quad \text{für } n = 1, 2, \dots \tag{4.1}$$

$$\{d_n\} \text{ mit } \quad d_n = c_o b_n + c_1 b_{n-1} + \dots c_n b_o \quad \text{für } n = 0, 1, 2, \dots \tag{4.2}$$

(4.2) ist gleichbedeutend mit $\{d_n\} = \{b_n\} * \{c_n\}$.

Die erzeugenden Funktionen mögen mit $A(z)$, $B(z)$, $C(z)$ und $D(z)$ bezeichnet werden.

Wegen der Konvergenz der Reihen $\sum_{n=0}^{\infty} a_n$ und $\sum_{n=0}^{\infty} b_n$ gilt:

$$\lim_{n\to\infty} a_n = 0 \qquad \text{und} \qquad \lim_{n\to\infty} b_n = 0.$$

Falls die Grenzwerte existieren, schreiben wir ferner:

$$\lim_{n\to\infty} c_n = \gamma \qquad \lim_{n\to\infty} d_n = \delta$$

$$\sum_{n=0}^{\infty} c_n = c \qquad \sum_{n=0}^{\infty} d_n = d$$

Über die erzeugenden Funktionen kann man sagen:

- der Konvergenzradius der Funktionen $A(z)$, $B(z)$, $C(z)$, $D(z)$ ist $p > 1$.
- es gelten die Beziehungen

$$C(z) = \frac{1}{1 - A(z)} \tag{4.3}$$

$$D(z) = B(z) \cdot C(z) = \frac{B(z)}{1 - A(z)} \tag{4.4}$$

b) Konvergenzbedingungen für die Reihe $\sum_{n=0}^{\infty} c_n$

Satz 4.5
Notwendig und hinreichend für die Konvergenz von $\sum_{n=0}^{\infty} c_n$ ist $a < 1$.

Korollar 1
Notwendig und hinreichend für die bestimmte Divergenz von $\sum_{n=0}^{\infty} c_n$ ist $a = 1$.

Korollar 2
Im Falle $a < 1$ gilt: $$c = \frac{1}{1-a} \tag{4.5}$$

Korollar 3
Aus $a < 1$ folgt $$\lim_{n\to\infty} c_n = 0 \tag{4.6}$$

Korollar 1 folgt aus der Tatsache, daß für Reihen mit positiven Gliedern nur Konvergenz oder bestimmte Divergenz möglich ist. Korollar 2 ergibt sich aus der Beziehung (4.3) für die erzeugenden Funktionen. Korollar 3 folgt aus der Konvergenz der Reihe $\sum_{n=0}^{\infty} c_n$.

c) Erneuerungstheoreme für die Folge $\{c_n\}$

Im folgenden beachten wir die Konvention über die Bezeichnung von Summen bestimmt divergenter Reihen, wie sie in 4.1.1.a) eingeführt wurde.

Satz 4.6
Es sei $\{a_n\}$ aperiodisch, $a = 1$ und $\sum_{n=0}^{\infty} na_n = \mu \leq \infty$
Dann gilt
$$\lim_{n\to\infty} c_n = \frac{1}{\mu} \tag{4.7}$$

Satz 4.7
Es sei $\{a_n\}$ periodisch mit der Periode t und $\sum_{n=0}^{\infty} na_n = \mu \leq \infty$
Dann hat auch die Folge $\{c_n\}$ die Periode t und es gilt
$$\lim_{m\to\infty} c_{mt} = \frac{t}{\mu} \tag{4.8}$$

Korollar
Die Folge $\{c_n\}$ ist C-konvergent und es gilt:
$$\lim_{n\to\infty} c_n = \frac{1}{\mu} \quad \text{im Sinne von Cesàro} \tag{4.9}$$

d) Grenzwertsätze für die Folge $\{d_n\}$.

Satz 4.8

Falls die Grenzwerte existieren, gilt

$$\delta = \gamma \cdot b \qquad \lim_{n\to\infty} d_n = \lim_{n\to\infty} c_n \cdot \sum_{n=0}^{\infty} b_n \qquad (4.10)$$

oder

$$d = c \cdot b \qquad \sum_{n=0}^{\infty} d_n = \sum_{n=0}^{\infty} c_n \cdot \sum_{n=0}^{\infty} b_n \qquad (4.11)$$

Mit den Ergebnissen der Sätze 4.5 und 4.6 ergibt sich daraus unmittelbar

Satz 4.9

Es sei $\{a_n\}$ aperiodisch.

Falls $a < 1$, ist
$$\lim_{n\to\infty} d_n = 0 \qquad (4.12)$$
$$\sum_{n=0}^{\infty} d_n = \frac{b}{1-a} \qquad (4.13)$$

Falls $a = 1$, ist
$$\lim_{n\to\infty} d_n = \frac{b}{\mu} \qquad (4.14)$$

Es sei t eine ganze Zahl mit $t > 1$. Eine erzeugende Funktion $B(z)$ läßt sich immer eindeutig in der Form

$$B(z) = B_0(z) + zB_1(z) + \ldots + z^{t-1}B_{t-1}(z) = \sum_{\tau=0}^{t-1} z^{\tau} B_{\tau}(z) \qquad (4.15)$$

darstellen, wobei die $B_{\tau}(z)$ Potenzreihen in $z^t$ sind.

Satz 4.10

Es sei $\{a_n\}$ periodisch mit der Periode t.

Falls $a < 1$, ist
$$\lim_{n\to\infty} d_n = 0$$
$$\sum_{n=0}^{\infty} d_n = \frac{b}{1-a}$$

Falls $a = 1$, ist
$$\lim_{m\to\infty} d_{mt+\tau} = \frac{tB_{\tau}(1)}{\mu} \qquad (4.16)$$
für $\tau = 0, 1, \ldots, t-1$

wobei $B_{\tau}(z)$ die vermöge (4.15) eindeutig bestimmbare, der Zahl $\tau$ zugeordnete Komponente der erzeugenden Funktion $B(z) = \sum_{n=0}^{\infty} b_n z^n$ ist.

e) Der Zusammenhang mit dem Erneuerungsproblem

Die Lebensdauer Z einer Maschine werde in diskreten Zeiteinheiten gemessen und ihre Verteilung sei gegeben durch $P\{Z = n\} = a_n$.

Selbstverständlich ist $\sum_{n=0}^{\infty} a_n \leq 1$. Fällt eine Maschine aus, wird sie sofort durch eine neue Maschine ersetzt. Den Erwartungswert der Anzahl der Erneuerungen bis zum Zeitpunkt n einschließlich bezeichnen wir mit $u_n$. Es sei nun k der Zeitpunkt der ersten Erneuerung. Der bedingte Erwartungswert der Anzahl der Erneuerungen im Zeitraum $[0, n]$, gegeben daß in k die erste Erneuerung stattfand, ist offenbar $1 + u_{n-k}$. Summieren wir über alle k im betrachteten Zeitraum, so erhalten wir für $u_n$ die Rekursionsformel

$$u_n = \sum_{k=0}^{n} (1 + u_{n-k}) a_k$$

oder

$$u_n = \sum_{k=0}^{n} a_k u_{n-k} + \sum_{k=0}^{n} a_k$$

und wenn wir $\sum_{k=0}^{n} a_k = b_n$ setzen

$$u_n = \sum_{k=0}^{n} a_k u_{n-k} + b_n \tag{4.17}$$

Seien U(z), A(z), B(z) die erzeugenden Funktionen der Folgen $\{u_n\}$, $\{a_n\}$, $\{b_n\}$. Aus (4.17) erhält man durch Übergang zu den erzeugenden Funktionen $U(z) = U(z) \cdot A(z) + B(z)$ und daraus:

$$U(z) = \frac{B(z)}{1 - A(z)} \tag{4.18}$$

Ein Blick auf Gleichung (4.4) lehrt, daß $U(z) = D(z)$, also die in (4.2) definierte Folge $\{d_n\}$ als Folge der Erwartungswerte der Anzahl von Erneuerungen in $[0, n]$ interpretiert werden kann.

Allerdings sind in diesem Fall die Grenzwertsätze für die Folge $\{d_n\}$ nicht anwendbar, da die Reihe $\sum_{n=0}^{\infty} b_n$ nicht konvergiert.

## 4.2 Rekurrenzzeiten (Rückkehrzeiten)

Wir beginnen mit der

**Definition 4.3**

Es sei i ein beliebiger Zustand. Die bedingte Zufallsgröße $T_i$ ist gegeben durch

$$T_i = \min_{n \geq 1} \{ n \mid X_n = i \text{ gegeben } X_0 = i \} \tag{4.19a}$$

falls eine Zahl n mit dieser Eigenschaft existiert, anderenfalls durch

$$T_i = +\infty \tag{4.19b}$$

Die Zufallsgröße $T_i$ nennen wir <u>Rekurrenzzeit</u> (Rückkehrzeit) des Zustandes i. Für die Wahrscheinlichkeit des Ereignisses $\{T_i = n\}$ schreiben wir

$$P\{T_i = n\} = f_{ii}^{(n)} \tag{4.20}$$

Mit anderen Worten: $f_{ii}^{(n)}$ ist die Wahrscheinlichkeit, daß eine Realisierung $\omega$ der Markovkette, die vom Zustand i ausgeht, <u>nach n Schritten zum erstenmal</u> wieder in i landet. Man beachte, daß die Formel (4.19a) die Beziehung $f_{ii}^{(0)} = 0$ impliziert; dies ist eine Konvention, welche für die übersichtliche Formulierung des Zusammenhangs zwischen den Größen $p_{ii}^{(n)}$ und $f_{ii}^{(n)}$ von Nutzen sein wird.

Wir betrachten nun die aufeinanderfolgenden Zeitpunkte $N_1 = 0, N_2, N_3, \ldots$ in denen sich das System im Zustand i befindet.

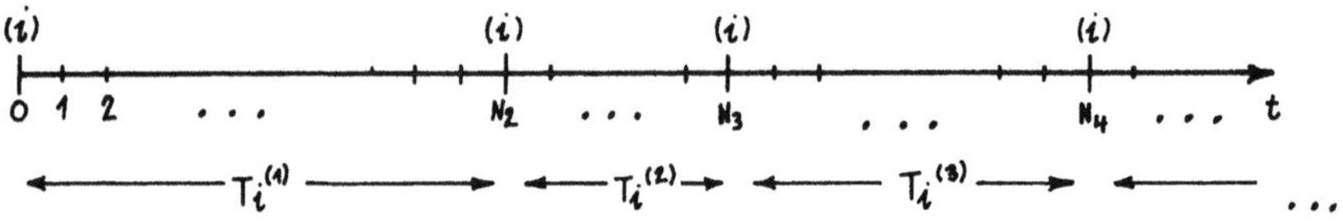


Abb. 4.1 Erneuerungsprozeß der Rekurrenzzeiten des Zustandes i

Für homogene Markovketten sind die Zufallsgrößen

$$T_i^{(k)} = N_{k+1} - N_k \qquad k = 1, 2, \ldots \tag{4.21}$$

unabhängig, und sie haben die gleiche Verteilung. Die Folge $N_0, N_1, N_2, \ldots$ bildet somit einen diskreten <u>Erneuerungsprozeß</u>.

<u>Anmerkung</u>:
Die Unabhängigkeit der aufeinanderfolgenden Rekurrenzzeiten folgt aus der Markov-Eigenschaft des Prozesses. Allerdings wurde die Markov-Eigenschaft in (2.3) für feste Zeitpunkte t definiert, während <u>nun</u> der Zustand i in zufälligen Zeitpunkten $N_k$ beobachtet wird. Die Tatsache, daß auch dann die Beobachtung der Gegenwart die vollständige Information über den weiteren Verlauf beinhaltet, nennt man die <u>starke Markoveigenschaft</u>, die im Falle der Markovkette unschwer aus der gewöhnlichen Markoveigenschaft ableitbar ist. Die Tatsache der gleichen Verteilung der $T_i^{(k)}$ folgt dann aus der Homogenität der Kette.

Zur bequemeren Handhabung der Größen $f_{ii}^{(n)}$ führen wir eine weitere Definition ein, die den Beziehungen (4.19a) bis (4.20) äquivalent ist:

Definition 4.4

Für jeden Zustand $i \in S$ sind die Größen $f_{ii}^{(n)}$ gegeben durch

$$f_{ii}^{(o)} = 0$$

$$f_{ii}^{(1)} = P\{X_1 = i \mid X_o = i\} \tag{4.22}$$

$$f_{ii}^{(n)} = P\{X_n = i,\ X_r \neq i \quad \text{für } r = 1, 2, \ldots, n-1 \mid X_o = i\}; \quad n \geq 2$$

Eine Verallgemeinerung der Größen $f_{ii}^{(n)}$ ist uns bereits in Formel (3.8) begegnet, wo eine Definition in der Sprache der vollständigen Graphen gegeben wurde.

Satz 4.11

Für alle Zustände i und alle Zeitpunkte $n \geq 1$ gilt

$$\sum_{k=1}^{n} f_{ii}^{(k)} \leq 1 \tag{4.23}$$

Zum Beweis des Satzes 4.11, verwenden wir die in 2.1 eingeführte Kurzschreibweise $E_{n,\,i} = \{X_n = i\}$. Es sei

$$\begin{aligned}
A_1 &= E_{1,i} \\
A_2 &= \overline{E_{1,i}} \cdot E_{2,i} \\
&\ \vdots \\
A_n &= \overline{E_{1,i}} \cdot \overline{E_{2,i}} \cdot \overline{E_{3,i}} \cdot \ldots \cdot \overline{E_{n-1,i}} \cdot E_{n,i} \\
A_{n+1} &= \overline{E_{1,i}} \cdot \overline{E_{2,i}} \cdot \overline{E_{3,i}} \cdot \ldots \cdot \overline{E_{n-1,i}} \cdot \overline{E_{n,i}}
\end{aligned} \tag{4.24}$$

Das Ereignissystem $\{A_1, A_2, \ldots, A_n, A_{n+1}\}$ bildet eine Zerlegung des Stichprobenraumes $\Omega$.

Daraus folgen

$$\sum_{k=1}^{n+1} P(A_k \mid E_{o,i}) = 1 \qquad \text{und} \qquad \sum_{k=1}^{n} P(A_k \mid E_{o,i}) \leq 1 \tag{4.25}$$

Nun ist aber

$$P(A_k \mid E_{o,i}) = P(E_{k,i} \cdot \overline{E_{k-1,i}} \cdot \ldots \cdot \overline{E_{1,i}} \mid E_{o,i}) = f_{ii}^{(k)}$$

Durch Einsetzen in (4.25) erhalten wir unmittelbar die Behauptung des Satzes 4.11.

Jedem Zustand i können wir nun die Größe

$$f_i^* = \sum_{n=0}^{\infty} f_{ii}^{(n)} \qquad (4.26)$$

zuordnen. Die Größen $f_{ii}^{(n)}$ sind nichtnegativ. Wegen Satz 4.11 ist die Konvergenz der Summe (4.26) gesichert und es gilt

$$f_i^* \leq 1 \qquad (4.28)$$

$f_i^*$ nennen wir die Rückkehrwahrscheinlichkeit des Zustandes i. Gilt in (4.28) das Ungleichheitszeichen, so ist $T_i$ eine Zufallsgröße im erweiterten Sinn:

$$P\{T_i = +\infty\} = 1 - f_i^* > 0 \qquad (4.29)$$

das heißt, es existiert die positive Wahrscheinlichkeit $1 - f_i^*$, daß der Prozeß, vom Zustand i ausgehend, nicht mehr in i zurückkehrt. Im Falle $f_i^* = 1$ haben wir durch die $f_{ii}^{(n)}$ eine gewöhnliche Wahrscheinlichkeitsverteilung gegeben und es ist sinnvoll, den Erwartungswert

$$E(T_i) = \mu_i = \sum_{n=1}^{\infty} n\, f_{ii}^{(n)} \qquad (4.30)$$

zu betrachten. Wir nennen $E(T_i)$ die mittlere Rekurrenzzeit des Zustandes i. Der Erwartungswert $\mu_i$ braucht natürlich nicht zu existieren. Divergiert die Summe $\sum_{n=1}^{\infty} n\, f_{ii}^{(n)}$, so divergiert sie bestimmt nach $+\infty$, und wir schreiben dann:

$$\mu_i = +\infty$$

Die Verteilung der Rekurrenzzeit gibt nun Anlaß zu einer Klassifikation der Zustände, die wir in folgender Definition zusammenfassen.

Definition 4.5

Es sei $f_i^* = \sum_{n=1}^{\infty} f_{ii}^{(n)}$, $\mu_i = \sum_{n=1}^{\infty} n\, f_{ii}^{(n)}$

Dann heißt der Zustand i

a) transient — $f_i^* < 1$

b) null-rekurrent — wenn $f_i^* = 1$, $\mu_i = +\infty$

c) positiv-rekurrent — $f_i^* = 1$, $\mu_i < +\infty$

Im Falle $f_i^* = 1$ spricht man zusammenfassend auch von rekurrenten Zuständen. Einen positiv-rekurrenten, aperiodischen Zustand nennt man ergodischen Zustand.

Beispiel 4.1

Für eine Markovkette mit dem Zustandsraum $S = \{1, 2\}$ und der Übergangsmatrix

$$\mathcal{P} = \begin{pmatrix} p_{11} & p_{12} \\ p_{21} & p_{22} \end{pmatrix}$$

ist die explizite Berechnung der Größen $f_{ii}^{(n)}$, $f_i^*$ und $\mu_i$ leicht durchführbar. Wir betrachten den Zustand 1 und treffen eine Fallunterscheidung nach der Größe von $p_{22}$:

a) $p_{22} < 1$. Dann verwenden wir die Schreibweise der Formel (3.8) und erhalten (-> S.4

$$f_{11}^{(1)} = p_{11}$$

$$f_{11}^{(2)} = p_{12}p_{21}$$

$$f_{11}^{(n)} = p_{12}p_{22}^{n-2}p_{21} \qquad \text{für } n = 3, 4, \ldots$$

und

$$f_1^* = p_{11} + p_{12}p_{21} \sum_{k=0}^{\infty} p_{22}^k = p_{11} + p_{12}p_{21} \cdot \frac{1}{1 - p_{22}}$$

$$f_1^* = p_{11} + p_{12} = 1$$

Der Zustand 1 ist rekurrent.

b) $p_{22} = 1$. Dann wird $p_{21} = 0$ und damit

$$f_{11}^{(1)} = p_{11}$$

$$f_{11}^{(n)} = 0 \qquad \text{für } n = 2, 3, \ldots$$

und

$$f_1^* = p_{11}$$

Wir unterscheiden weiter:

ba) $p_{11} = 1$. Dann ist $f_1^* = p_{11} = 1$. Der Zustand 1 ist rekurrent.

bb) $p_{11} < 1$. $f_1^* = p_{11} < 1$. Der Zustand 1 ist transient.

Die mittlere Rekurrenzzeiten werden

im Fall a) : $E(T_1) = 1 + \dfrac{p_{12}}{1 - p_{22}}$

im Fall ba): $E(T_1) = p_{11} = 1$.

In diesem Beispiel gilt: Ist der Zustand 1 rekurrent, so ist er auch positiv- rekurrent. Wir werden später zeigen, daß diese

Aussage für alle Zustände in Markovketten mit endlichem Zustandsraum gilt.

Das Konzept der Rekurrenzzeit können wir verallgemeinern:

Definition 4.6

Es seien i, j zwei Zustände. Die Übergangszeit $T_{ij}$ von i nach j ist gegeben durch

$$T_{ij} = \min_{n \geq 1} \{n | X_n = j, \text{ gegeben } X_o = i\} \qquad (4.31a)$$

falls ein n mit dieser Eigenschaft existiert, anderenfalls durch

$$T_{ij} = +\infty \qquad (4.31b)$$

für die Wahrscheinlichkeit des Ereignisses $\{T_{ij} = n\}$ schreiben wir $f_{ij}^{(n)}$.

Die Größen $f_{ij}^{(n)}$ können auch in folgender Weise definiert werden:

Definition 4.7

$$\begin{aligned} f_{ij}^{(o)} &= 0 \\ f_{ij}^{(1)} &= P\{X_1 = j | X_o = i\} \qquad (4.32) \\ f_{ij}^{(n)} &= P\{X_n = j;\ X_r \neq j \text{ für } r = 1, 2, \ldots, n-1 | X_o = i\}; \\ & \qquad n \geq 2 \end{aligned}$$

An dieser Stelle sei an die Schreibweise der Formel (3.8) erinnert. Es ist nach Definition 4.7 offenbar auch

$$f_{ij}^{(1)} = p_{ij}$$

$$f_{ij}^{(n)} = \sum_{i_1, i_2, \ldots, i_{n-1} \in S - \{j\}} p_{ii_1} \cdot p_{i_1 i_2} \cdot \ldots \cdot p_{i_{n-1} j}$$

für $n \geq 2$.

Es gilt das Analogon zu Satz 4.11

$$\sum_{k=1}^{n} f_{ij}^{(k)} \leq 1 \qquad (4.33)$$

und daher auch

$$f_{ij}^* = \sum_{n=1}^{\infty} f_{ij}^{(n)} \leq 1 \qquad (4.34)$$

Wir nennen $f_{ij}^*$ die Prozeßübergangswahrscheinlichkeit von i nach j.
Im Falle $f_{ij}^* = 1$ können wir den Erwartungswert

$$\mu_{ij} = E(T_{ij}) = \sum_{n=1}^{\infty} n\, f_{ij}^{(n)} \qquad (4.35)$$

bilden, dem wir im Falle der bestimmten Divergenz von $\sum_{n=1}^{\infty} n\, f_{ij}^{(n)}$ den Wert $+\infty$ zuschreiben. Wir nennen $\mu_{ij}$ die <u>mittlere Übergangszeit von i nach j.</u>

<u>Anmerkung:</u>
In der englischsprachigen Literatur verwendet man die Bezeichnungen "<u>first</u> passage probality" für $f_{ij}(n)$, "<u>first</u> passage time" für $T_{ij}$ und "mean <u>first</u> passage time" für $\mu_{ij}$. Bei der Übersetzung lassen wir das Charakteristikum "erste" der Kürze halber weg und sprechen von der "Übergangszeit" anstelle von "Zeit des ersten Übergangs von i nach j".

Eine weitere Verallgemeinerung des Konstruktionsprinzips, das zu den Größen $f_{ii}^{(n)}$ und $f_{ij}^{(n)}$ führte, erhalten wir, indem wir eine beliebige Teilmenge $H \subset S$ vorgeben und

$$ {}_H p_{ij}^{(n)} = P\{X_n = j,\ X_r \notin H \ \text{ für } \ r = 1, 2, \ldots, n-1 \mid X_0 = i\} \tag{4.36} $$

mit "Übergangswahrscheinlichkeit von i nach j unter dem Tabu H" bezeichnen.

Wir können auch schreiben

$$ {}_H p_{ij}^{(n)} = \sum_{i_1, i_2, \ldots, i_{n-1} \in S-H} p_{ii_1}\, p_{i_1 i_2} \cdots p_{i_{n-1} j} \tag{4.37} $$

Die Größen $f_{ii}^{(n)}$ und $f_{ij}^{(n)}$ können nun als die Spezialfälle

$$ f_{ii}^{(n)} = {}_{\{i\}} p_{ii}^{(n)} \qquad\qquad f_{ij}^{(n)} = {}_{\{j\}} p_{ij}^{(n)} \tag{4.38} $$

aufgefaßt werden.

## 4.3 Der Zusammenhang zwischen Übergangswahrscheinlichkeiten und der Verteilung der Rückkehr- (Übergangs-) zeiten

Die Größen $f_{ii}^{(n)}$ und $f_i^* = \sum_{n=1}^{\infty} f_{ii}^{(n)}$ bildeten die Grundlage für eine weitere Klassifikation der Zustände von Markovketten. Die im vorhergehenden Abschnitt gegebenen Definitionen liefern jedoch ein nur in Ausnahmefällen brauchbares Mittel zur Berechnung dieser Größen. Wir suchen nun Beziehungen zwischen den Übergangswahrscheinlichkeiten n-ter Ordnung $p_{ij}^{(n)}$ und den Wahrscheinlichkeiten des <u>ersten</u> Übergangs $f_{ij}^{(n)}$, die vor allem zwei Zwecken dienen sollen:

S. 20

- da durch die Formeln der Matrizenmultiplikation (Satz 2.7) die $p_{ij}^{(n)}$ - zumindest prinzipiell - als gegeben angesehen werden können, versuchen wir, die Größen $f_{ij}^{(n)}$, rekursiv aus den Übergangswahrscheinlichkeiten zu berechnen;
- weitere Grenzbetrachtungen sollen zu einem vertieften Verständnis der Klassifikation {transient, null-rekurrent, positiv-rekurrent} führen.

Als Ausgangspunkt diene der

Satz 4.12

Zwischen den Größen $f_{ii}^{(n)}$ und $p_{ii}^{(n)}$ bestehen die rekursiven Beziehungen

$$p_{ii}^{(n)} = f_{ii}^{(1)}p_{ii}^{(n-1)} + f_{ii}^{(2)}p_{ii}^{(n-2)} + \dots + f_{ii}^{(n-1)}p_{ii} + f_{ii}^{(n)} \qquad n = 1, 2, \dots \tag{4.39}$$

Nutzt man die Konventionen $f_{ii}^{(o)} = 0$ und $p_{ii}^{(o)} = 1$ aus, so kann man (4.39) auch in der geschlossenen Form

$$p_{ii}^{(n)} = \sum_{\nu=0}^{n} f_{ii}^{(\nu)}p_{ii}^{(n-\nu)} \qquad n = 1, 2, \dots \tag{4.40}$$

schreiben.

Für zwei verschiedene Zustände $i \neq j$ haben wir den analogen

Satz 4.13

Zwischen den Größen $f_{ij}^{(n)}$ und $p_{ij}^{(n)}$, $i \neq j$ bestehen die rekursiven Beziehungen

$$p_{ij}^{(n)} = f_{ij}^{(o)}p_{jj}^{(n)} + f_{ij}^{(1)}p_{jj}^{(n-1)} + \dots + f_{ij}^{(n-1)}p_{jj} + f_{ij}^{(n)} \tag{4.41}$$

oder

$$p_{ij}^{(n)} = \sum_{\nu=0}^{n} f_{ij}^{(\nu)}p_{jj}^{(n-\nu)} \qquad n = 0, 1, 2, \dots \tag{4.42}$$

Man beachte: Satz 4.13 kann vermöge der Vereinbarungen über $f_{ii}^{(o)}$ und $p_{ii}^{(o)}$ für alle $n \geq 0$ formuliert werden, Satz 4.12 jedoch nur für $n \geq 1$.

Beweis des Satzes 4.12

Die Gültigkeit von (4.39) ist anschaulich einleuchtend: $p_{ii}^{(n)}$ ist die Wahrscheinlichkeit, daß sich das System nach n Schritten - aber nicht notwendig zum erstenmal - wieder im Zustand i befindet. Das Ereignis der Rückkehr nach i können wir jedoch zerlegen, indem wir die Zeitpunkte ins Auge fassen, zu denen das erstemal der Übergang nach i erfolgt.

Der formale Beweis geht wieder von der in (4.24) gegebenen Zerlegung des Stichprobenraumes

$$\Omega = A_1 \cup A_2 \cup \dots \cup A_n \cup A_{n+1} \tag{4.43}$$

aus. Multiplizieren wir (4.43) mit dem Ereignis $E_{n,\,i} = \{X_n = i\}$ und berücksichtigen wir, daß $E_{n,\,i} A_{n+1} = \emptyset$, so erhält man eine Zerlegung von $E_{n,\,i}$:

$$E_{n,i} = \bigcup_{k=1}^{n} E_{n,i} \cdot A_k = \bigcup_{k=1}^{n} E_{n,i} \cdot E_{k,i} \cdot \overline{E_{k-1,i}} \cdot \dots \cdot \overline{E_{1,i}} \tag{4.44}$$

und daraus:

$$\begin{aligned} P(E_{n,i}) &= \sum_{k=1}^{n} P(E_{n,i} \cdot E_{k,i} \cdot \overline{E_{k-1,i}} \cdot \dots \cdot \overline{E_{1,i}}) \\ &= \sum_{k=1}^{n} P(E_{n,i} | E_{k,i} \cdot \overline{E_{k-1,i}} \cdot \dots \cdot \overline{E_{1,i}}) \cdot P(E_{k,i} \cdot \overline{E_{k-1,i}} \cdot \dots \\ &\qquad \dots \cdot \overline{E_{1,i}}) \end{aligned}$$

Durch "Einschieben" der Bedingung $E_{o,i}$ (siehe 1.14) erhalten wir weiter

$$P(E_{n,i} | E_{o,i}) = \sum_{k=1}^{n} P(E_{n,i} | E_{k,i} \cdot \overline{E_{k-1,i}} \cdot \dots \cdot \overline{E_{1,i}} \cdot E_{o,i}) \cdot P(E_{k,i} \cdot \overline{E_{k-1,i}} \cdot \dots \cdot \overline{E_{1,i}} | E_{o,i})$$

und wegen der Markoveigenschaft schließlich

$$\underbrace{P(E_{n,i} | E_{o,i})}_{p_{ii}^{(n)}} = \sum_{k=1}^{n} \underbrace{P(E_{n,i} | E_{k,i})}_{p_{ii}^{(n-k)}} \cdot \underbrace{P(E_{k,i} \cdot \overline{E_{k-1,i}} \cdot \dots \cdot \overline{E_{1,i}} | E_{o,i})}_{f_{ii}^{(k)}} \tag{4.45}$$

(4.45) ist aber nichts anderes als Formel (4.40). ■

Wir wollen die Beziehungen (4.39) zur Berechnung der ersten vier Größen $f_{ii}^{(n)}$ benutzen. Abkürzend setzen wir $p_{ii}^{(n)} = [n]$ und erhalten dann durch sukzessives Auflösen der einzelnen Gleichungen:

$$\begin{aligned} f_{ii}^{(1)} &= [1] \\ f_{ii}^{(2)} &= [2] - [1]^2 \\ f_{ii}^{(3)} &= [3] - 2[2][1] + [1]^3 \end{aligned} \tag{4.46}$$

$$f_{ii}^{(4)} = [4] - 2[3][1] + [2]^2 + 3[2][1]^2 - [1]^4$$

Explizite Formeln für die $f_{ii}^{(n)}$ werden auf diesem Wege immer noch zu ziemlich komplizierten Gebilden. Der Begriff der Faltung von Folgen und das Hilfsmittel der erzeugenden Funktion gestatten jedoch, die Formeln (4.39) bis (4.42) zu noch einfacheren Beziehungen zu kondensieren.

Wir führen dazu folgende Bezeichnungen ein:

| Folgen | erzeugende Funktionen | Reihensummen |
| --- | --- | --- |
| $\{f_{ij}^{(n)}\}$ | $F_{ij}(z)$ | $i \neq j : \sum_{n=0}^{\infty} f_{ij}^{(n)} = f_{ij}^* \leq 1$ |
| | | $i = j : \sum_{n=0}^{\infty} f_{ii}^{(n)} = f_i^* \leq 1$ |
| $\{p_{ij}^{(n)}\}$ | $P_{ij}(z)$ | $\sum_{n=0}^{\infty} p_{ij}^{(n)} = p_{ij}^* \leq \infty$ |
| $\{p_{ii}^{(n)}\}'$ | $P_{ii}(z) - 1$ | —— |

Mit $\{p_{ii}^{(n)}\}'$ bezeichnen wir dabei die Folge $p_{ii}^{(o)} - 1, p_{ii}^{(1)}, p_{ii}^{(2)}, \ldots$

Ergänzt man die Beziehungen (4.40) noch mit $p_{ii}^{(o)} - 1 = f_{ii}^{(o)} \, p_{ii}^{(o)}$, so kann dieses Gleichungssystem in der Form

$$\{p_{ii}^{(n)}\}' = \{f_{ii}^{(n)}\} * \{p_{ii}^{(n)}\} \qquad (4.47)$$

geschrieben werden; desgleichen erhält man aus dem System (4.42)

$$\{p_{ij}^{(n)}\} = \{f_{ij}^{(n)}\} * \{p_{jj}^{(n)}\}, \qquad i \neq j \qquad (4.48)$$

Die erzeugenden Funktionen $F_{ij}(z)$ und $P_{ij}(z)$ haben einen Konvergenzradius $\varrho$ mit $\varrho > 1$. $F_{ij}(z)$ ist an der Stelle $z = 1$ konvergent, das Verhalten von $P_{ij}(z)$ in $z = 1$ bleibt zunächst noch offen. Jedenfalls kann man für $|z| < 1$ von (4.47) und (4.48) zu Beziehungen in erzeugenden Funktionen übergehen und erhält

$$P_{ii}(z) - 1 = F_{ii}(z) \cdot P_{ii}(z) \qquad P_{ii}(z) = \frac{1}{1 - F_{ii}(z)} \qquad (4.49)$$

und daraus:

$$i \neq j: \quad P_{ij}(z) = F_{ij}(z) \cdot P_{jj}(z) \qquad P_{ij}(z) = \frac{F_{ij}(z)}{1 - F_{jj}(z)} \qquad (4.50)$$

Da $F_{ij}(0) = 0$, $F_{ij}(1) \leq 1$ und $F_{ij}(z)$ im Intervall $[0, 1)$ stetig und monoton ansteigt (alle Reihenglieder sind positiv!), ist ein Bereich gesichert, in dem die Nenner in (4.49) und (4.50) nicht verschwinden.

Falls die Erwartungswerte existieren, erhalten wir für die Rekurrenz- bzw. Übergangszeiten noch

$$\mu_i = E(T_i) = F'_{ii}(1) \qquad \mu_{ij} = E(T_{ij}) = F'_{ij}(1) \tag{4.51}$$

## 4.4 Das Grenzverhalten der Übergangswahrscheinlichkeiten

### 4.4.1 Ein Klassifikationstheorem für transiente und rekurrente Zustände

Die Unterscheidung zwischen transienten und rekurrenten Zuständen gründete sich auf die Betrachtung der Größe $f_i^* = \sum_{n=0}^{\infty} f_{ii}^{(n)}$. Nun werden notwendige und hinreichende Bedingungen für die Eigenschaften "transient" und "rekurrent" aus dem Verhalten der Größen $p_{ii}^{(n)}$ und $p_{ii}^* = \sum_{n=0}^{\infty} p_{ii}^{(n)}$ hergeleitet. Dazu bedienen wir uns des Satzes 4.5 und treffen dafür folgende Übersetzung:

| Bezeichnungen aus Abschnitt 4.1.2a) | | Bezeichnungen der entsprechenden Größen in Markovketten |
| --- | --- | --- |
| $\{a_n\}$ | $\Longrightarrow$ | $\{f_{ii}^{(n)}\}$ |
| $a = \sum_{n=0}^{\infty} a_n$ | $\Longrightarrow$ | $f_i^* = \sum_{n=0}^{\infty} f_{ii}^{(n)}$ |

Vergleicht man die Beziehungen

$$c_o = 1 \qquad\qquad p_{ii}^{(o)} = 1$$

$$c_n = a_o c_n + \dots + a_n c_o \quad (4.1) \qquad p_{ii}^{(n)} = 0 p_{ii}^{(n)} + f_{ii}^{(1)} p_{ii}^{(n-1)} + \dots + f_{ii}^{(n)} \cdot 1 \quad (4.39)$$

so folgt die Übersetzung:

| | | |
| --- | --- | --- |
| $\{c_n\}$ | $\Longrightarrow$ | $p_{ii}^{(n)}$ |
| $c = \sum_{n=0}^{\infty} c_n$ | $\Longrightarrow$ | $p_{ii}^* = \sum_{n=0}^{\infty} p_{ii}^{(n)}$ |

Satz 4.5 kann dann unmittelbar übersetzt werden in den

<u>Klassifikationssatz 4.14</u>

Ein Zustand i ist dann und nur dann <u>transient</u>, wenn die Reihe $\sum_{n=0}^{\infty} p_{ii}^{(n)}$ <u>konvergiert</u>.

Aus den Korollaren zu Satz 4.5 wird

Korollar 1

Ein Zustand i ist dann und nur dann rekurrent, wenn die Reihe $\sum_{n=0}^{\infty} p_{ii}^{(n)}$ divergiert.

Korollar 2

Ist der Zustand i transient, so gilt

$$p_{ii}^* = \frac{1}{1 - f_i^*} \qquad \text{oder} \qquad \sum_{n=0}^{\infty} p_{ii}^{(n)} = \frac{1}{1 - \sum_{n=0}^{\infty} f_{ii}^{(n)}} \tag{4.52}$$

Korollar 3

Ist der Zustand i transient, so gilt

$$\pi_{ii} = \lim_{n \to \infty} p_{ii}^{(n)} = 0 \tag{4.53}$$

Anmerkung:

Ist der Zustand i rekurrent, so kann $\pi_{ii}$ verschwinden, aber auch positiv sein; diese beiden Möglichkeiten gestatten später die weitere Klassifikation in null-rekurrente und positiv-rekurrente Zustände.

Die Betrachtung von $p_{ii}^{(n)}$ und $p_{ii}^*$ hat neben der prinzipiellen Verwendbarkeit der Matrizenrechnung noch den Vorteil, daß sie weitere Interpretationsmöglichkeiten für die Eigenschaften "transient" und "rekurrent" eröffnet.

Für die nachstehenden Entwicklungen nehmen wir das Ereignis $\{X_0 = i\}$ als gegeben an, das heißt, wir betrachten Markovprozesse, die im Zustand i beginnen. Die Zufallsgröße $Y_n$ wird in folgender Weise definiert:

$$Y_n = \begin{matrix} 1 \\ 0 \end{matrix} \quad \text{wenn} \quad \begin{matrix} X_n = i \\ X_n \neq i \end{matrix} \quad \text{für } n = 0, 1, 2, \dots \tag{4.54}$$

Dann ist

$$P\{Y_n = 1\} = p_{ii}^{(n)}$$

und

$$E(Y_n) = 1 \cdot p_{ii}^{(n)} + 0 \cdot (1 - p_{ii}^{(n)}) = p_{ii}^{(n)} \tag{4.55}$$

Nun betrachten wir die Summe

$$Z_t = Y_0 + Y_1 + \dots + Y_t = \sum_{n=0}^{t} Y_n \tag{4.56}$$

Wegen (4.55) gilt

$$E(Z_t) = \sum_{n=0}^{t} p_{ii}^{(n)} \tag{4.57}$$

Nun führen wir das Konzept der <u>Besetztzeiten</u> in stochastischen Ketten ein. Sei etwa $\{X_n = i\}$; dann nehmen wir an, daß die Okkupation des Zustandes i zum Zeitpunkt n eine Besetztzeit der Länge 1 für den Zustand i produziert.

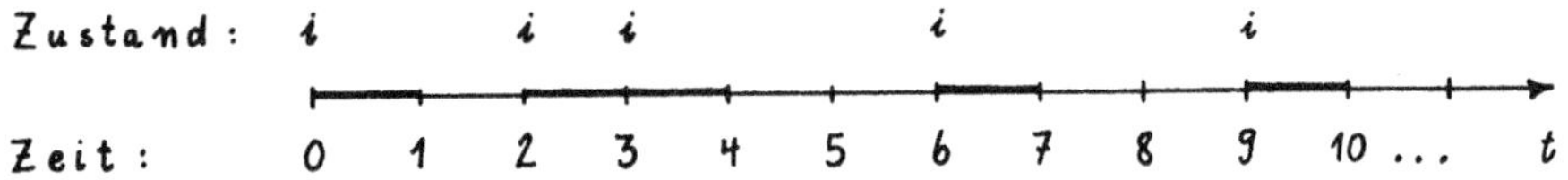


Abb. 4.2 Besetztzeit des Zustandes i in einer stochastischen Kette. Im Intervall $[0,10)$ ist die Besetztzeit $Z_9 = 5$

$Z_t$ ist dann die Besetztzeit des Zustandes i im Zeitintervall $[0, t+1)$, $\sum_{n=0}^{t} p_{ii}^{(n)}$ die entsprechende <u>mittlere Besetztzeit</u> für dieses Zeitintervall. Schließlich definieren wir

$$Z = \lim_{t \to \infty} Z_t \qquad \text{und} \qquad E(Z) = \sum_{n=0}^{\infty} p_{ii}^{(n)} = p_{ii}^* \tag{4.58}$$

Z interpretieren wir als die <u>Gesamtbesetztzeit</u> des Systems durch den Zustand i, falls der Prozeß von diesem Zustand seinen Ausgang nimmt. Da $P\{Z = \infty\} > 0$ möglich ist, muß Z als Zufallsgröße im weiteren Sinn aufgefaßt werden. Die Kriteriumsgröße $\sum_{n=0}^{\infty} p_{ii}^{(n)}$ wird nun zum Erwartungswert der Gesamtbesetztzeit. Der Klassifikationssatz kann nun in folgender Form ausgesprochen werden:

<u>Satz 4.14a</u>

Ist der Zustand i <u>transient</u>, so ist die mittlere Anzahl der Okkupationen durch i während des gesamten Prozeßverlaufs <u>endlich</u>, ist der Zustand i <u>rekurrent</u>, ist die mittlere Gesamtbesetztzeit <u>unendlich</u>, wenn der Zustand i zu Beginn des Prozesses eingenommen wurde.

Man beachte aber, daß die Aussage des Satzes 4.14a nicht sehr weitreichend ist, da $E(Z) = \infty$ auch dann eintreten könnte, wenn Z eine Zufallsgröße im engeren Sinn ist. Die Aussage des Satzes 4.14a läßt sich jedoch zu einer Aussage über die Gesamtbesetztzeit Z selbst verschärfen:

Satz 4.14b

Ist der Zustand i transient, gilt $P\{Z < \infty\} = 1$, ist der Zustand i rekurrent, wird $P\{Z < \infty\} = 0$, falls der Zustand i zu Beginn des Prozesses eingenommen wurde.

Zum Beweis des Satzes 4.14b stellen wir folgende Überlegungen an, die jedoch nicht den Anspruch voller Strenge erheben können:

Offenbar gilt wegen der Homogenität der Markovkette:

$$P\{Z > n\} = \sum_{t=1}^{\infty} f_{ii}^{(t)} \cdot P\{Z > n-1\} \tag{4.59}$$

oder

$$P\{Z > n\} = f_i^* \cdot P\{Z > n-1\} \tag{4.60}$$

Durch wiederholte Anwendung von (4.60) gelangen wir schließlich zu

$$P\{Z > n\} = (f_i^*)^n \cdot P\{Z > 0\}$$

oder, da wegen $\{X_0 = i\}$ gilt, daß $P\{Z > 0\} = 1$

$$P\{Z > n\} = (f_i^*)^n \tag{4.61}$$

Der Grenzübergang $n \longrightarrow \infty$ liefert schließlich:

$$P\{Z = \infty\} = \lim_{n \to \infty} (f_i^*)^n \tag{4.62}$$

Die rechte Seite von (4.62) ist aber 0 oder 1, je nachdem $f_i^* < 1$ oder $f_i^* = 1$, das heißt, je nachdem der Zustand i transient oder rekurrent ist. ■

## 4.4.2 Grenzwertsätze für die Übergangswahrscheinlichkeiten $p_{ij}^{(n)}$

a) Bestimmung des Grenzwertes $\pi_{ii} = \lim_{n \to \infty} p_{ii}^{(n)}$ für rekurrente Zustände i

Wir ergänzen die zu Beginn des Abschnitts 4.4.1 gegebene Übersetzung durch

$$\sum_{n=0}^{\infty} n a_n = \mu \leq \infty \qquad \Longrightarrow \sum_{n=0}^{\infty} n\, f_{ii}^{(n)} = \mu_i = E(T_i) \leq \infty .$$

Die Sätze 4.6 und 4.7 samt Korollar ergeben dann unmittelbar die nachstehenden Aussagen über den Grenzwert der Folgen $\{p_{ii}^{(n)}\}$

Satz 4.15

Der Zustand i sei rekurrent und $\mu_i = E(T_i) \leq \infty$ .

a) Ist i <u>aperiodisch</u>, so gilt

$$\pi_{ii} = \lim_{n \to \infty} p_{ii}^{(n)} = \frac{1}{\mu_i} \tag{4.63}$$

b) Ist i <u>periodisch</u> mit der <u>Periode d</u>, dann gilt

$$\lim_{m \to \infty} p_{ii}^{(md)} = \frac{d}{\mu_i} \tag{4.64}$$

c) Die Folge $\left\{p_{ii}^{(n)}\right\}$ ist C-konvergent und es gilt

$$\lim_{n \to \infty} p_{ii}^{(n)} = \frac{1}{\mu_i} \quad \text{im Sinne von Cesàro} \tag{4.65}$$

Der Klassifikationssatz 4.14 stützte sich auf das Verhalten der Reihe $\sum_{n=0}^{\infty} p_{ii}^{(n)}$. Nun wird über das Verhalten der Folge $\left\{p_{ii}^{(n)}\right\}$ eine Aussage gemacht, wenn $\sum_{n=0}^{\infty} p_{ii}^{(n)}$ divergiert, also wenn der Zustand i rekurrent ist. Die mittlere Rekurrenzzeit $\mu_i$ diente gemäß Definition 4.5 zur Einteilung der rekurrenten Zustände in null-rekurrente und positiv-rekurrente Zustände. Bei der Formulierung des Satzes 4.15 wurde die in Abschnitt 4.1.1a gegebene Konvention über den Bruch $\frac{1}{a}$ für $a = +\infty$ berücksichtigt. Wir können also das Ergebnis der Sätze 4.14 und 4.15 in folgender Übersicht zusammenfassen:

| Zustand i | Reihe $\sum_{n=0}^{\infty} p_{ii}^{(n)}$ | Folge $\left\{p_{ii}^{(n)}\right\}$ |
|---|---|---|
| transient | konvergent | Grenzwert 0 |
| null-rekurrent | divergent | Grenzwert 0 |
| positiv-rekurrent | divergent | Grenzwert $> 0$. |

Für aperiodische Zustände können die Grenzwerte von $\left\{p_{ii}^{(n)}\right\}$ im gewöhnlichen Sinn, für periodische Zustände müssen die Grenzwerte im Cesàro- Sinn verstanden werden.

b) <u>Bestimmung der Grenzwerte $p_{ij}^* = \sum_{n=0}^{\infty} p_{ij}^{(n)}$ und $\pi_{ij} = \lim_{n \to \infty} p_{ij}^{(n)}$ für $i \neq j$.</u>

Für die Anwendung der Sätze aus 4.1.2 treffen wir nun folgende Übersetzungen:

| Bezeichnungen aus Abschnitt 4.1.2a | | Bezeichnungen der entsprechenden Größen in Markovketten |
|---|---|---|
| $\{a_n\}$ | $\Longrightarrow$ | $\{f_{jj}^{(n)}\}$ |
| $\{b_n\}$ | $\Longrightarrow$ | $\{f_{ij}^{(n)}\}$ |
| $\{c_n\}$ | $\Longrightarrow$ | $\{p_{jj}^{(n)}\}$ |
| $\sum_{n=0}^{\infty} n\, a_n = \mu \leq \infty$ | $\Longrightarrow$ | $\sum_{n=0}^{\infty} n\, f_{jj}^{(n)} = \mu_j \leq \infty$ |

Vergleicht man die Beziehungen

$$\{d_n\} = \{b_n\} * \{c_n\} \qquad (4.2) \qquad \{p_{ij}^{(n)}\} = \{f_{ij}^{(n)}\} * \{p_{jj}^{(n)}\} \qquad (4.48)$$

so folgt die Übersetzung

$$\{d_n\} \Longrightarrow \{p_{ij}^{(n)}\}$$

Die Übertragungen für die weiteren benötigten Größen $b$, $c$, $d$, $\gamma$, $\delta$ lassen sich unmittelbar aus obigem Schema ableiten. Satz 4.8 wird dann zu

Satz 4.16

Ist der Zustand j von i aus erreichbar, dann gelten die Beziehungen

$$\pi_{ij} = f_{ij}^* \, \pi_{jj} \qquad \lim_{n\to\infty} p_{ij}^{(n)} = \sum_{n=0}^{\infty} f_{ij}^{(n)} \cdot \lim_{n\to\infty} p_{jj}^{(n)} \qquad (4.66)$$

oder

$$p_{ij}^* = f_{ij}^* \, p_{jj}^* \qquad \sum_{n=0}^{\infty} p_{ij}^{(n)} = \sum_{n=0}^{\infty} f_{ij}^{(n)} \cdot \sum_{n=0}^{\infty} p_{jj}^{(n)} \qquad (4.67)$$

Anmerkung:

Es ist notwendig zu fordern, daß $i \rightsquigarrow j$, um den Sinn der Beziehung (4.67) für den Fall zu sichern, daß j rekurrenter Zustand und $i \not\rightsquigarrow j$. Dann ist nämlich $\sum_{n=0}^{\infty} p_{jj}^{(n)} = \infty$ , $\sum_{n=0}^{\infty} f_{ij}^{(n)} = f_{ij}^* = 0.$

Den Fall $i \not\rightsquigarrow j$ können wir jedoch leicht gesondert erledigen: Dann gilt $f_{ij}^{(n)} = 0$ und damit auch $p_{ij}^{(n)} = 0$ für alle n. Damit wird trivialerweise

$$\pi_{ij} = \lim_{n\to\infty} p_{ij}^{(n)} = 0$$

$$p_{ij}^* = \sum_{n=0}^{\infty} p_{ij}^{(n)} = 0$$

Das Gegenstück zu Satz 4.9 lautet nun:

Satz 4.17

a) Ist der Zustand j transient, so gilt

$$\pi_{ij} = \lim_{n\to\infty} p_{ij}^{(n)} = 0 \tag{4.68}$$

$$p_{ij}^* = \sum_{n=0}^{\infty} p_{ij}^{(n)} = \frac{f_{ij}^*}{1 - f_j^*} \tag{4.69}$$

b) Ist der Zustand rekurrent und aperiodisch, so gilt

$$\pi_{ij} = \lim_{n\to\infty} p_{ij}^{(n)} = \frac{f_{ij}^*}{\mu_j} \tag{4.70}$$

Abschließend befassen wir uns mit periodischen Zuständen. Hier gilt der

Satz 4.18

Die Zustände i und j mögen in derselben Äquivalenzklasse liegen; j sei rekurrent und habe die Periode d. Dann gilt

$$\lim_{m\to\infty} p_{ij}^{(md+r_{ij})} = \frac{d\cdot f_{ij}^*}{\mu_j} \tag{4.71}$$

und

$$\lim_{n\to\infty} p_{ij}^{(n)} = \frac{f_{ij}^*}{\mu_j} \quad \text{im Sinne von Cesàro} \tag{4.72}$$

Dabei bedeute $r_{ij}$ die in Satz 3.4 definierte ganze Zahl.

Aus Satz 3.4 folgt zunächst, daß sich die erzeugende Funktion der Folge $\left\{f_{ij}^{(n)}\right\}$ in der Form

$$F_{ij}(z) = z^{r_{ij}} \cdot \sum_{m=0}^{\infty} f_{ij}^{(md+r_{ij})} z^{md} \tag{4.73}$$

darstellen läßt. Nun ziehen wir Satz 4.10 heran. Wir übersetzen zunächst Beziehung (4.15):

$$B(z) \Longrightarrow F_{ij}(z)$$

$$B_\tau(z) \Longrightarrow F_{ij,\tau}(z)$$

$$t \Longrightarrow d$$

$$\tau \Longrightarrow r_{ij}$$

Beziehung (4.73) drückt dann aus, daß $F_{ij}(z) = F_{ij,\tau}(z)$ und

$f_{ij}^* = F_{ij}(1) = F_{ij,\tau}(1)$. Damit ist die Übersetzung von Satz 4.10 in Satz 4.18 geleistet. ■

Die Ergebnisse dieses Abschnitts können wir wieder in einer Übersicht zusammenfassen:

| Zustand j | Reihe $\sum_{n=0}^{\infty} p_{ij}^{(n)}$ | Folge $\{p_{ij}^{(n)}\}$ |
|---|---|---|
| transient | konvergent | Grenzwert 0 |
| null-rekurrent | divergent | Grenzwert 0 |
| positiv-rekurrent | divergent | Grenzwert >0 |

Die Übersicht gilt unter folgenden Voraussetzungen:

a) $i \leftrightarrow j$, j aperiodisch oder:

b) $i \leftrightarrow j$, j periodisch; die Grenzwerte sind im Cesàro-Sinn zu nehmen.

## 4.4.3 Über die relativen Häufigkeiten von Zuständen in Realisationen von Markovketten

Betrachten wir zunächst eine Folge von unabhängigen Versuchen. Die Wahrscheinlichkeit eines Erfolges sei p, die Anzahl der Erfolge in einer Serie vom Umfang n sei $X_n$. Dann gilt bekanntlich das starke Gesetz der großen Zahlen

$$P\left\{\lim_{n\to\infty} \frac{X_n}{n} = p\right\} = 1 \tag{4.74}$$

das heißt: die relative Häufigkeit der Erfolge in einer Versuchsserie strebt mit Wahrscheinlichkeit 1 gegen die Erfolgswahrscheinlichkeit p. Wir wollen nun untersuchen, ob sich dieses Resultat auf Markovketten übertragen läßt. Dazu verwenden wir eine allgemeinere Fassung des starken Gesetzes der großen Zahlen, das Summen unabhängiger Zufallsgrößen betrifft. Es sei $Y_1, Y_2, \ldots$ eine Folge unabhängiger Zufallsgrößen mit gleicher Verteilung, deren Erwartungswert existiere: $E(Y_m) = \mu$ und $S_n = \sum_{m=1}^{n} Y_m$. Dann gilt auch

$$\lim_{n\to\infty} \frac{S_n}{n} = \mu \quad \text{mit Wahrscheinlichkeit 1} \tag{4.75}$$

Die Aussage (4.74) ist ein Spezialfall von (4.75).

Es sei nun i ein ergodischer (d.h. ein aperiodischer und positiv-rekurrenter) Zustand; wir betrachten zunächst einen Prozeß, der im

Zustand i beginnt. Wir legen das Zeitintervall $[0, n]$ zugrunde und sammeln die für die weiteren Betrachtungen relevanten Zufallsgrößen:

$Z_n$ . . . Anzahl der Realisierungen des Zustandes i im Intervall $[0, n]$ (definiert in Formel (4.56))

$T_i^{(\nu)}$ . . . $\nu$-te Rekurrenzzeit des Zustandes i. Es gilt $E(T_i^{(\nu)}) = \mu_i < \infty$, da i ergodisch

$N_m = \sum_{\nu=1}^{m-1} T_i^{(\nu)}$ . . . Zeitpunkt des m-ten Auftretens des Zustandes i

$N_{Z_n}$ . . . Zeitpunkt des letzten Auftretens von i im Intervall $[0, n]$.

Der Zusammenhang der hier gegebenen Zufallsgrößen werde in Abb. 4.3 verdeutlicht:

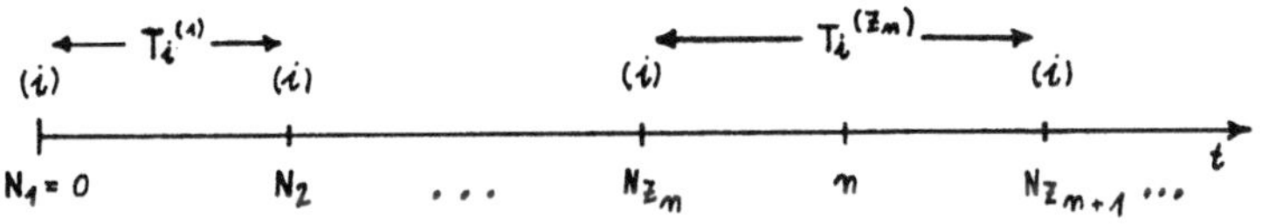


Abb. 4.3 Das Auftreten des Zustandes i im Intervall [0,n]

Unser Ziel ist es nun, eine Aussage über das Grenzverhalten der Zufallsgröße

$\frac{Z_n}{n}$ . . . <u>relative Häufigkeit</u> des Auftretens von i im <u>Intervall $[0, n]$</u>

zu erfahren. Unser Ausgangspunkt ist das starke Gesetz der großen Zahlen, angewandt auf die Zufallsgrößen $N_m$:

$$\lim_{m\to\infty} \frac{N_{m+1}}{m} = \mu_i \quad \text{mit Wahrscheinlichkeit } 1^{+)} \qquad (4.76)$$

Die Zufallsgrößen $\frac{N_{Z_n}}{Z_n - 1}$ bilden eine Teilfolge von $\frac{N_{m+1}}{m}$, und daher folgt aus (4.76) zunächst:

$$\lim_{m\to\infty} \frac{N_{Z_n}}{Z_n - 1} = \mu_i \qquad (4.77)$$

oder

$$\lim_{m\to\infty} \frac{Z_n - 1}{N_{Z_n}} = \lim_{n\to\infty} \frac{Z_n}{N_{Z_n}} = \frac{1}{\mu_i} \qquad (4.78)$$

---

+) im weiteren Verlauf dieses Abschnitts lassen wir diesen Zusatz bei allen Limesbeziehungen für Zufallsgrößen der Kürze halber weg.

Nun gilt aber (siehe Abb. 4.3)

$$N_{Z_n} \leq n < N_{Z_n+1} \tag{4.79}$$

Daraus folgen

$$\frac{Z_n}{n} \leq \frac{Z_n}{N_{Z_n}} \qquad \text{und} \qquad \frac{Z_n + 1}{N_{Z_n+1}} < \frac{Z_n + 1}{n} \tag{4.80}$$

weiter:

$$\begin{aligned} &\lim_{n\to\infty} \sup \frac{Z_n}{n} \leq \lim_{n\to\infty} \frac{Z_n}{N_{Z_n}} = \frac{1}{\mu_i} \quad \text{und} \\ &\lim_{n\to\infty} \inf \frac{Z_n + 1}{n} = \lim_{n\to\infty} \inf \frac{Z_n}{n} \geq \lim_{n\to\infty} \frac{Z_n + 1}{N_{Z_n+1}} = \frac{1}{\mu_i} \end{aligned} \tag{4.81}$$

Fassen wir die beiden Ergebnisse (4.81) wieder zusammen, so kommt

$$\lim_{n\to\infty} \sup \frac{Z_n}{n} \leq \frac{1}{\mu_i} \leq \lim_{n\to\infty} \inf \frac{Z_n}{n}$$

und daraus

$$\lim_{n\to\infty} \frac{Z_n}{n} = \frac{1}{\mu_i} \qquad \text{mit Wahrscheinlichkeit 1} \tag{4.82}$$

Nach Satz 4.15a können wir $\frac{1}{\mu_i}$ durch den Grenzwert der Wahrscheinlichkeit $p_{ii}^{(n)}$ ersetzen und wir erhalten:

$$\underline{\lim_{n\to\infty} \frac{Z_n}{n} = \lim_{n\to\infty} p_{ii}^{(n)} = \pi_{ii}} \tag{4.83}$$

Das Ergebnis (4.83) können wir in folgender Weise deuten: Da der Prozeß im Zustand i beginnt, ist $\pi_{ii}$ die Wahrscheinlichkeit des Eintretens von i, wenn wir den Beobachtungszeitpunkt "sehr lange" (genauer für $t \to \infty$) nach dem Beginn des Prozesses wählen. Nach Definition eines stochastischen Prozesses müßten wir zur Bestimmung von $\pi_{ii}$ eine Statistik über sehr viele Prozeßverläufe haben, die wir alle zu einem festen, sehr spät gelegenen Zeitpunkt beobachten. Die Beziehung (4.83) sagt nun, daß es genügt, <u>einen</u> Prozeß genügend lange zu beobachten. In dieser Hinsicht verhält sich also die Markovkette wie eine Folge unabhängiger Versuche.

Die Beziehung (4.83) ist ein Spezialfall des sogenannten <u>Ergodensatzes</u> (daher auch der Name "ergodischer Zustand").

### 4.4.4 Der Zusammenhang zwischen Rückkehrverhalten und Struktur des Erreichbarkeitsgraphen einer Markovkette

Wir beginnen mit einem Hilfssatz über Zahlenfolgen.

Hilfssatz

Es seien $\{a_n\}$, $\{b_n\}$ Folgen mit positiven Gliedern. Gibt es eine natürliche Zahl R und eine positive Konstante K, so daß für alle $n \geq R$ gilt

$$a_n \geq K\, b_{n-R} \qquad \text{und} \qquad b_n \geq K\, a_{n-R} \tag{4.84}$$

so ist das Grenzverhalten der Folgen $\{a_n\}$, $\{b_n\}$ und der Reihen $\sum_{n=0}^{\infty} a_n$, $\sum_{n=0}^{\infty} b_n$ gleich, das heißt es gilt

$$\lim_{n\to\infty} a_n = 0 \quad \text{genau dann, wenn} \quad \lim_{n\to\infty} b_n = 0 \tag{4.85a}$$

$$\sum_{n=0}^{\infty} a_n \ \text{konvergent} \qquad \sum_{n=0}^{\infty} b_n \ \text{konvergent} \tag{4.86a}$$

Wegen $a_n \geq 0$, $b_n \geq 0$ folgt aus (4.85a) und (4.86a) sofort:

$$\lim_{n\to\infty} a_n > 0 \quad \text{genau dann, wenn} \quad \lim_{n\to\infty} b_n > 0 \tag{4.85b}$$

$$\sum_{n=0}^{\infty} a_n \ \text{divergent} \qquad \sum_{n=0}^{\infty} b_n \ \text{divergent} \tag{4.86b}$$

Wir begnügen uns mit einer Beweisskizze von (4.85a). Es sei $\lim_{n\to\infty} a_n = 0$. Dann gilt wegen (4.84) für $n \geq R$:

$$0 = \lim_{n\to\infty} a_n \geq \lim_{n\to\infty} \sup K\, b_{n-R} = K \lim_{m\to\infty} \sup\, b_m \quad \text{mit } m = n-R.$$

oder

$$\lim_{m\to\infty} \sup\, b_m \leq 0.$$

Da $b_m \geq 0$ folgt schließlich $\lim_{m\to\infty} b_m = 0$. Da die Bedingungen (4.84) in Bezug auf $\{a_n\}$ und $\{b_n\}$ symmetrisch sind, folgt aus $\lim_{n\to\infty} b_n = 0$ auch $\lim_{n\to\infty} a_n = 0$. (4.86) zeigt man in ähnlicher Weise.

Mit diesem Hilfssatz gelingt der Beweis von

Satz 4.19

Die Eigenschaften "transient", "null-rekurrent" und "positiv-rekurrent" sind Klasseneigenschaften.

Beweis:

Zunächst ist

$$p_{ij}^{(m+n)} \geq p_{il}^{(m)}\, p_{lj}^{(n)} \quad \text{für alle } i,\ j,\ l \in S \tag{4.87}$$

Dies folgt aus der Version (2.24) der Formel von Chapman-Kolmogorov:

$$p_{ij}^{(m+n)} = \sum_{k\in S} p_{ik}^{(m)} \cdot p_{kj}^{(n)} = p_{il}^{(m)} \cdot p_{lj}^{(n)} + \sum_{k\in S-\{l\}} p_{ik}^{(m)} \cdot p_{kj}^{(n)} \geq p_{il}^{(m)} \cdot p_{lj}^{(n)}$$

Es sei nun $i \leftrightsquigarrow j$. Nach Satz 3.1 gibt es Zahlen $M \geq 0$ und $N \geq 0$, so daß

$$p_{ij}^{(M)} > 0 \qquad \text{und} \qquad p_{ji}^{(N)} > 0 \tag{4.88}$$

Durch zweimalige Anwendung von (4.87) erhalten wir für jedes $n \geq M + N$:

$$p_{ii}^{(n)} \geq p_{ij}^{(M)} p_{ji}^{(n-M)} \geq p_{ij}^{(M)} p_{jj}^{(n-M-N)} p_{ji}^{(N)}$$

$$p_{jj}^{(n)} \geq p_{ji}^{(N)} p_{ij}^{(n-N)} \geq p_{ji}^{(N)} p_{ii}^{(n-N-M)} p_{ij}^{(M)}$$

Setzt man $R = M + N$ und $K = p_{ij}^{(M)} p_{ji}^{(N)} > 0$ so erhält man die Aussage: Es gibt eine ganze Zahl $R \geq 0$ und eine positive Konstante K, so daß für alle $n \geq R$ gilt:

$$p_{ii}^{(n)} \geq K\, p_{jj}^{(n-R)} \qquad \text{und} \qquad p_{jj}^{(n)} \geq K\, p_{ii}^{(n-R)} \tag{4.89}$$

Auf (4.89) können wir unmittelbar den Hilfssatz anwenden und erhalten dann, daß das Grenzverhalten der Folgen $\{p_{ii}^{(n)}\}$, $\{p_{jj}^{(n)}\}$ und der Reihen $\sum_{n=0}^{\infty} p_{ii}^{(n)}$, $\sum_{n=0}^{\infty} p_{jj}^{(n)}$ im Sinne von (4.85a) bis (4.86b) gleich ist. Nun ist aber dieses Grenzverhalten maßgeblich für die Charakterisierung des Typs des Rückkehrverhaltens. Ist also $i \leftrightsquigarrow j$, so sind i und j zugleich transient oder zugleich null-rekurrent oder zugleich positiv-rekurrent. Wir sind also berechtigt, von transienten, null-rekurrenten und positiv-rekurrenten Klassen zu sprechen. ■

Für rekurrente Zustände gilt eine "Umkehrung" des vorhergehenden Satzes:

Satz 4.20

Es sei $i \rightsquigarrow j$ und i rekurrent. Dann ist auch $j \rightsquigarrow i$ (und somit $i \leftrightsquigarrow j$ und auch j rekurrent).

Beweis:

Wegen $i \rightsquigarrow j$ gibt es ein n, so daß $p_{ij}^{(n)} > 0$. Wäre $j \not\rightsquigarrow i$, so gäbe es eine positive Wahrscheinlichkeit dafür (nämlich mindestens $p_{ij}^{(n)}$), daß i nicht mehr in sich zurückkehrt, also $f_i^* < 1$. Das ist aber ein Widerspruch zur Annahme, i sei rekurrent. ■

Satz 4.20 ist von Bedeutung für die Lokalisierung der rekurrenten Klassen in der Halbordnung der Äquivalenzklassen der Zustände. Eine rekurrente Klasse ist immer minimales Element dieser Halbordnung. Wegen Satz 4.20 kann nämlich eine rekurrente Klasse keinen unteren Nachbar haben.

Bei Markovketten mit endlichem Zustandraum ergeben sich besondere Verhältnisse.

Satz 4.21

Für Markovketten mit endlichem Zustandsraum S gilt:

a) Die Markovkette kann nicht allein aus transienten Zuständen bestehen.

b) Die Markovkette kann keine null-rekurrenten Zustände enthalten.

Beweis:
Wir bezeichnen den Zustandsraum mit $S = \{1, 2, \ldots, s\}$.
ad a) Ist der Zustand j transient, so gilt $\lim_{n\to\infty} p_{ij}^{(n)} = 0$ (Satz 4.17a).
Die Matrix $\mathfrak{P}^n = (p_{ij}^{(n)})$ ist eine stochastische Matrix, es gilt also für die Zeilensummen

$$\sum_{j=1}^{s} p_{ij}^{(n)} = 1 \qquad \text{für alle } n \tag{4.90}$$

und damit auch

$$\lim_{n\to\infty} \sum_{j=1}^{s} p_{ij}^{(n)} = 1 \tag{4.91}$$

Wären alle Zustände transient, so würde gelten

$\lim_{n\to\infty} \sum_{j=1}^{s} p_{ij}^{(n)} = \sum_{j=1}^{s} \lim_{n\to\infty} p_{ij}^{(n)} = 0$. Dies steht jedoch in Widerspruch zu (4.91). Man beachte: Entscheidend für diesen Beweis war, daß man Limes- und Summenzeichen vertauschen konnte. Für unendliche Summen kann man das im allgemeinen nicht tun. ■

ad b) Es sei j ein null-rekurrenter Zustand. j liegt in einer Äquivalenzklasse C von null-rekurrenten Zuständen, die zugleich minimales Element der Halbordnung der Äquivalenzklassen ist und somit eine ageschlossene Menge von Zuständen darstellt. Für die abgeschlossene Zustandsmenge gilt die Matrizendarstellung (siehe (3.12))

$$\mathfrak{P} = \left(\begin{array}{c|c} \mathfrak{Q} & \mathfrak{O} \\ \hline \mathfrak{U} & \mathfrak{V} \end{array}\right)$$

$\mathfrak{Q}$ gehört zur abgeschlossenen Zustandsmenge, in unserem Fall zur Äquivalenzklasse C. $\mathfrak{Q}$ ist eine stochastische Matrix mit endlich vielen Zeilen und Spalten. Für null-rekurrente Zustände gilt ebenfalls $\lim_{n\to\infty} p_{ij}^{(n)} = 0$. Nun können wir den Schluß, der zum Beweis des Teiles a) führte, wiederholen und zeigen, daß die Existenz einer null-rekurrenten endlichen Klasse auf einen Widerspruch führt. ∎

Positiv gewendet können wir sagen:

- jede Markovkette mit endlichem Zustandsraum enthält positiv-rekurrente Zustände; dazu eventuell noch transiente Zustände.

Abschließend geben wir einige Folgerungen und Kommentare aus den obenstehenden Entwicklungen; sie beziehen sich auf die Halbordnung der Äquivalenzklassen:

- rekurrente Klassen müssen zugleich minimale Klassen sein;
- minimale Klassen können auch transiente Klassen sein; allerdings müssen sie dann unendlich viele Zustände enthalten. Insbesondere gibt es irreduzible Markovketten mit lauter transienten Zuständen z.B. gewisse Irrfahrten auf der Geraden;
- die Halbordnung der Äquivalenzklassen braucht kein minimales Element zu haben; ist dies der Fall, sind alle Zustände der Markovkette transient. Abb. 4.4 zeigt den Erreichbarkeitsgraphen einer Markovkette mit dieser Eigenschaft:

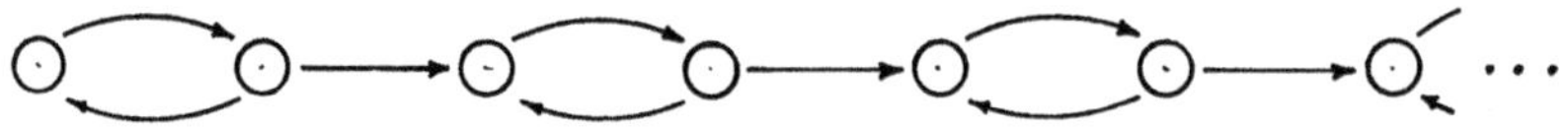

Abb. 4.4 Markovkette ohne minimale Äquivalenzklasse

Satz 4.21 gestattet die bemerkenswerte Folgerung, daß bei Markovketten mit endlichem Zustandsraum bereits der Erreichbarkeitsgraph genügt, um festzustellen, zu welchem Typ des Rückkehrverhaltens ein Zustand gehört.

Bei Markovketten mit unendlichem Zustandsraum genügt jedoch der Erreichbarkeitsgraph nicht. Zum Beispiel kann der Erreichbarkeitsgraph der einfachen Irrfahrt auf der Geraden

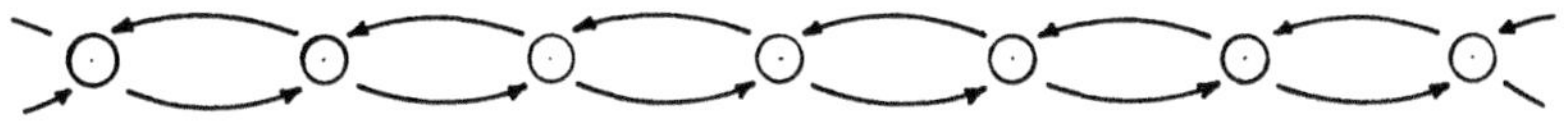

Abb. 4.5 Erreichbarkeitsgraph der einfachen Irrfahrt auf der Geraden

so bewertet werden, daß die Kette aus lauter transienten oder lauter null-rekurrenten oder auch lauter positiv-rekurrenten Zuständen besteht. Bei unendlichen Zustandsräumen muß also im allgemeinen der Transitionsgraph zur Feststellung des Typs herangezogen werden.

## 4.5 Die Berechnung der Größen $f_{ij}^*$ und $\mu_{ij}$

Die Sätze über das Grenzverhalten der Übergangswahrscheinlichkeiten $p_{ij}^{(n)}$, insbesondere die Sätze 4.15 und 4.17 gestatten die Berechnung von $\pi_{ij} = \lim_{n\to\infty} p_{ij}^{(n)}$ unter der Voraussetzung, daß man $f_{ij}^*$ und $\mu_j$ kennt. Obwohl wir später noch andere Mittel kennenlernen werden, um die $\pi_{ij}$ zu berechnen, hat die Bestimmung der $f_{ij}^*$ und der Mittelwerte $\mu_{ij}$ eigenständiges Interesse.

### 4.5.1 Vorbereitende Sätze

Satz 4.22

Es sei $i \rightsquigarrow j$ und i rekurrent. Dann ist $f_{ij}^* = 1$.

Beweis:

Für i = j folgt die Behauptung des Satzes aus der Definition des rekurrenten Zustands. Wir setzen im folgenden $i \neq j$ voraus. Satz 4.20 lehrt, daß dann $i \leftrightsquigarrow j$ und j ebenfalls rekurrent ist; es gilt also $f_{jj}^* = 1$.

Wir betrachten nun für ein bestimmtes $m \geq 1$ die Ereignisse

$$A = \{X_n \neq j \quad \text{für alle } n > m\}$$

$$B = \begin{cases} \{X_m = i,\ X_r \neq j \quad \text{für alle} \quad 1 \leq j \leq m-1\} & \text{wenn } m > 1 \\ \{X_1 = i\} & \text{wenn } m = 1 \end{cases}$$

$$C = \{X_0 = j\}$$

Wegen $i \leftrightsquigarrow j$ gibt es ein m, so daß $P(B|C) > 0$, das heißt: Im Erreichbarkeitsgraphen existiert ein Weg von j nach i, der unterwegs j vermeidet.

Nun ist für m > 1:

$$AB = \{X_n \neq j \quad \text{für alle } n > m,\ X_m = i,\ X_r \neq j \quad \text{für alle } 1 \leq j \leq m-1\}$$
$$\subset \{X_n \neq j \quad \text{für alle } n > 0\}$$

und somit

$$P(AB|C) \leq 1 - f_{jj}^* \tag{4.92}$$

Weiter gilt

$$P(A|BC) = P\{X_n \neq j \text{ für alle } n > m \mid X_m = i,\ X_{m-1} \neq j,\ \ldots,\ X_1 \neq j, X_o =$$

wegen Homogenität und Markov-Eigenschaft

$$= P\{X_n \neq j \quad \text{für alle } n > 0 \mid X_o = i\}$$

$$= 1 - f_{ij}^* \tag{4.93}$$

Die Formel

$$P(AB|C) = P(A|BC) \cdot P(B|C)$$

zusammen mit (4.92) und (4.93) gibt

$$1 - f_{jj}^* \geq (1 - f_{ij}^*) \cdot P(B|C) \tag{4.94}$$

In gleicher Weise erhält man die Beziehung (4.94) auch für m = 1.
Da $f_{jj}^* = 1$ und $c > 0$ kann (4.94) nur für $f_{ij}^* = 1$ erfüllt sein. ■

Satz 4.23

Für beliebige Zustände i, j, k gilt

$$f_{ij}^* \geq f_{ik}^* f_{kj}^*$$

Beweis:

Zur Erleichterung der Schreibweise führen wir Kurzbezeichnungen ein:

$$\{X_o = i\} = I_o \quad \{X_n = j\} = J_n \quad \{X_m = k\} = K_m$$

Nun werden folgende Ereignisse betrachtet:

$$J = \{\text{Es gibt ein } n > 0, \text{ so daß } X_n = j\}$$

$$A = \{\text{Es gibt ein } m > 0, \text{ so daß } X_m = k \text{ \underline{und} ein } n > m, \text{ so daß } X_n = j\}$$

Offenbar ist $J = \bigcup_{n=1}^{\infty} J_n$ und $P(J|I_0) = f_{ij}^*$.

Nun zerlegen wir den Beweis in zwei Teile: Ist es nämlich gelungen, die beiden Behauptungen

a) $A \subset J$ und damit auch $P(A|I_0) \leq P(J|I_0)$

b) $P(A|I_0) = f_{ik}^* \cdot f_{kj}^*$

zu zeigen, ist damit der Satz bewiesen.

ad a) Die Behauptung ist aus der Definition der Ereignisse A, J anschaulich einsichtig, kann aber formal in folgender Weise "ausgerechnet" werden: Es ist mit den eingeführten Abkürzungen

$$A = \bigcup_{m=1}^{\infty} [K_1 \cup K_2 \cup \ldots \cup K_m] \, [J_{m+1} \cup J_{m+2} \cup \ldots ] \qquad (4.95)$$

Die Vereinigungsmenge $K_1 \cup K_2 \cup \ldots \cup K_m$ wird mittels

$$K_1' = K_1$$

$$K_r' = \overline{K}_1 \overline{K}_2 \ldots \overline{K}_{r-1} K_r \qquad r = 2, \ldots, m$$

"direkt" gemacht:

$$K_1 \cup K_2 \cup \ldots \cup K_m = K_1' \cup K_2' \cup \ldots \cup K_m' \, , \; K_s' \, K_t' = \emptyset \;\text{ für } s \neq t \qquad (4.96)$$

Setzt man dies in (4.95) ein, so erhält man nach "Ausmultiplizieren" und Zusammenfassen:

$$A = \bigcup_{m=1}^{\infty} K_m' \, (J_{m+1} \cup J_{m+2} \cup \ldots ) \qquad (4.97)$$

Da $K_m' \, (J_{m+1} \cup J_{m+2} \cup \ldots ) \subset J_{m+1} \cup J_{m+2} \cup \ldots$

und $J = J_1 \cup \bigcup_{m=1}^{\infty} (J_{m+1} \cup J_{m+2} \cup \ldots )$

folgt

$$A = \bigcup_{m=1}^{\infty} K_m' \, (J_{m+1} \cup J_{m+2} \cup \ldots ) \subset \bigcup_{m=1}^{\infty} (J_{m+1} \cup J_{m+2} \cup \ldots ) \subset J.$$

ad b) Die Komponenten der Vereinigung in (4.97) bilden eine Zerlegung des Ereignisses A; es gilt also

$$P(A|I_0) = \sum_{m=1}^{\infty} P\,[K_m' \, (J_{m+1} \cup J_{m+2} \cup \ldots ) \,|\, I_0] \qquad (4.98)$$

Die einzelnen Summanden dieser Relation werden in Faktoren zerlegt:

$$P[K_m'(J_{m+1} \cup J_{m+2} \cup \ldots | I_0)] = P(J_{m+1} \cup J_{m+2} \cup \ldots | K_m' I_0) \cdot P(K_m' | I_0) \qquad (4.99)$$

Die Faktoren der rechten Seite von (4.99) können nun bestimmt werden:

$$P(J_{m+1} \cup J_{m+2} \cup \ldots \mid K_m' I_o) =$$

$$P(J_{m+1} \cup J_{m+2} \cup \ldots \mid K_m \overline{K}_{m-1} \cdot \ldots \cdot \overline{K}_1 \cdot I_o) = P(J_{m+1} \cup J_{m+2} \cup \ldots \mid K_m)$$

$$= P\left\{X_n = j \text{ für ein } n > m \mid X_m = k\right\} = f_{kj}^* \qquad (4.100)$$

und

$$P(K_m' \mid I_o) = P(K_m \overline{K}_{m-1} \ldots \overline{K}_1 \mid I_o)$$

$$= P\left\{X_m = k,\ X_r \neq k \text{ für } 1 \leq r \leq m-1 \mid X_o = i\right\} = f_{ik}^{(m)}$$

(4.101)

Setzen wir die erhaltenen Resultate in (4.98) ein, so folgt:

$$P(A \mid I_o) = \sum_{m=1}^{\infty} f_{kj}^* \cdot f_{ik}^{(m)} = f_{ik}^* \cdot f_{kj}^* \quad \blacksquare$$

Satz 4.24

Es seien $k_1$, $k_2$ rekurrente Zustände und $k_1 \sim k_2$. Dann gilt für jeden Zustand i

$$f_{ik_1}^* = f_{ik_2}^*$$

Beweis:

Die zweimalige Anwendung des Satzes 4.23 liefert

$$f_{ik_1}^* \geq f_{ik_2}^* \cdot f_{k_2k_1}^*$$

$$f_{ik_2}^* \geq f_{ik_1}^* \cdot f_{k_1k_2}^* \qquad (4.102)$$

Nach Satz 4.22 ist $f_{k_1k_2}^* = f_{k_2k_1}^* = 1$; aus den Beziehungen (4.102) wird

$f_{ik_1}^* \geq f_{ik_2}^*$, $f_{ik_2}^* \geq f_{ik_1}^*$, und daraus folgt $f_{ik_1}^* = f_{ik_2}^*$ $\blacksquare$

## 4.5.2 Absorptionswahrscheinlichkeiten

Wir suchen nun Mittel zur Berechnung der Größen $f_{ij}^*$, wenn i transient, j rekurrent ist. Dabei können einige Bezeichnungen und Definitionen eingeführt werden, welche das Konzept der Größen $f_{ij}^*$ etwas verallgemeinern.

Definition 4.8

Es sei C eine beliebige Menge von Zuständen, $i \notin C$.

a) $p_{iC} = \sum_{j \in C} p_{ij}$

b) $f_{iC}^{(o)} = 0 \qquad f_{iC}^{(1)} = p_{iC}$

$$\left.\begin{array}{l} f_{iC}^{(n)} = \sum_{i_1,\dots,i_{n-1} \in S-C} p_{ii_1} p_{i_1 i_2} \cdots p_{i_{n-1}C} \\ \text{oder} \\ f_{iC}^{(n)} = P\{X_n \in C,\ X_r \notin C \ \text{ für } \ 1 \leq r \leq n-1 \mid X_o = i\} \end{array}\right\} n \geq 2$$

c) $f_{iC}^{*} = \sum_{n=1}^{\infty} f_{iC}^{(n)}$

$f_{iC}^{(n)}$ bedeutet die Wahrscheinlichkeit, nach n Schritten von i aus zum erstenmal in die Menge C zu gelangen. Da immer $\sum_{m=1}^{n} f_{iC}^{(m)} \leq 1$ gilt - der Beweis kann in derselben Weise wie für die analoge Beziehung (4.23) geführt werden -, ist Teil c) der Definition 4.8 immer sinnvoll.

Ist C eine rekurrente Klasse von Zuständen, so wird $f_{iC}^{*}$ zur Wahrscheinlichkeit, daß das System von i ausgehend, endgültig in C landet, das heißt also, von C absorbiert wird. Wir nennen daher die Größen $f_{iC}^{*}$ die Absorptionswahrscheinlichkeiten. Ist i ein rekurrenter Zustand, so ist das Ergebnis trivial: je nachdem, ob $i \in C$ oder $i \notin C$ gilt, ist $f_{iC}^{*} = 1$ oder 0. Interessante Ergebnisse für die Absorption in einer rekurrenten Klasse C erhalten wir also nur für transiente Ausgangszustände i. Zur Berechnung der Größen $f_{iC}^{*}$ kann man nun lineare Gleichungssysteme angeben, die im folgenden entwickelt werden sollen. Es zeigt sich, daß auch die Größen $f_{ij}^{*}$ mit i transient, j rekurrent solchen Gleichungssystemen genügen. Von einer Absorptionswahrscheinlichkeit zu sprechen ist jedoch hier nur sinnvoll, wenn der Zustand j eine Klasse bildet und damit zum absorbierenden Zustand wird.

Es seien $C_1, C_2, \dots$ die Rekurrenzklassen einer Markovkette. T die Menge ihrer transienten Zustände. Wir fassen eine bestimmte Rekurrenzklasse, etwa $C_1$, ins Auge und zerlegen den Zustandsraum S in drei Teilmengen:

$$S = C \cup R \cup T \tag{4.103}$$

mit $C = C_1$ ; $\quad R = C_2 \cup C_3 \cup \dots$

wobei die Mengen C und T als nichtleer vorausgesetzt werden.

Es sei i $\in$ T. Dann ist nach Definition 4.8 b) für n $\geq$ 2

$$f_{ic}^{(n)} = \sum_{i_1,\dots,i_{n-1} \in S-C} p_{ii_1} \cdot p_{i_1 i_2} \cdot \dots \cdot p_{i_{n-1}c}$$

$$= \sum_{i_1 \in S-C} p_{ii_1} \sum_{i_2,\dots,i_{n-1} \in S-C} p_{i_1 i_2} \cdot \dots \cdot p_{i_{n-1}c}$$

oder nach der Umbenennung $i_1 \longrightarrow k$

$$f_{ic}^{(n)} = \sum_{k \in S-C} p_{ik}\, f_{kc}^{(n-1)} \tag{4.104}$$

Nun verwenden wir die Zerlegung $S - C = R \cup T$:

$$f_{ic}^{(n)} = \sum_{k \in R} p_{ik} \cdot f_{kc}^{(n-1)} + \sum_{k \in T} p_{ik} \cdot f_{kc}^{(n-1)}$$

und erhalten schließlich, da kein Weg von R in C führt und somit $f_{kc}^{(n-1)} = 0$ für alle k $\in$ R gilt:

$$f_{ic}^{(n)} = \sum_{k \in T} p_{ik}\, f_{kc}^{(n-1)} \qquad n \geq 2 \tag{4.105}$$

Für n = 1 verwenden wir den ersten Teil der Definition 4.8 b):

$$f_{ic}^{(1)} = p_{ic} \tag{4.106}$$

Summiert man die Beziehungen (4.106) und (4.105) bezüglich n, so erhält man der Reihe nach

$$f_{ic}^* = \sum_{n=1}^{\infty} f_{ic}^{(n)} = p_{ic} + \sum_{n=2}^{\infty} \sum_{k \in T} p_{ik}\, f_{kc}^{(n-2)} \tag{4.107}$$

$$= p_{ic} + \sum_{k \in T} p_{ik} \sum_{n=2}^{\infty} f_{kc}^{(n-1)} \tag{4.108}$$

$$= p_{ic} + \sum_{k \in T} p_{ik}\, f_{kc}^*$$

Der Schritt von (4.107) zu (4.108), nämlich Vertauschung zweier Summenzeichen mit i.a. abzählbar unendlichem Summationsbereich, bedarf zu seiner Rechtfertigung des Doppelreihensatzes, der als Satz 5.1 angeführt wird.

Die Größen $f_{ic}^*$ genügen also dem linearen Gleichungssystem

$$\boxed{f_{ic}^* - \sum_{k \in T} p_{ik}\, f_{kc}^* = p_{ic}\, ; \qquad i \in T} \tag{4.109}$$

Es sei nun i ein transienter, j ein rekurrenter Zustand. Mit C(j) sei die Äquivalenzklasse bezeichnet, in der j liegt. Überlegungen, ganz ähnlich denen, die zum Gleichungssystem (4.109) führten, liefern folgendes Gleichungssystem für die Größen $f_{ij}^*$:

$$f_{ij}^* - \sum_{k \in T} p_{ik} f_{kj}^* = p_{ic(j)} \qquad (4.110)$$

Wenn C = C(j), so genügen die Größen $f_{ic}^*$ und $f_{ij}^*$ demselben linearen, inhomogenen Gleichungssystem

$$x_i - \sum_{k \in T} p_{ik} x_k = b_i \qquad \text{mit } b_i = p_{ic} \qquad (4.111)$$

Wir stellen nun die Frage nach der Eindeutigkeit der Lösung des Systems (4.111). Dazu gilt folgender

Satz 4.25

Das Gleichungssystem

$$x_i - \sum_{k \in T} p_{ik} x_k = b_i \qquad (4.111)$$

besitzt dann und nur dann nicht mehr als eine beschränkte Lösung, wenn das zugehörige homogene System

$$y_i - \sum_{k \in T} p_{ik} y_k = 0 \qquad (4.112)$$

nur die Nullösung $y_i = 0$ für alle $i \in T$ als beschränkte Lösung hat.

Beweis:

Gäbe es zwei verschiedene beschränkte Lösungsvektoren

$$\mathfrak{x}' = (x_1', x_2', \ldots)$$

$$\mathfrak{x}'' = (x_1'', x_2'', \ldots)$$

des inhomogenen Systems, dann hätte man mit $\mathfrak{x}' - \mathfrak{x}''$ eine beschränkte Nicht-Nullösung des homogenen Systems, da dann

- die Zahlenmenge $|x_i' - x_i''|$ beschränkt und
- mindestens ein $|x_i' - x_i''| \neq 0$

wäre. Umgekehrt sei $\mathfrak{y}' = (y_1', y_2', \ldots)$ eine beschränkte Nicht-Nulllösung des homogenen Systems und $\mathfrak{x}' = (x_1', x_2', \ldots)$ eine beschränkte Lösung des inhomogenen Systems, dann erhalten wir mit $\mathfrak{x} = \mathfrak{x}' + a\,\mathfrak{y}'$ eine eindimensionale Lösungsschar von (4.111) indem wir a als reellen

Parameter auffassen.

Wir können die Lösung des homogenen Systems auch probabilistisch deuten. Dazu sei T eine beliebige Teilmenge von S und $i \in T$ ein Zustand, in dem sich das System am Anfang befindet. Mit $y_i^{(n)}$ sei die Wahrscheinlichkeit bezeichnet, daß sich das System nach n Schritten noch in T befinde. Offensichtlich gelten die Rekursionsformeln

$$y_i^{(1)} = \sum_{j \in T} p_{ij} \qquad (4.113a)$$

$$y_i^{(n+1)} = \sum_{j \in T} p_{ij}\, y_j^{(n)} \qquad n \geq 1 \qquad (4.113b)$$

Aus (4.113a) folgt zunächst $y_i^{(1)} \leq 1$ und aus (4.113b) sodann

$$y_i^{(2)} = \sum_{j \in T} p_{ij}\, y_j^{(n)} \leq \sum_{j \in T} p_{ij} = y_1^{(1)}$$

Es gilt also $y_i^{(2)} \leq y_i^{(1)}$ für alle $i \in T$. Es sei nun $y_i^{(n)} \leq y_{i-1}^{(n-1)}$. Dann folgt

$$y_i^{(n+1)} = \sum_{j \in T} p_{ij}\, y_j^{(n)} \leq \sum_{j \in T} p_{ij}\, y_j^{(n-1)} = y_i^{(n)} ,$$

also $y_i^{(n+1)} \leq y_i^{(n)}$. Damit ist gezeigt, daß $\{y_i^{(n)}\}$ eine monoton fallende Folge von nichtnegativen Zahlen ist; solche Folgen besitzen einen Grenzwert, für den wir schreiben:

$$y_i = \lim_{n \to \infty} y_i^{(n)} \qquad (4.114)$$

Gemäß der Definition von $y_i^{(n)}$ ist $y_i$ die Wahrscheinlichkeit, daß das System aus der Menge T nicht austritt. Nun wird in (4.113b) der Grenzübergang $n \to \infty$ vollzogen:

$$\lim_{n \to \infty} y_i^{(n+1)} = \lim_{n \to \infty} \sum_{j \in T} p_{ij}\, y_j^{(n)} \qquad (4.115)$$

$$= \sum_{j \in T} p_{ij} \lim_{n \to \infty} y_j^{(n)} \qquad (4.116)$$

für alle $i \in T$ oder

$$y_i = \sum_{j \in T} p_{ij}\, y_j \qquad \text{für alle } i \in T \qquad (4.117).$$

Der Übergang von (4.115) nach (4.116) durch Vertauschung von limes- und Summenzeichen ist nach Satz 5.2 möglich, dessen Voraussetzungen wegen $0 \leq y_j^{(n)} \leq 1$ für alle n erfüllt sind.

Die Lösungen $y_i$ ergaben sich als Grenzwert der monoton <u>fallenden</u> Folgen $y_i^{(n)}$. Andererseits ist jedoch die Menge $\{y_i, i \in T\}$ die <u>maximale</u> durch 1 beschränkte Lösung des Systems (4.117). Seien etwa die Zahlen $\{v_i, i \in T\}$ mit

$$|v_i| \leq 1 \qquad \text{und} \qquad v_i = \sum_{j \in T} p_{ij} v_j , \qquad i \in T$$

gegeben. Dann ist

$$y_i^{(1)} = \sum_{j \in T} p_{ij} \geq \sum_{j \in T} p_{ij} |v_j| \geq \left| \sum_{j \in T} p_{ij} v_j \right| = |v_i|$$

Mittels vollständiger Induktion nach n zeigt man

$$y_i^{(n)} \geq |v_i| \qquad \text{für alle } n;\ i \in T. \tag{4.117a}$$

Es ist nämlich unter der Voraussetzung (4.117a)

$$y_i^{(n+1)} = \sum_{j \in T} p_{ij} y_j^{(n)} \geq \sum_{j \in T} p_{ij} |v_j| \geq \left| \sum_{j \in T} p_{ij} v_j \right| = |v_i|$$

und aus

$$y_i^{(n)} \geq |v_i|$$

folgt

$$\lim_{n \to \infty} y_i^{(n)} = y_i \geq |v_i|. \tag{4.117b}$$

Nehmen wir für T die Menge der transienten Zustände, so wird das Gleichungssystem (4.117) zum Kriteriumssystem (4.112). Erfolgt der Austritt aus T mit Wahrscheinlichkeit 1 von jedem Zustand $i \in T$ aus, so ist $y_i = 0$ und damit auch alle weiteren beschränkten Lösungen von (4.112). Ergibt sich umgekehrt eine nichtverschwindende Wahrscheinlichkeit des Verbleibens in T, so haben wir eine beschränkte Nicht-Nulllösung von (4.117) und damit auch von (4.112) vor uns. Wir fassen das Ergebnis zusammen in

<u>Satz 4.26</u>

Sofern das Gleichungssystem zur Bestimmung der Größen $f_{ij}^*$ und $f_{ic}^*$ - wobei i ein transienter, j ein rekurrenter Zustand und C eine rekurrente Klasse sei - eine beschränkte Lösung besitzt, ist diese genau dann eindeutig, wenn der Austritt aus der Menge der transienten Zustände von jedem transienten Ausgangszustand mit der Wahrscheinlichkeit 1 erfolgt.

Unter den Voraussetzungen des Satzes 4.26 wird damit auch gezeigt, daß

$$f_{ij}^* = f_{ic(j)} \tag{4.118}$$

gilt, wenn i transient, j rekurrent ist. Anschaulich ist klar, daß (4.118) ganz allgemein für jedes rekurrente j gelten muß, denn: befindet man sich in j, dann auch in C(j) und umgekehrt wird der Zustand j von jedem Zustand aus C(j) mit der Wahrscheinlichkeit 1 erreicht. Ein "rechnerischer" Beweis einer allgemeingültigen Beziehung (4.118) müßte jedoch den Beweislinien der Sätze 4.23 oder 4.24 folgen.

Schließlich betrachten wir noch die Größen $f_{ij}^*$ etwas genauer für den Fall, daß $i \neq j$ und beide Zustände transient sind. Von vornherein kann für $f_{ij}^*$ kein Wert des Intervalls $[0,1]$ ausgeschlossen werden. Dies zeige

Beispiel 4.2

In einer Markovkette mit dem Erreichbarkeitsgraphen der Abb. 4.6 kommen die beiden Extremwerte 0 und 1 vor:

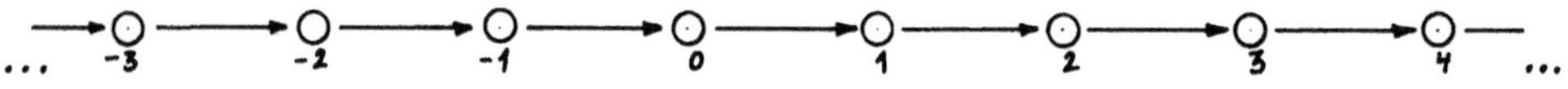


Abb. 4.6

Offenbar ist

$$f_{ij}^* \begin{cases} = 1 & \text{für } i < j \\ = 0 & \text{für } i > j \end{cases}$$

Da also $f_{ii}^* = 0$ für alle i, sind alle Zustände transient. Die betrachtete Markovkette ist ein Spezialfall einer einfachen Irrfahrt mit $p > q$. Durch direkte Rechnung kann man zeigen, daß

$$f_{ij}^* \begin{cases} = 1 & \text{für } i < j \\ = 1 - |p-q| & \text{für } i = j \\ = \left(\frac{q}{p}\right)^{i-j} & \text{für } i > j \end{cases}$$

wird.

Direkte Berechnungsvorschriften wie solche für $f_{ij}^*$ mit rekurrenten j lassen sich nun nicht mehr angeben. Theoretisch könnte die Formel (4.50) herangezogen werden, die für $z = 1$ die Quotientendarstellung

$$f_{ij}^* = \frac{\sum_{n=0}^{\infty} p_{ij}^{(n)}}{\sum_{n=0}^{\infty} p_{jj}^{(n)}} \tag{4.119}$$

liefert.

Jedoch haben wir für <u>irreduzible</u> Markovketten ein Teilresultat in folgendem

Satz 4.27

Es sei 0 ein beliebiger transienter Zustand einer irreduziblen Markovkette. Dann gibt es mindestens einen Zustand $j \neq 0$, für den

$$f_{j0}^* < 1$$

Aus der Irreduzibilität der Markovkette folgt, daß alle Zustände transient sind und der Zustandsraum S (abzählbar) unendlich ist, das heißt, die Aussage des Satzes betrifft zwei transiente Zustände j, 0.

Die Beziehungen (Herleitung wie für 4.104)

$$f_{00}^{(1)} = p_{00}$$

$$f_{00}^{(n)} = \sum_{j \in S-\{0\}} p_{0j} \, f_{j0}^{(n-1)}$$

ergeben durch Summation über n:

$$f_{00}^* = \sum_{j \in S-\{0\}} p_{0j} \, f_{j0}^* + p_{00} \tag{4.120}$$

Wären nun alle $f_{j0}^* = 1$, so hätte man

$$f_{00}^* = \sum_{j \in S-\{0\}} p_{0j} + p_{00} = 1$$

Dies ist jedoch ein Widerspruch zur Annahme, 0 sei transient.■

Die bisher gewonnenen Aussagen über die Größen $f_{ij}^*$ stellen wir nun in nachstehender Tabelle zusammen:

| Zustand i | Zustand j | Werte von $f_{ij}^*$ |
|---|---|---|
| rekurrent | rekurrent | $f_{ij}^* = 1$ wenn $i \rightsquigarrow j$<br>$f_{ij}^* = 0$ wenn $i \not\rightsquigarrow j$ |
| rekurrent | transient | $f_{ij}^* = 0$ |
| transient | rekurrent | enthalten in der Lösung des Systems<br>$f_{ij}^* - \sum_{k \in T} p_{ik} f_{kj}^* = p_{ic(j)}, \; i \in T$<br>mit T = Menge aller transienten Zustände |
| transient | transient | $f_{ij}^* = \dfrac{\sum_{n=0}^{\infty} p_{ij}^{(n)}}{\sum_{n=0}^{\infty} p_{jj}^{(n)}}$ |

### 4.5.3 Gewinnwahrscheinlichkeiten in Spielen mit begrenztem Spielkapital (Ruin-Probleme)

Als Anwendung der vorangehenden Entwicklungen über Absorptionswahrscheinlichkeiten verallgemeinern wir das Beispiel 1.2 in folgender Weise:

Die Spieler I und II - im folgenden "Spieler" und "Gegenspieler" genannt - spielen eine Serie von Einzelspielen um je eine Geldeinheit. Der Spieler gewinne mit der Wahrscheinlichkeit p und verliere mit der Wahrscheinlichkeit q; ein unentschiedener Spielausgang habe die Wahrscheinlichkeit r. Es ist also

$$p + q + r = 1$$

Im Falle eines "Unentschieden" wird nichts ausbezahlt. Das Anfangskapital des Spielers betrage k Geldeinheiten, das Anfangskapital des Gegenspielers K - k, so daß insgesamt der Betrag K zur Verfügung steht.

Das Spiel dauert solange, bis einer der beiden Personen kein Geld mehr zur Verfügung hat, oder anders ausgedrückt, bis einer der beiden Spieler "ruiniert" ist.

Definieren wir als Zustand den Geldbetrag, den der Spieler gerade besitzt, so wird das Spiel zu einer Irrfahrt auf der Geraden mit dem Zustandsraum $S = \{0, 1, \ldots, K\}$ und den absorbierenden Zuständen 0 und K. Die Zustandsmenge $T = \{1, \ldots, K-1\}$ bildet eine Äquivalenzklasse. Die Halbordnung aller Äquivalenzklassen der Irrfahrt wird

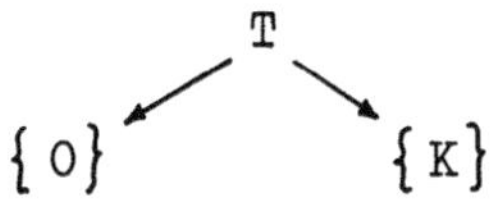


Aus dieser Darstellung ist ersichtlich, daß T eine transiente Klasse bildet; sie ist nämlich keine minimale Klasse. Um überhaupt nichttriviale Fragestellungen zu bekommen, setzen wir T als nichtleer voraus, das heißt: $K > 2$. Wir stellen nun zwei Fragen:

- Wie groß ist die Wahrscheinlichkeit, daß der Spieler ruiniert wird?
- Wie groß ist die durchschnittliche Dauer einer Spielserie?

a) <u>Ruinwahrscheinlichkeiten</u>

Die Größen $f_{k0}^*$ und $f_{kK}^*$ lassen sich unmittelbar in der Sprache des Spiels interpretieren, und zwar ist

$f_{k0}^*$ die Ruinwahrscheinlichkeit des Spielers.

$f_{kK}^*$ die Wahrscheinlichkeit des endgültigen Gewinns des Spielers.

Die Übergangswahrscheinlichkeiten sind:

$$p_{ij} \begin{cases} = p & \\ = r & \text{für} \\ = q & \end{cases} \begin{array}{l} j = i + 1 \\ j = i \\ j = i - 1 \end{array} \quad \text{und } i = 1, \ldots, K - 1$$

$$p_{ii} = 1 \quad \text{für} \quad i = 0, K$$

$$p_{ij} = 0 \quad \text{sonst.}$$

Das allgemeine Gleichungssystem

$$f_{i0}^* = \sum_{j \in T-\{i\}} p_{ij} f_{j0}^* + p_{i0} \qquad i = 1, \ldots, K - 1 \qquad (4.121)$$

für die Absorptionswahrscheinlichkeiten im Zustand 0 liefert uns simultan für alle Anfangskapitalien $1 \leq i \leq K-1$ die Ruinwahrscheinlichkeiten des Spielers. Setzen wir abkürzend

$$f_{i0}^* = x_i \,, \qquad i = 0, \ldots, K$$

so wird zunächst

$$x_0 = 1 \qquad x_K = 0 \tag{4.122}$$

und das Gleichungssystem (4.121) läßt sich mit den speziellen Übergangswahrscheinlichkeiten unserer Aufgabe in der Form

$x_i = qx_{i-1} + rx_i + px_{i+1}$ oder besser

$$px_{i+1} - (1-r)x_i + qx_{i-1} = 0 \qquad i = 1, \ldots, K-1 \tag{4.123}$$

schreiben. Das Gleichungssystem (4.123) wird nun zu einer Differenzengleichung 2. Ordnung mit den Randbedingungen $x_0 = 1$ und $x_K = 0$. Eine mögliche Lösungsmethode geht folgendermaßen:

Zunächst suchen wir eine Folge von Größen $x_i$, welche das System (4.123) ohne Berücksichtigung der Randbedingungen erfüllt. Dazu versucht man den Ansatz: $x_i = \lambda^i$. Ist dies eine Lösung folgt

$$p\,\lambda^{i+1} - (1-r)\lambda^i + q\,\lambda^{i-1} = 0$$

oder

$$p\,\lambda^2 - (1-r)\lambda + q = 0$$

Diese quadratische Gleichung hat die beiden Lösungen (man berücksichtige dabei die Beziehung $p + r + q = 1$)

$$\lambda_1 = 1 \qquad \lambda_2 = \frac{q}{p} \tag{4.124}$$

Damit erhalten wir die beiden partikulären Lösungen $x_i' = \lambda_1^{\,i}$ und $x_i'' = \lambda_2^{\,i}$

oder

$$x_i' = 1 \qquad x_i'' = \left(\frac{q}{p}\right)^i$$

Jede Linearkombination von partikulären Lösungen ist wieder eine Lösung des Systems ohne Nebenbedingungen; die allgemeine Lösung wird somit

$$x_i = c_1\,\lambda_1^{\,i} + c_2\,\lambda_2^{\,i} = c_1 + c_2\left(\frac{q}{p}\right)^i \tag{4.125}$$

Durch geeignete Wahl von $c_1$, $c_2$ kann die allgemeine Lösung (4.125) den Randbedingungen $x_0 = 1$, $x_K = 0$ angepaßt werden. Man erhält

$$x_0 = 1 \longrightarrow c_1 + c_2 = 1$$

$$x_K = 0 \longrightarrow c_1 + c_2 \left(\frac{q}{p}\right)^K = 0$$

daraus

$$c_1 = \frac{q^K}{q^K - p^K} \qquad c_2 = \frac{-p^K}{q^K - p^K}$$

und schließlich für $x_i$ durch Einsetzen in (4.125):

$$x_i = \frac{q^K}{q^K - p^K} - \frac{p^K \left(\frac{q}{p}\right)^i}{q^K - p^K} = \frac{1 - \left(\frac{p}{q}\right)^{K-i}}{1 - \left(\frac{p}{q}\right)^K} \tag{4.126}$$

Nur im Falle $\lambda_1 \neq \lambda_2$ oder $p \neq q$ funktioniert die Lösungsmethode in der obigen Form. Ist $p = q$, so hat die Gleichung $p\lambda^2 - (1-r)\lambda + q = 0$ eine Doppelwurzel $\lambda = 1$. Eine allgemeine Lösung in der Form (4.125) mit zwei Parametern zur Anpassung an die beiden Anfangsbedingungen gibt es nun nicht. Im Falle einer Doppelwurzel $\lambda_1 = \lambda_2 = \lambda$ kann man jedoch den Ansatz

$$x_i = (c_1 + c_2 i)\lambda^i \tag{4.127}$$

treffen. Die Randbedingungen ergeben dann, zusammen mit $\lambda = 1$:

$$x_0 = 1 \longrightarrow c_1 = 1$$

$$x_K = 0 \longrightarrow c_1 + Kc_2 = 0$$

man erhält daraus

$$c_1 = 1 \qquad c_2 = -\frac{1}{K}$$

und als Lösung der Differenzengleichung unter Berücksichtigung der Randbedingungen

$$x_i = 1 - \frac{i}{K} \tag{4.128}$$

Die ursprüngliche Fragestellung ging vom Anfangskapital k aus; wir formulieren die Antwort auf die erste Frage, indem wir dieses Symbol in die Formeln (4.126) und (4.127) eintragen:

Ein Spieler mit dem Anfangskapital k spiele gegen einen Gegenspieler mit dem Anfangskapital K-k um den Geldbetrag 1 je Spiel. Die Wahrscheinlichkeiten der Spielausgänge des Einzelspiels seien

| Gewinn | Unentschieden | Verlust |
|---|---|---|
| p | r | q |

Dann sind die Wahrscheinlichkeiten für den Ausgang einer Spielserie, die bis zum Ruin eines der beiden Spieler durchgeführt wird

| | Ruin (des Spielers) | Gewinn (des Spielers) |
|---|---|---|
| $p \neq q$ | $\dfrac{1-\left(\frac{p}{q}\right)^{K-k}}{1-\left(\frac{p}{q}\right)^{K}}$ | $\dfrac{\left(\frac{p}{q}\right)^{K-k}-\left(\frac{p}{q}\right)^{K}}{1-\left(\frac{p}{q}\right)^{K}}$ |
| $p = q$ | $1-\frac{k}{K}$ | $\frac{k}{K}$ |

(4.129)

Für $K \longrightarrow \infty$ erhalten wir die Situation eines Spielers, dessen Gegenspieler mit unendlich großem Spielkapital ausgestattet ist. Das Spiel entspricht nun einer einseitig begrenzten Irrfahrt auf der Geraden mit nur einem absorbierenden Zustand 0. Die Ruin- und Gewinnwahrscheinlichkeiten des Spielers erhalten wir direkt durch Vornahme des Grenzübergangs $K \longrightarrow \infty$ in (4.129).

Ein Spieler mit dem Anfangskapital k spiele mit einem Gegenspieler, dessen Spielkapital unendlich groß ist. Die Wahrscheinlichkeiten für den Ausgang der Spielserie werden dann

| | Ruin des Spielers | unbegrenzte Spieldauer |
|---|---|---|
| $p < q$ | 1 | 0 |
| $p > q$ | $\left(\frac{q}{p}\right)^{k}$ | $1-\left(\frac{q}{p}\right)^{k}$ |

(4.130)

Man beachte, daß nun nicht von einem "Gewinn" der Spielserie durch den Spieler gesprochen werden kann; es gibt keinen Zeitpunkt, zu dem der Gegenspieler seines gesamten Spielkapitals beraubt ist.

Es ist bemerkenswert, daß in den Formeln (4.129) und (4.130) die Größe r gar nicht auftritt, sondern nur das Verhältnis $\frac{p}{q}$. Das heißt: auf die Wahrscheinlichkeiten des endgültigen Gewinns der Spielserie hat die Möglichkeit eines unentschiedenen Ausgangs des Einzelspiels keinen Einfluß, sondern nur das Verhältnis der "Flügelwahrscheinlichkeiten" p und q.

Man wird aber erwarten, daß die Größe r sehr wohl einen Einfluß auf die Dauer der Spielserie haben wird.

b) Die Dauer einer Spielserie

Wir führen zunächst einige Bezeichnungen ein, und zwar für

Zufallsgrößen:

D ... Dauer der Spielserie

D' ... restliche Dauer der Spielserie nach einem vollzogenen Spiel

Erwartungswerte:

$$d_i = E(D|X_o = i) \quad \text{für} \quad 1 \leq i \leq K-1$$
$$d_o = d_K = 0 \tag{4.131}$$

Es gilt dann

$$D = D' + 1$$

und für einen Übergang von i nach i+1:

$$\begin{aligned} E(D|X_1 = i+1, X_o = i) &= E(D'+1|X_1 = i+1, X_o = i) \\ &= E(D'|X_1 = i+1, X_o = i) + 1 \\ &= E(D|X_o = i+1) + 1 \qquad \text{(Markov-Eigenschaft)} \\ &= d_{i+1} + 1. \end{aligned} \tag{4.132}$$

Für die zugrundegelegte Spielserie gilt nun:

$$\begin{aligned} E(D|X_o = i) = {} & E(D|X_1 = i+1, X_o = i) \cdot P\{X_1 = i+1|X_o = i\} \\ & + E(D|X_1 = i, X_o = i) \cdot P\{X_1 = i|X_o = i\} \\ & + E(D|X_1 = i-1, X_o = i) \cdot P\{X_1 = i-1|X_o = i\} \end{aligned}$$

woraus mit (4.131) und (4.132) eine Differenzengleichung für die Größen $d_i$ folgt:

$$d_i = p \cdot d_{i+1} + rd_i + q \cdot d_{i-1} + 1 \qquad\qquad (4.133)$$

$$\text{Randbedingungen:} \quad d_o = 0 \qquad d_K = 0$$

Zur Lösung schreiben wir (4.133) in der Form:

$$- p \cdot d_{i+1} + (1-r)d_i - q \cdot d_{i-1} = 1 \qquad\qquad (4.134).$$

Dies ist eine inhomogene, lineare Differenzengleichung 2. Ordnung. Eine allgemeine Lösung der inhomogenen Gleichung findet man, indem man zur allgemeinen Lösung der homogenen Gleichung eine spezielle (partikuläre) Lösung der inhomogenen Gleichung addiert.

Auch für die Bestimmung der partikulären Lösung der inhomogenen Gleichung unterscheiden wir zwei Fälle, nämlich

$$\lambda_1 \neq \lambda_2 \qquad \text{und} \qquad \lambda_1 = \lambda_2$$

$$\text{oder} \quad p \neq q \qquad\qquad \text{oder} \quad p = q$$

mit den Bezeichnungen von (4.124). Im Fall $\lambda_1 \neq \lambda_2$ treffen wir den Ansatz

$$d_i = \alpha_o + \alpha_1 i \qquad\qquad (4.135)$$

im Fall $\lambda_1 = \lambda_2$ jedoch

$$d_i = \beta_1 i + \beta_2 i^2 \qquad\qquad (4.136)$$

Geht man mit dem Ansatz (4.135) in die Differenzengleichung (4.134), so erhält man für den Koeffizienten von i: $\alpha_1 = (q-p)^{-1}$, während $\alpha_o$ unbestimmt bleibt. Wählt man

$$d_i = \frac{i}{q - p} \qquad\qquad (4.137)$$

als partikuläre Lösung, so wird die allgemeine Lösung wegen (4.125)

$$\underline{d_i = \frac{i}{q-p} + c_1 + c_2 \left(\frac{q}{p}\right)^i} \qquad\qquad (4.138)$$

Im Falle einer Doppelwurzel $\lambda_1 = \lambda_2 = 1$ gehen wir mit (4.136) in die Differenzengleichung, berücksichtigen aber, daß nun $1 - r = 2p$ gilt. Dann erhält man für den Koeffizienten von $i^2$: $\beta_2 = -(2p)^{-1} = -(1-r)^{-1}$, während $\beta_1$ unbestimmt bleibt. Zusammen mit der allgemeinen Lösung der homogenen Gleichung, die nun die Gestalt $c_1 + c_2 i$

hat (siehe (4.127)), erhält man als allgemeine Lösung

$$\underline{d_i = c_1 + c_2 i - \frac{i^2}{1-r}} \tag{4.139}$$

Die Auswertung der Randbedingungen liefert:

$\underline{\lambda_1 \neq \lambda_2}$

$$d_o = 0 \Longrightarrow c_1 + c_2 = 0$$

$$d_K = 0 \Rightarrow \frac{K}{q-p} + c_1 + c_2\left(\frac{q}{p}\right)^K = 0$$

daraus:

$$c_1 = \frac{\frac{-K}{q-p}}{1-\left(\frac{q}{p}\right)^K} \qquad c_2 = \frac{\frac{K}{q-p}}{1-\left(\frac{q}{p}\right)^K}$$

$$d_i = \frac{i}{q-p} - \frac{K}{q-p}\cdot\frac{1-\left(\frac{q}{p}\right)^i}{1-\left(\frac{q}{p}\right)^K}$$

$\underline{\lambda_1 = \lambda_2}$

$$d_o = 0 \longrightarrow c_1 = 0$$

$$d_K = 0 \longrightarrow c_1 + c_2 K - \frac{K^2}{1-r} = 0$$

daraus:

$$c_1 = 0 \qquad c_2 = \frac{K}{1-r}$$

$$d_i = \frac{i(K-i)}{1-r} \tag{4.140}$$

Führen wir wieder das Anfangskapital k ein, so können wir die Ergebnisse (4.140) in folgender Weise zusammenfassen:

Ein Spieler mit dem Anfangskapital k spiele gegen einen Gegenspieler mit dem Anfangskapital K-k um den Geldbetrag 1 je Spiel. Die Wahrscheinlichkeiten der Spielausgänge des Einzelspiels seien

| Gewinn | Unentschieden | Verlust |
|---|---|---|
| p | r | q |

Die mittlere Dauer einer Spielserie, die bis zum Ruin eines der beiden Spieler durchgeführt wird beträgt

für $p \neq q$:

$$\frac{k}{q-p} - \frac{K}{q-p}\cdot\frac{1-\left(\frac{q}{p}\right)^k}{1-\left(\frac{q}{p}\right)^K}$$

für $p = q$:

$$\frac{k(K-k)}{1-r} \tag{4.141}$$

Hat der Gegenspieler ein unendlich großes Spielkapital zur Verfügung, so wird die mittlere Dauer

für $p < q$ : $\frac{k}{q-p}$

Für $p > q$ existiert kein Mittelwert der Spieldauer.

Die mittlere Spieldauer hängt vom Verhältnis $\varkappa = \frac{q}{p}$ <u>und</u> der Wahrscheinlichkeit r eines Unentschieden ab. Für $p = q$ ist die Abhängigkeit von r unmittelbar ersichtlich; für $p \neq q$ kommt sie über den Faktor $(q - p)^{-1}$ zum Ausdruck. Es ist nämlich

$$\frac{1}{q - p} = \frac{\varkappa + 1}{\varkappa - 1} \cdot \frac{1}{1 - r} \tag{4.142}$$

## 4.5.4 Mittlere Übergangszeiten

### 4.5.4.1 Mittlere Absorptionszeiten

Wir zerlegen den Zustandsraum S einer Markovkette in die Menge R der rekurrenten Zustände und die Menge T der transienten Zustände; es seien R und S nichtleer.

Nun sei der Anfangszustand $i \in T$ gegeben, und wir fragen nach der Zeit die es braucht, bis der Prozeß in einem Zustand von R landet. Man erkennt diese Fragestellung als Verallgemeinerung des im vorhergehenden Abschnitt behandelten Ruinproblems. Da der Prozeß, einmal in die Menge R eingetreten, in keinen Zustand von T zurückzukehren vermag, können wir von einer <u>Absorption in der Menge R</u> sprechen und es wird möglich, die Zufallsgröße

D ... Zeit bis zur Absorption in der Menge R (4.143)

und den Erwartungswert

$$\mu_{iR} = E(D | X_0 = i) \tag{4.144}$$

einzuführen. Die Bezeichnung $\mu_{iR}$ ist in Analogie zur Bezeichnung für den Mittelwert $\mu_{ij}$ (siehe (4.35)) zu sehen; an die Stelle des Zustandes j tritt die Zustandsmenge R.

Es erwies sich bereits in Abschnitt 4.4.1 anläßlich einer Diskussion der Besetztzeiten als vorteilhaft, gewisse 0, 1 - Zufallsgrößen einzuführen. Wir definieren nun

$$Y_{n,j} = \begin{matrix} 1 \\ 0 \end{matrix} \quad \text{wenn} \quad \begin{matrix} X_n = j \\ X_n \neq j \end{matrix} \tag{4.145}$$

und es wird - siehe dazu die Ableitung von (4.55) -

$$E(Y_{n,j} | X_0 = i) = p_{ij}^{(n)} \tag{4.146}$$

Nun sei $i \in T$. Wir betrachten nun die Zufallsgröße $Z_j = \sum_{n=0}^{\infty} Y_{n,j}$, die

- in Anlehnung an (4.58) - als die Anzahl der Besetzungen des Zustandes j interpretiert werden kann. Nach Satz 4.14b ist im Falle eines transienten j die Summe $Z_j$ eine eigentliche Zufallsgröße; nach Satz 4.17 existiert dann sogar der bedingte Erwartungswert $E(Z_j | X_0 = i)$ und zwar gilt

$$E(Z_j | X_0 = i) = \sum_{n=0}^{\infty} p_{ij}^{(n)} = p_{ij}^* < \infty \qquad (4.147)$$

Weiter wird $\sum_{j \in T} Z_j$ gleich der Anzahl der Besetzungen von Zuständen aus der Menge T; diese Anzahl läßt aber auch die Deutung als Verweildauer in T zu. Es wird also

$$\sum_{j \in T} Z_j = D \qquad (4.148)$$

da die Verweildauer in T, wenn man den Anfangszustand mitrechnet, wie es bei der Definition von $Z_j$ geschah, offensichtlich gleich der Übergangszeit nach R ist. Somit erhalten wir weiter

$$E(D | X_0 = i) = \sum_{j \in T} E(Z_j | X_0 = i)$$

oder

$$\mu_{iR} = \sum_{j \in T} p_{ij}^* \qquad (4.149)$$

Für endliche Mengen T ist die Existenz von $\mu_{iR}$ auf diese Weise gesichert.

Formel (4.149) wird aber im allgemeinen für die Berechnung der $\mu_{iR}$ nicht direkt brauchbar sein. Wir suchen daher nach einem Gleichungssystem für die $\mu_{iR}$ nach dem Vorbild der Behandlung des Ruin-Problems. Dazu definieren wir wieder

D' ... Dauer bis zur Absorption vom Zeitpunkt nach dem ersten Übergang aus gerechnet

Es ist $D = D' + 1$. Zufolge der Markoveigenschaft gilt

$$E(D' | X_1 = j, X_0 = i) = E(D | X_0 = j) \qquad (4.150)$$

Aus der Definition von D kommt

$$E(D | X_1 = j, X_0 = i) = 1 \quad \text{für } i \in T, j \in R \qquad (4.151)$$

Nun wird der Stichprobenraum nach den möglichen Zuständen im Zeitpunkt 1 zerlegt:

$$E(D|X_o = i) = \sum_{j\in S} E(D|X_1 = j,\ X_o = i)\cdot P\{X_1 = j|X_o = i\}$$

$$= \sum_{j\in T} E(D|X_1 = j,\ X_o = i)p_{ij} + p_{iR} \qquad \text{wegen (4.151)}$$

$$= \sum_{j\in T} [E(D'|X_1 = j,\ X_o = i) + 1]p_{ij} + p_{iR}$$

$$= \sum_{j\in T} E(D'|X_1 = j,\ X_o = i)p_{ij} + 1$$

$$= \sum_{j\in T} p_{ij} E(D|X_o = j) + 1\,. \qquad \text{wegen (4.150)}$$

oder:

$$\underline{\mu_{iR} = 1 + \sum_{j\in T} p_{ij}\,\mu_{jR} \qquad \text{für alle } i \in T} \qquad (4.152)$$

Wir untersuchen nun das System (4.152) noch etwas näher für einen endlichen Zustandsraum S und verwenden dazu die Darstellung (3.12) der Übergangsmatrix

$$\mathcal{P} = \left(\begin{array}{c|c} \mathcal{Q} & \mathcal{O} \\ \hline \mathcal{U} & \mathcal{W} \end{array}\right)$$

mit

$$\mathcal{Q} = (p_{ij})\ ,\ i,j \in R \quad \text{und} \quad \mathcal{W} = (p_{kl})\ ,\ k,l \in T$$

Bezeichnen wir mit

$m'$ ... den Spaltenvektor mit den Komponenten $\mu_{iR}$

$1'$ ... den Spaltenvektor, dessen Komponenten alle den Wert 1 haben

$\mathcal{E}$ ... Die Einheitsmatrix

dann kann (4.152) in der Form

$$(\mathcal{E} - \mathcal{W})\,m' - 1' \qquad (4.153)$$

geschrieben werden. Das System ist bekanntlich lösbar, wenn die Determinante $|\mathcal{E} - \mathcal{W}|$ nicht verschwindet. Dies kann in folgender Weise gezeigt werden: Zunächst bemerken wir, daß wegen Satz 4.17 gilt

$$\lim_{n\to\infty} \mathcal{W}^n = \mathcal{O}$$

und damit auch

$$\lim_{n\to\infty} |\mathcal{E} - \mathcal{W}^n| = 1 \qquad (4.154)$$

(4.154) heißt, daß für alle genügend großen n gilt $|\mathfrak{E} - \mathfrak{Q}^n| \neq 0$.
Andererseits findet man leicht die Identität

$$(\mathfrak{E} - \mathfrak{Q})(\mathfrak{E} + \mathfrak{Q} + \ldots + \mathfrak{Q}^{n-1}) = \mathfrak{E} - \mathfrak{Q}^n$$

Übergang zu Determinanten gibt

$$|\mathfrak{E} - \mathfrak{Q}||\mathfrak{E} + \mathfrak{Q} + \ldots + \mathfrak{Q}^{n-1}| = |\mathfrak{E} - \mathfrak{Q}^n| \tag{4.155}$$

Wegen $|\mathfrak{E} - \mathfrak{Q}^n| \neq 0$, was für mindestens ein $n > 1$ gesichert ist, können auch die Faktoren auf der linken Seite von (4.155) nicht verschwinden; damit existiert die Inverse zur Matrix $\mathfrak{E} - \mathfrak{Q}$ und die Lösung von (4.153) lautet in Matrizenschreibweise

$$\mathfrak{m}' = (\mathfrak{E} - \mathfrak{Q})^{-1}\,\mathfrak{1}' \tag{4.156}$$

Die Matrix $(\mathfrak{E} - \mathfrak{Q})^{-1}$ wird von KEMENY - SNELL mit "Fundamentalmatrix" bezeichnet, da sie noch in einer Reihe weiterer, mit Übergangszeiten verbundenen Fragen mit Erfolg verwendet werden kann.

Zur Berechnung der höheren Momente der Absorptionszeiten kann man die momentenerzeugende Funktion heranziehen, die für eine Zählgröße X durch

$$m(z) = E(e^{zX}) = \sum_{\nu=0}^{\infty} p_\nu e^{\nu t} \tag{4.157}$$

definiert wird. Falls die Momente $\sum_{\nu=0}^{\infty} \nu^k p_\nu$ existieren, gilt

$$E(X^k) = \left.\frac{d^k m(z)}{dz^k}\right|_{z=0} \tag{4.158}$$

Bezeichnen wir $E(e^{zD}|X_o = i)$ mit $m_i(z)$, so erhält man durch Überlegungen, die ganz analog denen für die Herleitung des Gleichungssystems für die $\mu_{iR}$ verlaufen, das Gleichungssystem

$$m_i(z)e^{-z} = p_{iR} + \sum_{j\in T} p_{ij}m_j(z) \qquad \text{für alle } i \in T$$

Einmalige Differentiation an der Stelle $z = 0$ liefert gerade das System (4.152), zweimalige Differentiation liefert für die zweiten Momente $\mu_{iR}^{(2)}$ der Absorptionszeiten

$$m_i''(z)e^{-z} - 2m_i'(z)e^{-z} + m_i(z)e^{-z} = \sum_{j\in T} p_{ij}m_j(z) \tag{4.159}$$

über $z = 0$ in (4.159) schließlich das Gleichungssystem

$$\underline{\mu_{iR}^{(2)} = 2\mu_{iR} - 1 + \sum_{j\in T} p_{ij}\mu_{iR}^{(2)} \qquad \text{für alle } i \in T} \tag{4.160}$$

### 4.5.4.2 Übergangszeiten in positiv rekurrenten Markovketten

Über mittlere Übergangszeiten notieren wir zunächst den

Satz 4.28

In irreduziblen, positiv rekurrenten Markovketten sind alle mittleren Übergangszeiten endlich.

Im Falle i = j wurde die Endlichkeit der Übergangszeit sogar zur Definition eines positiv rekurrenten Zustands benutzt.

Beweis des Satzes:

Wir betrachten zwei beliebige Zustände $i, j$ mit $i \neq j$. Es gibt einen Weg von i nach j wegen der Irreduzibilität der Kette. Es sei m die kleinste ganze Zahl, so daß $p_{ij}^{(m)} > 0$. Nun wird die mittlere Rekurrenzzeit unter geeigneten Bedingungen betrachtet:

$$\begin{aligned} E(T_i|X_o = i) &= E(T_i|X_m = j,\ X_o = i)p_{ij}^{(m)} + E(T_i|X_m \neq j,\ X_o=i)(1-p_{ij}^{(m)}) \\ &> E(T_i|X_m = j,\ X_o = i)p_{ij}^{(m)} \\ &= [E(T_{ji}|X_o = j) + m]p_{ij}^{(m)} \qquad (4.161) \end{aligned}$$

Der Übergang zu (4.161) folgt aus der Markoveigenschaft unter Benutzung der Minimalität von m. Wir erhalten die Abschätzungen

$$\mu_i > (\mu_{ji} + m)p_{ij}^{(m)}$$

oder

$$\mu_{ji} \leq \frac{\mu_i}{p_{ij}^{(m)}} - m \qquad (4.162)$$

und damit für jedes beliebige Zustandspaar eine endliche obere Schranke.■

Es sei nun $j \in S$ ein fester Zustand. Wir suchen ein Gleichungssystem, das die simultane Bestimmung der Größen $\mu_{ij}$, $i \in S - \{j\}$ gestattet und bedienen uns dabei eines Verfahrens, das als "Punktieren einer Markovkette" bezeichnet sei:

Der gegebenen Markovkette wird eine neue Markovkette zugeordnet, indem wir j zum absorbierenden Zustand machen:

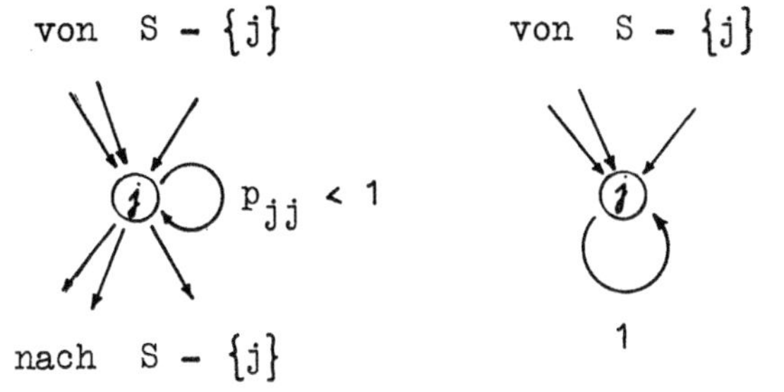


ursprüngliche Kette punktierte Kette

Abb. 4.7 Punktieren in einer rekurrenten Markovkette

Formal stellt sich dieses Verfahren so dar: Der Kette mit der Übergangsmatrix $\mathcal{P} = (p_{ik})$, $i,k \in S$ ordnen wir eine neue Kette mit den Übergangswahrscheinlichkeiten

$$\begin{aligned} \tilde{p}_{jj} &= 1 \\ \tilde{p}_{ji} &= 0 \qquad \text{für} \quad i \in S - \{j\} \\ \tilde{p}_{ik} &= p_{ik} \qquad \text{für} \quad i \in S - \{j\}\,, \quad k \in S. \end{aligned}$$

Wendet man das Verfahren auf eine irreduzible, rekurrente Markovkette an, so hat die punktierte Kette unter anderem folgende Eigenschaften:

a) Eine Zerlegung $S = T \cup R$ in transiente und rekurrente Zustände erfolgt durch

$$T = S - \{j\}$$
$$R = \{j\}$$

$\{j\}$ ist nämlich wegen der Irreduzibilität der Kette von allen Zuständen aus S erreichbar, es führt jedoch kein Weg von j nach $S - \{j\}$; somit wird $\{j\}$ zu einer minimalen, endlichen Klasse, genauer zum absorbierenden Zustand.

b) Durch das Punktieren der rekurrenten Kette wird kein Weg von i nach j beeinflußt. Die mittlere Übergangszeit von i nach j wird somit zur mittleren Absorptionszeit in der punktierten Kette:

$$\mu_{ij} = \mu_{iR}$$

c) In einer rekurrenten Kette ist zufolge Satz 4.22 immer $f_{ij}^* = 1$. Auch in der punktierten Kette bleibt j von jedem $i \in T$ aus mit Wahrscheinlichkeit 1 erreichbar, das heißt: <u>der Austritt aus T erfolgt mit Wahrscheinlichkeit 1</u>.

Die Aufgabe der Bestimmung der Größen $\mu_{ij}$ wird somit zu einem Spezialfall der Entwicklungen des vorangehenden Abschnitts 4.5.4.1. Die Auswertung der Formel (4.152) liefert nun das System

$$\underline{\mu_{ij} = 1 + \sum_{k \in S-\{j\}} p_{ik}\mu_{kj} \quad \text{für alle } i \neq j} \tag{4.163}$$

Man kann zeigen, daß im Falle einer ergodischen Kette die Lösung von (4.163) eindeutig ist. Hat man also eine Lösung von (4.163) gefunden, etwa durch Probieren, so liefert diese bereits die gesuchten mittleren Übergangszeiten.

Es fehlt noch die Bestimmung der Rekurrenzzeiten. Man findet mittels Überlegungen ganz analog denen, die zu (4.163) führten, zunächst

$$\mu_i = p_{ii} + \sum_{k \in S-\{i\}} p_{ki}[1 + \mu_{ik}]$$

und erhält daraus

$$\mu_i = 1 + \sum_{k \in S-\{i\}} p_{ki}\,\mu_{ik} \tag{4.164}$$

Anmerkung:
Gelingt es, die Grenzwerte $\lim_{n \to \infty} p_{ij}^{(n)} = \pi_{ij}$ anzugeben - und das ist im Falle endlicher Ketten meist relativ bequem aus der Kenntnis stationärer Verteilungen zu erhalten, so kann $\mu_i$ mittels Satz 4.17b berechnet werden:

$$\mu_i = \frac{f_{ii}^*}{\pi_{ii}} = \frac{1}{\pi_{ii}} \tag{4.165}$$

Beispiel 4.3

Berechnung der mittleren Übergangszeiten in einer Markovkette mit drei Zuständen:

$$\mathcal{P} = \begin{pmatrix} p_{11} & p_{12} & p_{13} \\ p_{21} & p_{22} & p_{23} \\ p_{31} & p_{32} & p_{33} \end{pmatrix}$$

Wir verwenden die Methode der Fundamentalmatrix gemäß Formel (4.156) und beschränken uns zunächst auf die Berechnung der Übergangszeiten nach dem Zustand 1. Die Übergangsmatrix der zugehörigen punktierten Kette wird

$${}^{(1)}\mathcal{P} = \begin{pmatrix} 1 & 0 & 0 \\ p_{21} & p_{22} & p_{23} \\ p_{31} & p_{32} & p_{33} \end{pmatrix} = \left(\begin{array}{c|c} \mathfrak{a} & \sigma \\ \hline \mathfrak{a} & \mathfrak{w} \end{array}\right)$$

und $$\mathfrak{Q} = \begin{pmatrix} p_{22} & p_{23} \\ p_{32} & p_{33} \end{pmatrix}$$

Berechnung der Fundamentalmatrix:

$$\mathfrak{I} - \mathfrak{Q} = \begin{pmatrix} 1 - p_{22} & -p_{23} \\ -p_{32} & 1 - p_{33} \end{pmatrix}$$

$$(\mathfrak{I} - \mathfrak{Q})^{-1} = \frac{1}{\triangle(2,3)} \begin{pmatrix} 1 - p_{33} & p_{23} \\ p_{32} & 1 - p_{22} \end{pmatrix}$$

mit $\triangle(2,3) = (1 - p_{22})(1 - p_{33}) - p_{23}p_{32}$

$= p_{23}p_{31} + p_{31}p_{21} + p_{21}p_{32}$

Vektor der Übergangszeiten nach dem Zustand 1:

$$\mathfrak{m}_1' = \begin{pmatrix} \mu_{21} \\ \mu_{31} \end{pmatrix} = (\mathfrak{I} - \mathfrak{Q})^{-1} \begin{pmatrix} 1 \\ 1 \end{pmatrix} = \frac{1}{\triangle(2,3)} \begin{pmatrix} 1 + p_{23} - p_{33} \\ 1 + p_{32} - p_{22} \end{pmatrix} \qquad (4.166)$$

Durch Vertauschen der Indizes erhalten wir dann aus (4.166)

$$\mathfrak{m}_2' = \begin{pmatrix} \mu_{12} \\ \mu_{32} \end{pmatrix} = \frac{1}{\triangle(1,3)} \begin{pmatrix} 1 + p_{13} - p_{33} \\ 1 + p_{31} - p_{11} \end{pmatrix} \qquad (4.167)$$

$$\mathfrak{m}_3' = \begin{pmatrix} \mu_{13} \\ \mu_{23} \end{pmatrix} = \frac{1}{\triangle(1,2)} \begin{pmatrix} 1 + p_{12} - p_{22} \\ 1 + p_{21} - p_{11} \end{pmatrix} \qquad (4.168)$$

# 5. Stationäre- und Gleichgewichtsverteilungen; Transienz- und Rekurrenzkriterien

## 5.1 Zwei Hilfssätze aus der Reihenlehre

Die Vertauschung zweier Summenzeichen bzw. von Summen- und limes-Zeichen, die wir in diesem Abschnitt mehrfach vornehmen müssen, ist bei unendlichen Reihen nicht immer möglich. Wir geben daher in den nachstehenden Sätzen hinreichende Bedingungen für die Möglichkeit der Vertauschung an.

Ohne Beweis - man findet Beweise in fast jedem Lehrbuch der Analysis - geben wir den folgenden Satz über die Vertauschung von Summenzeichen:

Satz 5.1 Doppelreihensatz

Gegeben sei eine Doppelfolge $\{a_{mn}\}$ $m,n = 0, 1, \ldots$ nichtnegativer Zahlen $a_{mn}$.
Konvergiert eine der beiden Doppelreihen

$$\sum_{n=0}^{\infty}\left(\sum_{m=0}^{\infty} a_{mn}\right), \qquad \sum_{m=0}^{\infty}\left(\sum_{n=0}^{\infty} a_{mn}\right)$$

so konvergiert auch die andere, und es gilt

$$\sum_{n=0}^{\infty}\left(\sum_{m=0}^{\infty} a_{mn}\right) = \sum_{m=0}^{\infty}\left(\sum_{n=0}^{\infty} a_{mn}\right) \tag{5.1}$$

Der nächste Satz befaßt sich mit der Vertauschung von Summen- und limes-Zeichen.

Satz 5.2

Gegeben sei eine Doppelfolge $\{a_{nk}\}$, $n,k = 0, 1, \ldots$ und es sei

a) $|a_{nk}| \leqslant b_k$ für alle $n,k$;

b) $\sum_{k=0}^{\infty} b_k$ sei konvergent;

c) es existiere $\lim_{n\to\infty} a_{nk} = a_k$ für alle $n$.

Dann gilt:

$$\lim_{n\to\infty} \sum_{k=0}^{\infty} a_{nk} = \sum_{k=0}^{\infty} \lim_{n\to\infty} a_{nk} \tag{5.2}$$

Beweis:

Die Voraussetzungen a) und b) des Satzes lassen zunächst die Gültigkeit folgender Aussagen erkennen:

— $\sum_{k=0}^{\infty} a_{nk}$ ist absolut konvergent für jedes $n$

— $|a_k| \leqslant b_k$ und daraus:

— $\sum_{k=0}^{\infty} \lim_{n\to\infty} a_{nk} = \sum_{k=0}^{\infty} a_k$ ist absolut konvergent.

Damit sind alle in (5.2) vorkommenden Summen definiert.

Nun betrachten wir den Ausdruck

$$c_n = \left| \sum_{k=0}^{\infty} a_{nk} - \sum_{k=0}^{\infty} \lim_{n\to\infty} a_{nk} \right|$$

Können wir $\lim_{n\to\infty} c_n = 0$ zeigen, dann ist der Satz bewiesen, denn $\lim_{n\to\infty} c_n = 0$ heißt

$$\lim_{n\to\infty} \left| \sum_{k=0}^{\infty} a_{nk} - \sum_{k=0}^{\infty} a_k \right| = 0$$

und dies bedeutet weiter:

$$\left| \lim_{n\to\infty} \sum_{k=0}^{\infty} a_{nk} - \sum_{k=0}^{\infty} a_k \right| = 0$$

woraus unmittelbar die Behauptung des Satzes folgt. Nun ist aber

$$\begin{aligned} c_n &= \left| \sum_{k=0}^{M} a_{nk} + \sum_{k=M+1}^{\infty} a_{nk} - \sum_{k=0}^{M} a_k - \sum_{k=M+1}^{\infty} a_k \right| \\ &\leq \left| \sum_{k=0}^{M} a_{nk} - \sum_{k=0}^{M} a_k \right| + \left| \sum_{k=M+1}^{\infty} a_{nk} \right| + \left| \sum_{k=M+1}^{\infty} a_k \right| \end{aligned}$$

Da man für die endliche Zahl M von Summanden limes- und Summenzeichen vertauschen kann, gilt

$$\lim_{n\to\infty} \left| \sum_{k=0}^{M} a_{nk} - \sum_{k=0}^{M} a_k \right| = 0$$

Da die Reihen $\sum_{k=0}^{\infty} a_{nk}$ und $\sum_{k=0}^{\infty} a_k$ absolut konvergieren, kann man ein endliches M immer so wählen, daß die Reihenreste $\left| \sum_{k=M+1}^{\infty} a_{nk} \right|$ und $\left| \sum_{k=M+1}^{\infty} a_k \right|$ kleiner als eine beliebige Zahl $\varepsilon > 0$ ausfallen, woraus folgt:

$$\lim_{n\to\infty} \sup c_n \leq 2\varepsilon \qquad (5.3)$$

Gäbe es ein $\gamma > 0$ mit $\lim \sup c_n = \gamma$, so kann man durch die Wahl $0 < \varepsilon < \frac{\gamma}{2}$ sofort einen Widerspruch zu (5.3) herbeiführen. Somit ist $\lim \sup c_n = 0$ und, da alle $c_n \geq 0$, folgt daraus auch $\lim_{n\to\infty} c_n = 0$ ■

<u>Beispiel 5.1</u>

Es ist nützlich, sich Gegenbeispiele anzusehen, bei denen die Vertauschung von limes- und Summenzeichen nicht möglich ist. Dazu betrachten wir eine vom Parameter n abhängige Schar von diskreten

Gleichverteilungen $\{p_{nk}\}$, $n,k = 1, 2, \ldots$, also eine Doppelfolge

$$p_{nk} \begin{cases} = \frac{1}{n} & \text{für } 1 \leq k \leq n \\ = 0 & \text{für } k > n \end{cases} \quad ; n = 1, 2, \ldots$$

Einerseits gilt $p_k = \lim_{n\to\infty} p_{nk} = 0$ für alle k und daher

$$\sum_{k=1}^{\infty} \lim_{n\to\infty} p_{nk} = \sum_{k=1}^{\infty} p_k = 0 \tag{5.4}$$

Man kann (5.4) auch so ausdrücken: für $n \longrightarrow \infty$ existiert keine Grenzverteilung. Andererseits ist $\sum_{k=1}^{\infty} p_{nk} = 1$ für jedes n, also $\lim_{n\to\infty} \sum_{k=1}^{\infty} p_{nk} = 1$.

Es ist also

$$1 = \lim_{n\to\infty} \sum_{k=1}^{\infty} p_{nk} \neq \sum_{k=1}^{\infty} \lim_{n\to\infty} p_{nk} = 0$$

Die Voraussetzung b) des Satzes 5.2 ist in diesem Beispiel nicht erfüllt. Die Abschätzung

$$p_{nk} \leq \frac{1}{k}$$

kann, wie man leicht sieht, nicht verbessert werden. Die Summe $\sum_{k=1}^{\infty} \frac{1}{k}$ ist aber bekanntlich divergent. Man erkennt: Selbst bei der Normierungsgleichung für diskrete Wahrscheinlichkeitsverteilungen kann man limes- und Summenzeichen nicht ohne weiteres vertauschen. Es kann sein, daß eine Folge von Verteilungen keine Grenzverteilung besitzt, weil alle Komponenten von Zustandsvektoren für $t \longrightarrow \infty$ gegen Null streben. Das ist gerade für irreduzible, transiente oder null-rekurrente Markovketten der Fall.

## 5.2 Stationäre Verteilungen

Wenn nicht anders festgesetzt, numerieren wir im folgenden den Zustandsraum in der Form $S = \{0, 1, 2, \ldots\}$.

Wir betrachten nun reelle Funktionen $i \longrightarrow u_i \in \mathbb{R}$ auf S, die wir auch als Zeilenvektoren

$$\check{u} = (u_0, u_1, u_2, \ldots )$$

oder bei Bedarf als Folgen $\{u_i\}$ schreiben.

Definition 5.1

Ein Vektor $\breve{u}$ heißt

nichtnegativ, in Zeichen: $\breve{u} \geqslant \mathfrak{v}$, wenn $u_i \geqslant 0$ für alle $i \in S$

positiv , in Zeichen: $\breve{u} > \mathfrak{v}$, wenn $u_i \geqslant 0$ für alle $i \in S$
$u_j > 0$ für mindestens ein $j \in S$

streng positiv, in Zeichen: $\breve{u} \gg \mathfrak{v}$, wenn $u_i > 0$ für alle $i \in S$.

Definition 5.2

Ein positiver Vektor $\breve{u}$ heißt invariantes oder stationäres Maß einer Markovkette mit der Übergangsmatrix $\mathfrak{P} = (p_{ij})$ , wenn

$$u_j = \sum_{i=0}^{\infty} u_i p_{ij} \qquad \text{für alle } j \in S \tag{5.5}$$

gilt; in Matrizenschreibweise

$$\breve{u} = \breve{u}\mathfrak{P} \tag{5.6}$$

Stationäre Maße sind Verallgemeinerungen von Zustandsverteilungen. Konvergiert nämlich die Summe $u = \sum_{i=0}^{\infty} u_i$, können wir mittels Division durch u die Reihensumme 1 erzeugen. Wir schreiben dann

$$p_i = \frac{u_i}{u} \qquad i \in S$$

und erhalten einen Zustandsvektor $\mathfrak{y} = (p_0, p_1, \ldots \quad )$.

Definition 5.3

Ein Zustandsvektor $\mathfrak{y}$ heißt stationäre Verteilung der Markovkette mit der Übergangsmatrix $\mathfrak{P}$ , wenn

$$\mathfrak{y} = \mathfrak{y}\mathfrak{P} \tag{5.7}$$

gilt.

Die Bedeutung stationärer Verteilungen erhellt aus

Satz 5.3

Ist die Anfangsverteilung $\mathfrak{y}_0$ einer Markovkette eine stationäre Verteilung, so ist die Kette ein stationärer stochastischer Prozeß.

Beweis:

Zunächst zeigen wir

$$\varphi_t = \varphi_0 \qquad t = 0, 1, 2, \ldots \tag{5.8}$$

durch vollständige Induktion nach dem Zeitpunkt t. Es sei $\varphi_t = \varphi_0$, das heißt $\varphi_0 = \varphi_0 \mathcal{P}^t$ nach Formel (2.28b). Dann ist auch

$$\varphi_{t+1} = \varphi_0 \mathcal{P}^{t+1} = (\varphi_0 \mathcal{P})\mathcal{P}^t = \varphi_0 \mathcal{P}^t = \varphi_0 .$$

Denn Induktionsbeginn $\varphi_1 = \varphi_0 \mathcal{P} = \varphi_0$ liefert die Definition der Stationarität von $\varphi_0$. Mit (5.8) ist die Stationaritätsbedingung (1.10) für stochastische Prozesse zunächst für alle eindimensionalen Verteilungen gezeigt. Jede Wahrscheinlichkeitsaussage über die n-dimensionale Zufallsgröße $[X(t_1), \ldots, X(t_n)]$ kann mittels der Übergangswahrscheinlichkeiten $(p_{ij})$ aus der Verteilung von $X(t_1)$ berechnet werden. Aus der Homogenität der Kette - d.h. konstante Übergangswahrscheinlichkeiten und der Stationarität der Verteilungen $\varphi_t$ folgt nun die zeitliche Konstanz aller n-dimensionalen Verteilungen und somit die Stationarität der Markovkette.■

Beispiel 5.2

Die einfache Irrfahrt auf der Geraden liefert Beispiele für stationäre Maße, die keine stationären Verteilungen sind. Das Gleichungssystem (5.5) erhält man nun in der Form

$$u_i = pu_{i-1} + qu_{i+1} \; ; \quad p + q = 1 \tag{5.9}$$
$$\ldots -2, -1, 0, 1, 2, \ldots$$

Ist $p \neq q$, also die Irrfahrt transient, können zwei verschiedene Lösungen angegeben werden:

$$u_i = \left(\frac{p}{q}\right)^i$$

und $$u_i = 1$$

Im Falle $p = q = \frac{1}{2}$ existiert jedoch nur die konstante Lösung. Wir werden sehen, daß im Falle rekurrenter Markovketten immer ein stationäres Maß - nicht immer eine stationäre Verteilung! - existiert, das im Falle der Irreduzibilität im wesentlichen, d.h. bis auf konstante Faktoren, eindeutig ist.

Der in Beispiel 5.2 zu beobachtende Sachverhalt über rekurrente Irrfahrten wird nun in folgendem Satz für beliebige rekurrente Markovketten formuliert:

Satz 5.4

Eine irreduzible, rekurrente Markovkette besitzt ein streng positives, stationäres Maß $\tilde{u} = (u_0, u_1, \dots )$. Dieses Maß ist bis auf konstante Faktoren eindeutig bestimmt.

Ist die Kette null-rekurrent, so ist $u = \sum_{i=0}^{\infty} u_i$ divergent

ist die Kette positiv-rekurrent, so ist $u = \sum_{i=0}^{\infty} u_i$ konvergent.

Anders ausgedrückt, lautet die Behauptung des Satzes: Das Gleichungssystem

$$\begin{aligned} u_o &= 1 \\ u_i &= \sum_{j=0}^{\infty} u_j p_{ji} \qquad i = 0, 1, \dots \end{aligned} \tag{5.10}$$

hat für irreduzible und rekurrente Markovketten eine eindeutige Lösung und es ist $u_i > 0$ für alle $i \in S$. Im Falle einer positiv-rekurrenten Markovkette erhalten wir sogar, nach geeigneter Normierung, eine eindeutig bestimmte stationäre Verteilung.

Beweis des Satzes:

Wir versuchen, Zufallsgrößen zu finden, deren Erwartungswerte gerade das Gleichungssystem (5.10) erfüllen. Dazu definieren wir 0, 1 - Zufallsgrößen $V_{n,j}$ für $j \neq 0$:

$$V_{n,j} \begin{cases} = 1 & \text{wenn } X_n = j \text{ und } X_r \neq 0 \text{ für } 1 \leq r \leq n-1 \\ = 0 & \text{sonst} \end{cases} \tag{5.11}$$

Es ist offenbar (siehe dazu (4.37)):

$$E(V_{n,j} | X_o = 0) = \sum_{k_1,\dots,k_{n-1} \in S-\{0\}} p_{ok_1} p_{k_1k_2} \cdot \dots \cdot p_{k_{n-1}j} = {}_{\{0\}}p_{oj}^{(n)} \tag{5.12}$$

$$n = 1, 2, \dots$$

Durch Summation der Größen $V_{n,j}$ erhalten wir leicht deutbare Zufallsgrößen:

$$W_j = V_{1,j} + V_{2,j} + \dots = \sum_{n=1}^{\infty} V_{n,j} \tag{5.13}$$

Zur Interpretation der $W_j$ beobachten wir ein System, das im Zustand 0 startet bis zu seiner ersten Rückkehr in den Zustand 0. Die Rekurrenzzeit $T_o$ ist eine eigentliche Zufallsgröße. $W_j$ kann nun als die Anzahl der Besetzungen des Zustandes j auf einem Kreis $\langle 0 \dots 0 \rangle$ angesehen werden, der den Zustand Null unterwegs nicht berührt und es ist offensichtlich

$$T_o = 1 + W_1 + W_2 + \dots = 1 + \sum_{j=1}^{\infty} W_j \tag{5.14}$$

Mit $T_o$ sind auch die $W_j$ eigentliche Zufallsgrößen. Nun werden die (bedingten) Erwartungswerte der Besetzungszahlen eingeführt:

$$u_j = E(W_j | X_o = 0) = \sum_{n=1}^{\infty} E(V_{n,j} | X_o = 0) = \sum_{n=1}^{\infty} {}_{\{0\}}p_{oj}^{(n)} \qquad (5.15)$$

Summierung der $u_j$ ergibt, wenn wir $u_o = 1$ setzen

$$u = \sum_{j=0}^{\infty} u_j = E(T_o) = \mu_o \quad \begin{cases} = +\infty & \text{wenn die Kette null-rekurrent} \\ < +\infty & \text{wenn die Kette positiv-rekurren} \end{cases}$$

Nun werden etappenweise die interessierenden Eigenschaften der $u_j$, $j = 0, 1, \ldots$ bestimmt.

a) Die Erwartungswerte $u_j = E(W_j | X_o = 0)$ existieren

Wegen der Irreduzibilität der Kette gibt es für jedes $j \neq 0$ ein $m > 0$, so daß $f_{jo}^{(m)} > 0$. Nun ist

$$f_{oo}^{(n+m)} = \sum_{i_1,\ldots,i_{n+m-1} \in S-\{0\}} p_{o,i_1} \cdots p_{i_{n+m-1},o} = \sum_{i_n=0}^{\infty} {}_{\{0\}}p_{o,i_n}^{(n)} f_{i_n,o}^{(m)}$$

$$\geqslant {}_{\{0\}}p_{oj}^{(n)} f_{jo}^{(m)}.$$

oder

$${}_{\{0\}}p_{oj}^{(n)} \leqslant \frac{f_{oo}^{(n+m)}}{f_{jo}^{(m)}} \qquad (5.16)$$

$u_j = \sum_{n=1}^{\infty} {}_{\{0\}}p_{oj}^{(n)}$ ist konvergent, da die positive Majorante

$\frac{1}{f_{jo}^{(m)}} \sum_{n=1}^{\infty} {}_{\{0\}}p_{oj}^{(n)}$ konvergiert.

b) Die Größen $u_j$ sind eine Lösung des Gleichungssystems (5.10)

Die Tabuwahrscheinlichkeiten ${}_{\{0\}}p_{oj}^{(n)}$ genügen folgendem Gleichungssystem, das wir etwa aus (5.12) durch Summation erhalten.

$$\left.\begin{aligned} {}_{\{0\}}p_{oi}^{(1)} &= p_{oi} \\ {}_{\{0\}}p_{oi}^{(n)} &= \sum_{j=1}^{\infty} {}_{\{0\}}p_{oj}^{(n-1)} p_{ji} \quad \text{für } n > 1 \end{aligned}\right\} ; \; i = 0,1, \ldots \qquad (5.17)$$

Summieren wir die Gleichungen des Systems (5.17) über n, so ergibt sich

$$\sum_{n=1}^{\infty} {}_{\{0\}}p_{oi}^{(n)} = p_{oi} + \sum_{m=1}^{\infty}\sum_{j=1}^{\infty} {}_{\{0\}}p_{oj}^{(m)} p_{ji} \tag{5.18}$$

$$= p_{oi} + \sum_{j=1}^{\infty} \Big(\sum_{n=1}^{\infty} {}_{\{0\}}p_{oj}^{(n)}\Big)\cdot p_{ji} \tag{5.19}$$

$$= p_{oi} + \sum_{j=1}^{\infty} u_j p_{ji} \tag{5.20}$$

Der Übergang nach (5.19) wird durch den Doppelreihensatz gerechtfertigt, da die Konvergenz von (5.18) im Abschnitt a) schon gesichert werden konnte.

Berücksichtigen wir noch $u_o = 1$, so wird (5.19) zu

$$u_i = \sum_{j=0}^{\infty} u_j p_{ji} \qquad i = 0, 1, \dots \tag{5.21}$$

Damit sind die Zahlen $u_j = E(W_j | X_o = 0)$ als Lösungen charakterisiert und die Stationarität des Vektors $\mathfrak{u} = (u_o, u_1, \dots \;)$ ist gezeigt.

c) Alle $u_i$ sind positiv

Die Stationarität von $\mathfrak{u}$ impliziert

$$\mathfrak{u} = \mathfrak{u}\,\mathfrak{P}^n \qquad n = 1, 2, \dots$$

das heißt, daß aus (5.21) folgt

$$u_i = \sum_{j=0}^{\infty} u_j p_{ji}^{(n)} \qquad n = 1, 2, \dots \tag{5.22}$$

Da die Kette irreduzibel ist, gibt es ein $m > 0$, so daß $p_{oi}^{(m)} > 0$. Nun ist auch

$$u_i = u_o p_{oi}^{(m)} + \sum_{j=1}^{\infty} u_j p_{ji}^{(m)} \geqslant u_o p_{oi}^{(m)} = p_{oi}^{(m)} > 0 \tag{5.23}$$

Diese Abschätzung gilt für jedes $i \in S$.

d) Die Lösung des Gleichungssystems (5.10) ist eindeutig

Es sei $\mathfrak{v} = (v_o, v_1, \dots)$ eine streng positive Lösung von (5.10), also

$$v_o = 1 \qquad v_i = \sum_{j=0}^{\infty} v_j p_{ji} \qquad i = 0, 1, \dots$$

Dann ist auch

$$v_i = \sum_{j=0}^{\infty} v_j p_{ji}^{(n)}, \qquad n = 1, 2, \dots; \; i = 0, 1, \dots \tag{5.24}$$

Wir betrachten nun eine neue Markovkette mit den Übergangswahrscheinlichkeiten

$$q_{ij}^{(n)} = \frac{v_j}{v_i} p_{ji}^{(n)} \tag{5.25}$$

Die $q_{ij}^{(n)}$ sind tatsächlich Übergangswahrscheinlichkeiten n-ter Ordnung, denn es gilt:

aa) $q_{ij}^{(n)} \geqslant 0$

ab) $\sum_{j=0}^{\infty} q_{ij}^{(n)} = \frac{1}{v_i} \sum_{j=0}^{\infty} v_j p_{ji}^{(n)} = \frac{1}{v_i} \cdot v_i = 1$

das heißt, die Matrizen $(q_{ij}^{(n)})$ sind stochastische Matrizen.

ac) $q_{ij}^{(n+1)} = \frac{v_j}{v_i} p_{ji}^{(n+1)} = \frac{v_j}{v_i} \sum_{k=0}^{\infty} p_{jk}^{(n)} p_{ki} = \sum_{k=0}^{\infty} \frac{v_k}{v_i} p_{ki} \frac{v_j}{v_k} \cdot p_{jk}^{(n)}$

$$= \sum_{k=0}^{\infty} q_{ik} q_{kj}^{(n)}$$

Die neue Kette hat folgende Eigenschaften:

ba) Die Kette ist rekurrent. Kriterium für die Rekurrenz ist nämlich in irreduziblen Ketten die Divergenz aller Summen $\sum_{n=0}^{\infty} p_{ij}^{(n)}$; aus der Rekurrenz der durch die $p_{ij}^{(n)}$ repräsentierten Ketten folgt somit Rekurrenz der abgeleiteten Ketten mit den Übergangswahrscheinlichkeiten $q_{ij}^{(n)}$ vermöge (5.25).

bb) Es seien mit $g_{io}^{(n)}$ die first-passage-probabilities für die Übergänge von i nach 0 bezeichnet. Es ist

$$g_{io}^{(n)} = \sum_{i_1,\dots,i_{n-1} \in S-\{0\}} q_{i,i_1} q_{i_1 i_2} \cdot \ldots \cdot q_{i_{n-1},o}$$

$$= \sum_{i_1,\dots,i_{n-1} \in S-\{0\}} \frac{v_{i_1}}{v_i} p_{i_1 i} \cdot \frac{v_{i_2}}{v_{i_1}} p_{i_2 i_1} \cdot \ldots \cdot \frac{v_o}{v_{i_{n-1}}} \cdot p_{oi_{n-1}}$$

$$= \frac{1}{v_i} \sum_{i_1,\dots,i_{n-1} \in S-\{0\}} p_{oi_{n-1}} \cdot \ldots \cdot p_{i_2 i_1} p_{i_1 i} = \frac{1}{v_i} {}_{\{0\}} p_{oi}^{(n)}$$

oder

$${}_{\{0\}} p_{oi}^{(n)} = v_i g_{io}^{(n)} \tag{5.26}$$

Die Summation über n ergibt in (5.26):

$$u_i = v_i \, g_{io}^* \tag{5.27}$$

Nach Satz 4.22 ist in irreduziblen, rekurrenten Ketten $g_{io}^* = 1$ und damit $u_i = v_i$ für alle $i \in S$. ■

## 5.3 Grenzverteilungen

Den Begriff der Grenzverteilung definieren wir allgemein für stochastische Ketten:

**Definition 5.4**

Existiert in einer stochastischen Kette $\{X_t\}$ der Grenzvektor

$$\lim_{t \to \infty} \varphi_t = \varphi_\infty$$

und ist $\varphi_\infty$ wieder ein Verteilungsvektor, so nennen wir $\varphi_\infty$ die Grenzverteilung der stochastischen Kette.

Nach Satz 4.17 wissen wir, daß für ergodische Ketten der Grenzwert

$$\pi_{ij} = \lim_{n \to \infty} p_{ij}^{(n)} = \frac{f_{ij}^*}{\mu_j}$$

existiert. Wegen Satz 4.22 ist für irreduzible, rekurrente Ketten $f_{ij}^* = 1$ für alle $i, j \in S$; damit wird $\pi_{ij} = \frac{1}{\mu_j}$ und von i unabhängig. Wir schreiben für irreduzible, ergodische Ketten einfach $\pi_{ij} = \pi_j$ und definieren den Vektor

$$\pi = (\pi_0, \pi_1, \ldots ) = (\frac{1}{\mu_0}, \frac{1}{\mu_1}, \ldots ) \tag{5.28}$$

Der Grenzwert $\mathcal{P}_\infty = \lim_{n \to \infty} \mathcal{P}^n$ wird bei irreduziblen, ergodischen Markovketten somit zu einer Matrix mit lauter gleichen Zeilen $\pi$ :

$$\mathcal{P}_\infty = \begin{pmatrix} \pi_0, & \pi_1, & \pi_2, & \ldots \\ \pi_0, & \pi_1, & \pi_2 & \ldots \\ \pi_0, & \pi_1, & \pi_2 & \ldots \\ & \ldots & \ldots & \end{pmatrix}$$

Schreiben wir für einen aus lauter Einsen bestehenden Zeilenvektor $\mathbb{1} = (1, 1, \ldots )$, so wird einfach

$$\mathcal{P}_\infty = \mathbb{1}'\pi$$

Nun formulieren wir den

Satz 5.5 Hauptsatz für ergodische Markovketten

Eine irreduzible, ergodische Kette besitzt einen stationären Grenzvektor $\varphi_\infty$, für den unabhängig von der Anfangsverteilung gilt

$$\varphi_\infty = \pi = (\pi_0, \pi_1, \dots) \tag{5.29}$$

Beweis:

Wir führen den Beweis in drei Schritten:

a) Unabhängig von der Anfangsverteilung strebt $\varphi_t$ gegen $\pi$.

b) Der Vektor $\pi$ ist stationär.

c) Der Vektor $\pi$ ist ein Wahrscheinlichkeitsvektor, das heißt $\sum_{i=0}^{\infty} \pi_i = 1$.

ad a) Es ist $\lim_{n\to\infty} p_{ij}^{(n)} = \pi_j$ und wegen der positiven Rekurrenz der Kette $\pi_j > 0$.

Es sei $\varphi_n = (p_0(n), p_1(n), \dots)$ $n = 0, 1, \dots$ dann gilt (2.28a)

$$p_j(n) = \sum_{i=0}^{\infty} p_i(0)\, p_{ij}^{(n)}$$

Wir setzen nun

$$a_{ni} = p_i(0)\, p_{ij}^{(n)}$$

$$b_i = p_i(0)$$

Dann gilt $a_{ni} \leq b_i$ für alle n,i und $\sum b_i = 1$. Die Bedingungen des Satzes 5.2 sind somit für die Doppelfolge $a_{ni}$ erfüllt und es gilt

$$\lim_{n\to\infty} \sum_{i=0}^{\infty} p_i(0)\, p_{ij}^{(n)} = \sum_{i=0}^{\infty} p_i(0) \lim_{n\to\infty} p_{ij}^{(n)} \tag{5.30}$$

Jetzt können wir $\lim_{n\to\infty} p_j(n)$ berechnen:

$$\lim_{n\to\infty} p_j(n) = \lim_{n\to\infty} \sum_{i=0}^{\infty} p_i(0)\, p_{ij}^{(n)} = \sum_{i=0}^{\infty} p_i(0)\, \pi_j = \pi_j > 0$$

Es gilt also:

$$\varphi_\infty = \lim_{n\to\infty} \varphi_n = (\pi_0, \pi_1, \dots) \text{ mit } \pi_j > 0 \text{ für alle } j \in S. \tag{5.31}$$

ad b) Die Matrix $(p_{ij}^{(n)})$ ist stochastisch, daher gilt für jede ganze Zahl J

$$\sum_{j=0}^{J} p_{ij}^{(n)} \leq 1 \tag{5.32}$$

und es ist

$$\lim_{n\to\infty} \sum_{j=0}^{J} p_{ij}^{(n)} = \sum_{j=0}^{J} \pi_j \leq 1$$

da man bei endlichen Summen limes- und Summenzeichen vertauschen kann. Die Teilsummen $\sum_{j=0}^{J} \pi_j$ sind beschränkt, also konvergiert wegen $\pi_j > 0$ die Reihe $\sum_{j=0}^{\infty} \pi_j = c$ und es ist $0 < c \leq 1$.

Nun schreiben wir für $p_{ij}^{(n)}$ die Gleichungen von Chapman-Kolmogorov in der Form $p_{ij}^{(n)} = \sum_{k=0}^{\infty} p_{ik}^{(n-1)} p_{kj}$ und erhalten daraus für jedes ganze

$$p_{ij}^{(n)} \geq \sum_{k=0}^{K} p_{ik}^{(n-1)} p_{kj} \tag{5.33}$$

Übergang zur Grenze $n \longrightarrow \infty$ in (5.33) liefert:

$$\pi_j \geq \sum_{k=0}^{K} {}_k p_{kj} \tag{5.34}$$

Die Abschätzung (5.34) gilt für jedes K, also folgt

$$\pi_j \geq \sum_{k=0}^{\infty} \pi_k p_{kj} \qquad \text{für jedes } j \tag{5.35}$$

Wir summieren nun in (5.35) über j und erhalten

$$\sum_{j=0}^{\infty} \pi_j \geq \sum_{j=0}^{\infty} \sum_{k=0}^{\infty} \pi_k p_{kj} = \sum_{k=0}^{\infty} \sum_{j=0}^{\infty} \pi_k p_{kj} \qquad \text{(Doppelreihensatz)}$$

$$= \sum_{k=0}^{\infty} \pi_k \cdot \left( \sum_{j=0}^{\infty} p_{kj} \right) = \sum_{k=0}^{\infty} \pi_k$$

oder

$$c = \sum_{j=0}^{\infty} \pi_j \geq \sum_{k=0}^{\infty} \pi_k = c \tag{5.36}$$

Würde nun in (5.35) nur für ein j das Ungleichheitszeichen stehen, so würde die zu (5.36) führende Sequenz von Umformungen auf den Widerspruch $c > c$ führen. Daher gilt

$$\pi_j = \sum_{k=0}^{\infty} \pi_k p_{kj} \qquad \text{für alle } j \in S, \tag{5.37}$$

das heißt: $\pi = \pi \mathcal{P}$ oder, der Vektor $\pi$ ist stationär.

ad c) Aus der Stationaritätsbeziehung (5.37) läßt sich folgern

$$\pi_j = \sum_{k=0}^{\infty} \pi_k p_{kj}^{(n)}$$

Den Übergang zur Grenze $n \longrightarrow \infty$ unter dem Summenzeichen können wir durchführen, da Satz 5.2 mit $a_{nk} = \pi_k p_{kj}^{(n)}$, $b_k = \pi_k$ anwendbar wird und wir erhalten

$$\pi_j = \sum_{k=0}^{\infty} \pi_k \pi_j = \pi_j \cdot \sum_{k=0}^{\infty} \pi_k \tag{5.38}$$

Nun ist $\pi_j > 0$, die Division durch $\pi_j$ ist in (5.38) durchführbar und wird $\sum_{k=0}^{\infty} \pi_k = 1$ ■

Dem Teil b) des vorangehenden Beweises kann auch die folgende, selbständige Formulierung gegeben werden:

Satz 5.5a

Besitzt eine Markovkette eine Grenzverteilung, so ist diese auch stationär.

Dieser Satz kann nicht ohne weiteres umgekehrt werden; dies zeige

Beispiel 5.3

Eine Markovkette mit der Übergangsmatrix $\mathcal{P} = \begin{pmatrix} 0 & 1 \\ 1 & 0 \end{pmatrix}$ hat die stationäre Verteilung $(\frac{1}{2}, \frac{1}{2})$. Sie hat jedoch im allgemeinen keine Grenzverteilung. Sei etwa $\varphi_0 = (p, 1-p)$, so wird der Reihe nach $\varphi_1 = (1-p, p)$ $\varphi_2 = (p, 1-p)$ $\varphi_3 = (1-p, p)$, .... Man sieht sofort, daß für $p \neq \frac{1}{2}$ der Zustandsvektor zwischen zwei festen Werten hin- und herpendelt.

Anmerkung:

Man beachte den begrifflichen Unterschied zwischen stationärer und Grenzverteilung! Die stationäre Verteilung ist einer Übergangsmatrix zugeordnet, mit der zusammen sie einen ganz bestimmten Markovprozeß erzeugt, nämlich einen stationären Prozeß. Die Grenzverteilung wird jedoch einem Markovprozeß, bestimmt durch Übergangsmatrix und Anfangsverteilung zugeordnet. Je nachdem, welche Anfangsverteilung vorgegeben wird, kann bei gleicher Übergangsmatrix einmal eine Grenzverteilung existieren, ein andermal nicht. Dies zeigt Beispiel 5.3, in dem für $p = 0,5$ eine Grenzverteilung existiert, für $p \neq 0,5$ keine. Die korrekte Umkehrung von Satz 5.5a kann in diesem Fragenkreis angesiedelt werden und würde lauten:

Ist die Anfangsverteilung einer Markovkette der zur Übergangsmatrix gehörige stationäre Vektor, so besitzt die Kette auch eine Grenzverteilung.

Der Hauptsatz über Grenzverteilungen bei irreduziblen, ergodischen Ketten ist in Kombination mit Satz 5.4, der die Eindeutigkeit von stationären Verteilungen bei positiv-rekurrenten Ketten sichert, von hervorragender Bedeutung für die praktische Berechnung von Grenzverteilungen. Aus Satz 5.4 folgt nämlich, daß eine ergodische Kette genau eine stationäre Verteilung hat, und wegen Satz 5.5 stimmt die Grenzverteilung mit der eindeutig gegebenen stationären Verteilung überein. Man hat also zur Auffindung der Grenzverteilung nichts anderes zu tun, als eine normierte, nichtnegative Lösung des Gleichungssystems

$$\pi_i = \sum_{j=0}^{\infty} \pi_j p_{ji} \qquad i = 0, 1, \ldots \qquad (5.39)$$

zu suchen. Voraussetzung für diese Vorgangsweise ist allerdings, daß man <u>weiß</u>, daß die Markovkette ergodisch ist. Allerdings kann man, wie wir später sehen werden, das obige Gleichungssystem in Kriterien für die Ergodizität von Markovketten einbauen.

Eine Lösung des Gleichungssystems (5.39) ist jedoch im allgemeinen <u>nicht</u> als Grenzverteilung brauchbar, wenn die Kette <u>periodisch</u> ist, da ja dann im allgemeinen überhaupt keine Grenzverteilung existiert.

In den Anwendungen greift man sehr häufig auf Grenzverteilungen zurück, da man die Systeme meist als solche ansehen kann, bei denen der Grenzzustand praktisch erreicht ist. Man hat dann den Vorteil, durch die Betrachtung einer eindimensionalen Verteilung auch das mittlere Verhalten des Systems über beliebig lange Zeiträume zu erfassen.

<u>Beispiel 5.4</u>

Wir betrachten wiederum das Lagerhaltungsmodell aus Beispiel 2.5 und fragen nach der Grenzverteilung für $t \longrightarrow \infty$. Die Existenz der Grenzverteilung ist gesichert; die Kette ist bei endlichem Zustandsraum irreduzibel und somit positiv-rekurrent; die Hauptdiagonale der Übergangsmatrix besitzt Elemente $\neq 0$, daher ist die Kette aperiodisch, also insgesamt ergodisch.

Übernehmen wir die in Beispiel 2.5 verwendete Numerierung des Zustandsraumes, dann wird mit der dortigen Übergangsmatrix das System zur Bestimmung der $\pi_j$:

$$\begin{array}{lllllll}
0{,}2\,\pi_3 & & & +\,0{,}2\,\pi_0 & +\,0{,}2\,\pi_{-1} & +\,0{,}2\,\pi_{-2} & = \pi_3 \\
0{,}5\,\pi_3 & +\,0{,}2\,\pi_2 & & +\,0{,}5\,\pi_0 & +\,0{,}5\,\pi_{-1} & +\,0{,}5\,\pi_{-2} & = \pi_2 \\
0{,}2\,\pi_3 & +\,0{,}5\,\pi_2 & +\,0{,}2\pi_1 & +\,0{,}2\,\pi_0 & +\,0{,}2\,\pi_{-1} & +\,0{,}2\,\pi_{-2} & = \pi_1 \\
0{,}1\,\pi_3 & +\,0{,}2\,\pi_2 & +\,0{,}5\,\pi_1 & +\,0{,}1\,\pi_0 & +\,0{,}1\,\pi_{-1} & +\,0{,}1\,\pi_{-2} & = \pi_0 \\
 & +\,0{,}1\,\pi_2 & +\,0{,}2\,\pi_1 & & & & = \pi_{-1} \\
 & & 0{,}1\,\pi_1 & & & & = \pi_{-2}
\end{array} \qquad (5.40$$

Zusammen mit der Normierungsbedingung

$$\pi_3 + \pi_2 + \pi_1 + \pi_0 + \pi_{-1} + \pi_{-2} = 1$$

liefert das System (5.40) die Lösung

$$\underline{\pi_3 = 0{,}0883 \quad \pi_2 = 0{,}2759 \quad \pi_1 = 0{,}2828 \quad \pi_0 = 0{,}2407}$$

$$\underline{\pi_{-1} = 0{,}0841 \quad \pi_{-2} = 0{,}0283}$$

Durchschnittliche Lagerhaltungs- und Fehlmengenkosten können anhand dieser Verteilung berechnet werden. Darüberhinaus können aus den Reziprokwerten der $\pi_j$ sofort die Rekurrenzzeiten berechnet werden. Es ist etwa

$$\mu_1 \sim 4{,}2 \qquad \text{und} \qquad \mu_{-2} = 35{,}4$$

Nach durchschnittlich 4,2 Perioden kehrt man wieder in den Zustand 1 zurück, während zwischen zwei maximalen Fehlbeständen eine durchschnittliche Zeitspanne von 35,4 Perioden liegt.

<u>Beispiel 5.5</u>

Gegeben sei eine Markovkette mit dem Zustandsraum $S = \{0, 1\}$ und der Übergangsmatrix

$$\begin{pmatrix} 1-\alpha & \alpha \\ \beta & 1-\beta \end{pmatrix}$$

Zur Bestimmung des stationären Vektors $(\pi_0, \pi_1)$ benutzen wir das System

$$(1-\alpha)\;\pi_0 + \beta\pi_1 = \pi_0$$

$$\pi_0 + \pi_1 = 1$$

und erhalten als Lösung

$$\pi_0 = \frac{\beta}{\alpha+\beta} \qquad \pi_1 = \frac{\alpha}{\alpha+\beta}$$

Der Grenzwert $\lim_{t\to\infty} \mathcal{P}^t$ wird also zu

$$\mathcal{P}_\infty = \begin{pmatrix} \frac{\beta}{\alpha+\beta} & \frac{\alpha}{\alpha+\beta} \\ \frac{\beta}{\alpha+\beta} & \frac{\alpha}{\alpha+\beta} \end{pmatrix}$$

in Übereinsimmung mit der in (2.30) durch direkte Rechnung erhaltenen Formel. Die mittleren Rekurrenzzeiten werden

$$\mu_0 = \frac{1}{\pi_0} = 1 + \frac{\alpha}{\beta} \quad ; \qquad \mu_1 = \frac{1}{\pi_1} = 1 + \frac{\beta}{\alpha}$$

in Übereinsimmung mit den Resultaten des Beispiels 4.1.
Man beachte, daß eine irreduzible, ergodische Kette nur vorliegt, wenn die Parameterwerte im offenen Dreieck $\alpha > 0$, $\beta > 0$, $\alpha + \beta < 2$ liegen.

a) Ist $\alpha + \beta = 2$, so erhalten wir die Matrix $\begin{pmatrix} 0 & 1 \\ 1 & 0 \end{pmatrix}$, die periodisch mit der Periode 2 wird (siehe Beispiel 5.3), im allgemeinen also keine Grenzverteilung.

b) Ist $\alpha = 0$, $\beta = 0$ so erhalten wir den Fall zweier isolierter Rekurrenzklassen. Es existieren zwar Grenzverteilungen, diese sind aber nicht unabhängig vom Anfangszustand.

c) Ist $\alpha = 0$, $\beta \neq 0$, so wird 1 ein transienter Zustand. Es existiert die vom Anfangszustand unabhängige Grenzverteilung

$$\pi = (1, 0)$$

## 5.4 Rekurrenz- und Transienzkriterien

Bei Markovketten mit endlichem Zustandsraum ist aus dem Erreichbarkeitsgraph sofort zu entnehmen, ob ein bestimmter Zustand transient oder rekurrent ist. Irreduzible Markovketten mit endlichem Zustandsraum sind immer positiv-rekurrent. Anders bei unendlichem Zustandsraum: Hier kann im allgemeinen die bloße Betrachtung des Erreichbarkeitsgraphen keine Entscheidung zwischen den möglichen Typen des Übergangsverhaltens bringen. Da die direkte Anwendung der Definition 4.5, aber auch der durch die Grenzwertsätze des Abschnitts 4.4.2 vermittelte Rekurs auf Übergangswahrscheinlichkeiten höherer Ordnung, praktisch meist nicht handhabbar sind, suchen wir nach Kriterien, die - zumindest bei irreduziblen Markovketten - das Übergangsverhalten direkt aus der Übergangsmatrix abzulesen gestatten.

Theoretisch könnte man etwa aus den Sätzen 5.4 und 5.5 ein Kriterium für die Ergodizität von Markovketten herleiten. Besitzt nämlich das Gleichungssystem

$$u_j = \sum_{i=0}^{\infty} u_i \, p_{ij} \qquad j = 0, 1, \ldots$$

keinen konvergenten Lösungsvektor, so ist das System nicht ergodisch. Es wäre jedoch unpraktisch, Kriterien auf die Nichtexistenz von Lösungen eines Gleichungssystems aufzubauen. Vielmehr versucht man, Kriterien so zu bauen, daß aus der Existenz einer Lösung eine Entscheidung über die Annahme oder Ablehnung einer Hypothese betreffend das Übergangsverhalten der Markovkette hergeleitet werden kann.

Wir wollen in den in diesem Abschnitt auftretenden Gleichungssystemen immer folgende Bezeichnungsweise benutzen:

Vektor der Variablen: $\mathfrak{u} = (u_0, u_1, \ldots \quad )$

Lösungsvektor: $\mathfrak{z} = (\zeta_0, \zeta_1, \ldots \quad )$

Satz 5.6 Ergodizitätskriterium

Gegeben sei eine irreduzible und aperiodische Markovkette mit der Übergangsmatrix $\mathfrak{P} = (p_{ij})$

a) Hinreichendes Kriterium

Besitzt das Gleichungssystem

$$u_j = \sum_{i=0}^{\infty} u_i \cdot p_{ij} \qquad j = 0, 1, \ldots \tag{5.41}$$

eine absolut konvergente, von der Nullösung verschiedene Lösung, ist die Markovkette ergodisch.

b) Notwendiges Kriterium

Ist die Markovkette ergodisch, so konvergieren alle nichtnegativen Lösungen des Ungleichungssystems

$$u_j \geq \sum_{i=0}^{\infty} u_i \cdot p_{ij} \qquad j = 0, 1, \ldots \tag{5.42}$$

Anmerkung:

Will man zeigen, daß eine aperiodische Markovkette ergodisch ist, so sucht man einen Lösungsvektor $\mathfrak{z} = (\zeta_0, \zeta_1, \ldots \quad )$ des Systems (5.41) mit $\sum |\zeta_i| \neq 0$ und konvergent. Will man jedoch zeigen, daß die Kette nicht positiv rekurrent ist, so sucht man eine Lösung, für die $\sum |\zeta_i|$ divergiert.

Beweis des Satzes

ad a) Lösungsvektoren $\mathfrak{z} = (\zeta_0, \zeta_1, \ldots)$ von (5.41) sind gerade die stationären Vektoren zur Matrix $\mathfrak{P} = (p_{ij})$; es gilt also $\mathfrak{z} = \mathfrak{z}\mathfrak{P}$. Aus der Stationarität folgt

$$\mathfrak{z} = \mathfrak{z}\mathfrak{P}^n \quad \text{oder} \quad \zeta_j = \sum_{i=0}^{\infty} \zeta_i \, p_{ij}^{(n)} \quad \text{für alle } n \geq 1 \tag{5.43}$$

Nach Voraussetzung gibt es ein j, so daß $|\zeta_j| > 0$. Geht man in (5.43) zu Absolutbeträgen über, so ergibt sich

$$0 < |\zeta_j| \leq \sum_{i=0}^{\infty} |\zeta_i| \, p_{ij}^{(n)} \tag{5.44}$$

Da die Kette irreduzibel und aperiodisch ist, existiert $\pi_j = \lim_{n\to\infty} p_{ij}^{(n)}$. Es ist noch zu zeigen, daß $\pi_j > 0$. Dazu nehmen wir den Grenzübergang $n \longrightarrow \infty$ in (5.44) vor; Satz 5.2 liefert dann das Ergebnis

$$0 < |\zeta_j| \leq \pi_j \sum_{i=0}^{\infty} |\zeta_i|$$

oder

$$\pi_j \geq \frac{|\zeta_j|}{\sum_{i=0}^{\infty} |\zeta_i|} > 0 \tag{5.45}$$

da nach der Kriteriumsvoraussetzung $\sum_{i=0}^{\infty} |\zeta_i| < \infty$ ist. Der Zustand j ist also positiv-rekurrent, wegen der Irreduzibilität auch die Kette selbst. ■

ad b) Es sei $\mathfrak{z} \geq \mathfrak{o}$ und Lösung von (5.42), also

$$\zeta_j \geq \sum_{i=0}^{\infty} \zeta_i \, p_{ij} \qquad j = 0, 1, \ldots \tag{5.46}$$

Wir können (5.46) in der Form

$$\mathfrak{z} \geq \mathfrak{z}\mathfrak{P} \quad \text{oder} \quad \mathfrak{z} - \mathfrak{z}\mathfrak{P} \geq \mathfrak{o} \tag{5.47}$$

schreiben. Multipliziert man (5.47) von rechts mit $\mathfrak{P}^n$, so erhalten wir

$$\mathfrak{z}\mathfrak{P}^n - \mathfrak{z}\mathfrak{P}^{n+1} \geq \mathfrak{o} \quad \text{oder} \quad \mathfrak{z}\mathfrak{P}^n \geq \mathfrak{z}\mathfrak{P}^{n+1} \text{ für alle } n \geq 1 \tag{5.48}$$

und daraus zusammen mit (5.47)

$$\mathfrak{z}\mathfrak{P}^n \geq \mathfrak{o} \quad \text{oder} \quad \zeta_j \geq \sum_{i=0}^{\infty} \zeta_i \, p_{ij}^{(n)} \quad \text{für} \quad \begin{matrix} n = 1, 2, \ldots \\ j = 0, 1, \ldots \end{matrix} \tag{5.49}$$

Da die $\xi_i > 0$, gilt für alle ganzen Zahlen J, n

$$\xi_j \geq \sum_{i=0}^{J} \xi_i \, p_{ij}^{(n)} \tag{5.50}$$

Da die Kette irreduzibel und aperiodisch ist, existiert der Grenzwert $\pi_j = \lim_{n\to\infty} p_{ij}^{(n)}$ für alle i, $j \in S$ und es wird

$$\xi_j \geq \sum_{i=0}^{J} \xi_i \, \pi_j = \pi_j \sum_{i=0}^{J} \xi_i$$

Da die Kette positiv-rekurrent ist, gilt $\pi_j > 0$ und somit

$$\sum_{i=0}^{J} \xi_i \leq \frac{\xi_j}{\pi_j} = c \tag{5.51}$$

Eine Reihe mit nichtnegativen Gliedern, deren Teilsummen beschränkt sind, ist jedoch konvergent. ■

Beispiel 5.5 Doppeltstochastische Matrizen

Eine stochastische Matrix $\mathcal{P} = (p_{ij})$ heißt doppeltstochastisch, wenn auch die Spaltensummen den Wert eins haben:

$$\sum_{j\in S} p_{ij} = 1 \; ; \quad i \in S \qquad \text{und} \qquad \sum_{i\in S} p_{ij} = 1 \; ; \quad j \in S \tag{5.52}$$

Eine irreduzible Markovkette mit unendlichem Zustandsraum und doppeltstochastischer Übergangsmatrix kann nicht ergodisch sein. Wegen (5.52) ist nämlich der Vektor $\mathfrak{z} = (1, 1, \ldots)$ eine Lösung des Systems (5.42), die divergent ist. Die Markovkette ist also periodisch oder nicht positiv-rekurrent.

Die einfache Irrfahrt mit den Übergangswahrscheinlichkeiten

$$\begin{aligned} p_{i,i-1} &= q \\ p_{i,i} &= r \neq 0 \,, \qquad p + q + r = 1 \\ p_{i,i+1} &= p \end{aligned}$$

ist aperiodisch, irreduzibel und doppeltstochastisch. Sie kann daher nur null-rekurrent oder transient sein. Obwohl für r = 0 die Irrfahrt die Periode 2 besitzt, gilt die Behauptung auch für diesen Grenzfall. Man kann dies dann etwa mittels des Satzes 5.4 zeigen.

Satz 5.7 Rekurrenzkriterium

Gegeben sei eine irreduzible Markovkette mit der Übergangsmatrix $\mathcal{P} = (p_{ij})$. Hat das Unbleichungssystem

$$u_i \geq \sum_{j=0}^{\infty} p_{ij} \, u_j \qquad i \in S - \{0\} \tag{5.53}$$

einen Lösungsvektor $\mathfrak{z} = (\zeta_0, \zeta_1, \ldots )$ mit $\lim_{i\to\infty} \zeta_i = +\infty$, so ist die Markovkette rekurrent.

Beweis:

Ausgangspunkt des Beweises ist eine unmittelbare Folgerung aus Satz 4.27: Ist in einer irreduziblen Markovkette $f_{io}^* = 1$ für alle $i \neq 0$, so ist der Zustand 0 rekurrent - und damit wegen der Irreduzibilität auch die Markovkette. Berücksichtigen wir noch Satz 4.22, demzufolge $f_{ij}^* = 1$ für alle Zustandspaare i, j einer irreduziblen, rekurrenten Kette gilt, können wir sagen: Eine irreduzible Kette ist genau dann rekurrent, wenn $f_{io}^* = 1$ für alle Zustände $i \neq 0$.

Die Markovkette werde nun im Zustand 0 punktiert (siehe hierzu Abschnitt 4.5.4.2). Die neue Übergangsmatrix bezeichnen wir mit ${}^{(0)}\tilde{\mathfrak{P}} = (\tilde{p}_{ij})$. An dieser punktierten Kette seien zwei Eigenschaften hervorgehoben:

a) Das Kriteriumssystem (5.53) ist äquivalent folgendem System, das mit den Übergangswahrscheinlichkeiten der punktierten Kette formuliert wird:

$$u_i \geq \sum_{j=0}^{\infty} \tilde{p}_{ij}\, u_j, \qquad i \in S \tag{5.54}$$

Daß $u_i = \zeta_i$, $i = 0, 1, \ldots$ eine Lösung von (5.54) sei, können wir nun so ausdrücken ($\mathfrak{z}'$ ist ein Spaltenvektor):

$$\mathfrak{z}' \geq {}^{(0)}\tilde{\mathfrak{P}}\,\mathfrak{z}' \tag{5.55}$$

Multiplizieren wir (5.55) wiederholt mit ${}^{(0)}\tilde{\mathfrak{P}}$ von links, so erhalten wir (analog der Ableitung von (5.49))

$$\mathfrak{z}' \geq {}^{(0)}\tilde{\mathfrak{P}}^n\,\mathfrak{z}' \quad \text{oder} \quad \zeta_i \geq \sum_{j=0}^{\infty} p_{ij}^{(n)}\, \zeta_j \qquad \begin{array}{l} i = 0, 1, \ldots \\ n = 1, 2, \ldots \end{array} \tag{5.56}$$

b) In der punktierten Kette wird $\{0\}$ zur einzigen minimalen Klasse, also sind alle Zustände $j \neq 0$ transient, und somit gilt:

$$\lim_{n\to\infty} \tilde{p}_{ij}^{(n)} = 0 \qquad \text{für } j \neq 0 \quad \text{(Satz 4.17)} \tag{5.57}$$

und

$$\lim_{n\to\infty} \tilde{p}_{io}^{(n)} = f_{io}^* \tag{5.58}$$

Zur Bestätigung der Beziehung gehen wir von der Formel

$$\tilde{p}_{io}^{(n)} = \sum_{\nu=0}^{n} \tilde{f}_{io}^{(\nu)} \tilde{p}_{oo}^{(n-\nu)}$$

aus und beachten, daß $\tilde{p}_{oo}^{(n-\nu)} = 1$ und $\tilde{f}_{io}^{(\nu)} = f_{io}^{(\nu)}$ gilt, also

$$\tilde{p}_{io}^{(n)} = \sum_{\nu=0}^{n} f_{io}^{(\nu)}$$

woraus (5.58) unmittelbar folgt.

Es sei nun i ein beliebiger Zustand aus der Menge S - {0}. Da die Folge der $\xi_i$ gegen $+\infty$ strebt, gibt es zu jedem $\varepsilon > 0$ eine ganze Zahl M, so daß

$$\xi_j > \frac{1}{\varepsilon} \qquad \text{für alle } j > M \tag{5.59}$$

gilt. Nun wird (5.56) umgeformt:

$$\sum_{j=0}^{M-1} \tilde{p}_{ij}^{(n)} \xi_j + \sum_{j=M}^{\infty} \tilde{p}_{ij}^{(n)} \xi_j \leq \xi_i$$

Wegen (5.59) ergibt sich die Abschätzung

$$\sum_{j=0}^{M-1} \tilde{p}_{ij}^{(n)} \xi_j + \frac{1}{\varepsilon} \sum_{j=M}^{\infty} \tilde{p}_{ij}^{(n)} \leq \xi_i \tag{5.60}$$

Wegen $\sum_{j=0}^{\infty} \tilde{p}_{ij}^{(n)} = 1$ kann man weiter umformen in:

$$\sum_{j=0}^{M-1} \tilde{p}_{ij}^{(n)} \xi_j + \frac{1}{\varepsilon}\left[1 - \sum_{j=0}^{M-1} \tilde{p}_{ij}^{(n)}\right] \leq \xi_i \tag{5.61}$$

In (5.61) kann nun der Grenzübergang $n \longrightarrow \infty$ durchgeführt werden. Berücksichtigen wir dabei (5.57) und (5.58), so erhalten wir

$$f_{io}^* \xi_o + \frac{1}{\varepsilon}[1 - f_{io}^*] \leq \xi_i$$

oder

$$1 - f_{io}^* \leq \varepsilon[\xi_i - \xi_o f_{io}^*] \tag{5.62}$$

Da $\varepsilon$ beliebig klein gewählt werden kann, führt die Annahme $f_{io}^* < 1$ auf einen Widerspruch. Es ist also $f_{io}^* = 1$, und zwar für jedes $i \neq 0$, da auch die Wahl des Zustandes i in (5.56) beliebig war. ■

Satz 5.8 Transienzkriterium

Gegeben sei eine irreduzible Markovkette mit der Übergangsmatrix

$\mathcal{P} = (p_{ij})$. Die Markovkette ist genau dann transient, wenn das Gleichungssystem

$$u_i = \sum_{j=1}^{\infty} p_{ij} u_j \qquad i \in S - \{0\} \qquad (5.63)$$

eine beschränkte Nicht-Nullösung besitzt.

Anmerkung:

Man beachte, daß den im Gleichungssystem (5.63) durch sein Nichtauftreten ausgezeichneten Zustand 0 grundsätzlich jeder beliebige Zustand der irreduziblen Kette vertreten kann.

Beweis:

Die Vorbemerkung zum Beweis des Satzes 5.7 kann auch so formuliert werden: Eine irreduzible Markovkette ist genau dann transient, wenn es einen Zustand $i \neq 0$ gibt, so daß

$$y_i = 1 - f_{io}^* > 0.$$

$y_i$ ist die Wahrscheinlichkeit, für immer in der Menge $S - \{0\}$ zu verbleiben, falls man vom Zustand i ausgeht.

Nun punktieren wir die Kette im Zustand 0. Für die entsprechenden Größen der punktierten Kette gilt

$$\tilde{f}_{io}^* = f_{io}^* \qquad \text{bzw.} \qquad \tilde{y}_i = y_i$$

Die Größen $\tilde{y}_i$ der punktierten Kette genügen - siehe Formel (4.117) - dem Gleichungssystem (5.63), somit auch die Größen $y_i$. Sie bilden wegen $|1 - f_{io}^*| \leq 1$ immer eine beschränkte Lösung. Ist die Kette transient, gibt es ein $i \neq 0$ mit $y_i > 0$, somit haben wir eine beschränkte Nicht-Nullösung.

Sei $\mathfrak{z} = (\zeta_1, \zeta_2, \ldots)$ ein beschränkter Lösungsvektor von (5.63), und $\mathfrak{z} \neq \mathfrak{o}$. Dann gibt es ein $i \neq 0$ mit $|\zeta_i| > 0$. Da $\mathfrak{z}$ beschränkt ist, können wir $|\zeta_j| \leq 1$ für alle $j = 1, 2, \ldots$ annehmen. Nun verwenden wir Beziehung (4.117b) für die punktierte Kette:

$$\tilde{y}_i \geq |\zeta_i| > 0$$

somit haben wir $y_i = 1 - f_{io}^* > 0$ oder $f_{io}^* < 1.$ ■

Beispiel 5.6

Wir betrachten die Irrfahrt auf der Geraden mit den Übergangswahrscheinlichkeiten

$$p_{i,i-1} = q \qquad p_{i,i+1} = p \qquad i = \ldots -2, -1, 0, 1, 2, \ldots$$
$$p + q = 1 \tag{5.64}$$

Nach geeigneter Umnumerierung wird das Kriterumssystem (5.63) in diesem Fall zu

$$\begin{array}{ll} u_1 = pu_2 & u_{-1} = qu_{-2} \\ u_2 = pu_3 + qu_1 & u_{-2} = pu_{-1} + qu_{-3} \\ u_3 = pu_4 + qu_2 & u_{-3} = pu_{-2} + qu_{-4} \\ \vdots & \vdots \end{array}$$

Beschränkte Nicht-Nullösungen erhalten wir nach einer Fallunterscheidung:

$$\text{a)} \quad p > q: \quad u_i \begin{cases} = \left(\frac{q}{p}\right)^i & \text{für } i \geq 1 \\ = 0 & \text{sonst} \end{cases}$$

$$\text{b)} \quad p < q: \quad u_i \begin{cases} = \left(\frac{q}{p}\right)^i & \text{für } i \leq -1 \\ = 0 & \text{sonst} \end{cases}$$

Damit ist gezeigt: Für $p \neq q$ ist die Irrfahrt transient.

Im Falle $p = q = \frac{1}{2}$ können wir das Rekurrenzkriterium des Satzes 5.7 verwenden. Das System (5.53) wird nun

$$\begin{array}{ll} 2\,u_1 \geq u_0 + u_2 & 2\,u_{-1} \geq u_0 + u_{-2} \\ 2\,u_2 \geq u_1 + u_3 & 2\,u_{-2} \geq u_{-1} + u_{-3} \\ 2\,u_3 \geq u_2 + u_4 & 2\,u_{-3} \geq u_{-2} + u_{-4} \\ \vdots & \vdots \end{array}$$

Eine Lösung ist

$$u_0 = 1,\ u_1 = 2,\ u_2 = 3, \ldots$$
$$u_{-1} = 2,\ u_{-2} = 3, \ldots$$

Setzen wir weiter $\quad \xi_0 = u_0$

$$\xi_{2m-1} = u_m \quad \xi_{2m} = u_{-m} \qquad \text{für } m \geq 1$$

so erhalten wir einen Lösungsvektor

$\zeta = (1, 2, 2, 3, 3, \ldots)$ mit der Eigenschaft $\lim_{k\to\infty} \zeta_k = +\infty$, somit ist die Irrfahrt für $p = q = \frac{1}{2}$ rekurrent. Sie ist null-rekurrent, weil das nach Satz 5.4 eindeutig bestimmte stationäre Maß konstant ist und somit eine divergente Komponentensumme besitzt.

## 6. Algebraische Methoden zur Berechnung der Übergangswahrscheinlichkeiten

Die direkte Berechnung der Übergangswahrscheinlichkeiten $p_{ij}^{(n)}$ ist gleichbedeutend mit der Berechnung der Matrizenpotenzen $\mathfrak{P}^n$. Selbstverständlich ist es möglich, für jeden gegebenen Exponenten, etwa $n = 5$, durch aufeinanderfolgende Multiplikationen gemäß $\mathfrak{P}^k = \mathfrak{P}^{k-1}\cdot\mathfrak{P}$ die Berechnung rekursiv durchzuführen. Wir stellen uns hier jedoch die Aufgabe, direkte Formeln mit n als Parameter zu entwickeln.

Dabei müssen wir jedoch Einschränkungen hinnehmen: Die hier dargestellte Methode der Spektralanalyse von Matrizen ist im allgemeinen nur auf endliche Matrizen, also auf Markovketten mit endlichem Zustandsraum anwendbar.

### 6.1 Potenzen von endlichen Matrizen

#### 6.1.1 Einige Vorbemerkungen zur Matrizenrechnung

Es sei zunächst auf einige Bezeichnungen hingewiesen, die in den nachstehenden Abschnitten verwendet werden.

Diagonalmatrizen

Wir schreiben für Diagonalmatrizen

$$\begin{pmatrix} a_1 & 0 & \ldots & 0 \\ 0 & a_2 & \ldots & 0 \\ & & \ddots & \\ 0 & 0 & \ldots & a_s \end{pmatrix} = \vartheta\{a_1, a_2, \ldots, a_s\} \qquad (6.1)$$

Als verallgemeinerte Diagonalmatrix bezeichnen wir eine quadratische Übermatrix, bei der nur in den Diagonalkästchen quadratische Matrizen stehen und schreiben

$$\left(\begin{array}{c:c:c:c} \mathfrak{A}_1 & \mathfrak{o} & \dots & \mathfrak{o} \\ \hdashline \mathfrak{o} & \mathfrak{A}_2 & \dots & \mathfrak{o} \\ \hdashline \vdots & \vdots & & \vdots \\ \hdashline \mathfrak{o} & \mathfrak{o} & \dots & \mathfrak{A}_r \end{array}\right) = \mathfrak{D}\{\mathfrak{A}_1, \mathfrak{A}_2, \dots, \mathfrak{A}_r\} \qquad (6.2)$$

Inneres (skalares) Produkt und Matrizenprodukt

Es seien $\mathfrak{x} = (x_1, \dots, x_s)$ , $\mathfrak{y} = (y_1, \dots, y_s)$ zwei Vektoren der gleichen Dimension s. Das innere oder skalare Produkt $\mathfrak{x}\cdot\mathfrak{y}$ der Vektoren ist die Zahl

$$\mathfrak{x}\cdot\mathfrak{y} = x_1y_1 + \dots + x_sy_s = \sum_{i=1}^{s} x_iy_i \qquad (6.3)$$

Es gilt

$$\mathfrak{x}\cdot\mathfrak{y} = \mathfrak{y}\cdot\mathfrak{x} \qquad (6.4)$$

Faßt man Vektoren als Spezialfälle von Matrizen auf, so muß man Zeilen- und Spaltenvektoren unterscheiden. Bei der Definition des skalaren Produkts wird von diesem Unterschied abgesehen.

Mittels des inneren Produktes kann die Matrizenmultiplikation einfach definiert werden. Wir denken uns $\mathfrak{A}$ als Übermatrix aus ihren Zeilenvektoren, $\mathfrak{B}$ als Übermatrix aus ihren Spaltenvektoren aufgebaut:

$$\mathfrak{A} = \begin{pmatrix} \mathfrak{a}_1 \\ \mathfrak{a}_2 \\ \vdots \\ \mathfrak{a}_s \end{pmatrix} \qquad \mathfrak{B} = (\mathfrak{b}_1', \mathfrak{b}_2', \dots, \mathfrak{b}_t')$$

Dann wird

$$\mathfrak{A}\mathfrak{B} = \begin{pmatrix} \mathfrak{a}_1\cdot\mathfrak{b}_1 & \mathfrak{a}_1\cdot\mathfrak{b}_2 & \dots & \mathfrak{a}_1\cdot\mathfrak{b}_t \\ \mathfrak{a}_2\cdot\mathfrak{b}_1 & \mathfrak{a}_2\cdot\mathfrak{b}_2 & \dots & \mathfrak{a}_2\cdot\mathfrak{b}_t \\ \vdots & \vdots & & \vdots \\ \mathfrak{a}_s\cdot\mathfrak{b}_1 & \mathfrak{a}_s\cdot\mathfrak{b}_2 & \dots & \mathfrak{a}_s\cdot\mathfrak{b}_t \end{pmatrix} \qquad (6.5)$$

Aus einem Zeilenvektor $\mathfrak{x}$ und einem Spaltenvektor $\mathfrak{y}'$ gleicher Dimension kann man in zweifacher Weise ein Matrizenprodukt bilden:

$$\mathfrak{x}\,\mathfrak{y}' = (x_1y_1 + \dots + x_sy_s) = (\mathfrak{x}\cdot\mathfrak{y}) \tag{6.6}$$

$$\mathfrak{y}'\,\mathfrak{x} = \begin{pmatrix} x_1y_1 & x_2y_1 & \dots & x_sy_1 \\ x_1y_2 & x_2y_2 & \dots & x_sy_2 \\ \vdots & & & \\ x_1y_s & x_2y_s & \dots & x_sy_s \end{pmatrix} \tag{6.7}$$

Anmerkung:
Man beachte, daß $\mathfrak{x}\,\mathfrak{y}'$ verschieden ist vom inneren Produkt $\mathfrak{x}\cdot\mathfrak{y}$; letzteres ist eine Zahl, während $\mathfrak{x}\,\mathfrak{y}'$ eine Matrix vom Typ $(1 \times 1)$ ist.

## Polynommatrizen und Matrizenfunktionen

Die Matrix

$$\mathfrak{A}(\lambda) = \mathfrak{A}_0\lambda^n + \mathfrak{A}_1\lambda^{n-1} + \dots + \mathfrak{A}_n \tag{6.8}$$

nennt man Polynommatrix vom Grade n, wenn $\mathfrak{A}_0 \neq \mathfrak{O}$ ist. Polynommatrizen können offenbar auch als Matrix mit Polynomen als Komponenten geschrieben werden:

$$\mathfrak{A}(\lambda) = (a_{ij}(\lambda)) \tag{6.9}$$

wobei der Grad von $\mathfrak{A}(\lambda)$ der maximale Grad der Polynome $a_{ij}(\lambda)$ wird.

Es sei $f(x) = a_0x^n + a_1x^{n-1} + \dots + a_n$ ein Polynom in der Unbestimmten x.

Die Matrizenfunktion $f(\mathfrak{A})$ ist definiert durch

$$f(\mathfrak{A}) = a_0\mathfrak{A}^n + a_1\mathfrak{A}^{n-1} + \dots + a_n\mathfrak{E} \tag{6.10}$$

## 6.1.2 Matrizenpotenzen bei verschiedenen Eigenwerten

Der Grundgedanke bei der Entwicklung expliziter Formeln für Matrizenpotenzen kann ganz einfach formuliert werden: Zwei quadratische Matrizen $\mathfrak{A}$, $\mathfrak{B}$ sind ähnlich, wenn es eine nichtsinguläre Matrix $\mathfrak{T}$ gibt, so daß

$$\mathfrak{A} = \mathfrak{T}^{-1}\mathfrak{B}\mathfrak{T} \tag{6.11}$$

gilt. Aus (6.11) folgt sofort durch Potenzieren

$$\mathfrak{A}^n = \mathfrak{T}^{-1}\mathfrak{B}^n\mathfrak{T} \qquad (6.12)$$

Will man also die Potenz $\mathfrak{A}^n$ berechnen, wird man trachten, eine möglichst einfache, zu $\mathfrak{A}$ ähnliche Matrix $\mathfrak{B}$ zu finden.

Es sei $\mathfrak{A}$ eine (s x s)-Matrix. Die Determinante $\Delta(\lambda) = |\lambda\mathfrak{E} - \mathfrak{A}|$ heißt charakteristisches Polynom. Die Gleichung

$$\Delta(\lambda) = |\lambda\mathfrak{E} - \mathfrak{A}| = 0 \qquad (6.13)$$

charakteristische Gleichung der Matrix $\mathfrak{A}$. Die charakteristische Gleichung ist eine algebraische Gleichung vom Grade s, ihre Wurzeln $\lambda_i$, i = 1, ..., s heißen Eigenwerte der Matrix $\mathfrak{A}$.

| | | | | | |
|---|---|---|---|---|---|
| Ein | Spaltenvektor | $= \mathfrak{y}' \neq \mathfrak{o}$ | heißt | rechter | Eigenvektor |
| | Zeilenvektor | $= \mathfrak{x} \neq \mathfrak{o}$ | | linker | |

der Matrix $\mathfrak{A}$, wenn er durch Multiplikation mit $\mathfrak{A}$ gestreckt, d.h. mit einem Faktor multipliziert wird, das bedeutet geometrisch gestreckt wird:

$$\mathfrak{A}\cdot\mathfrak{y}' = \lambda\cdot\mathfrak{y}' \qquad\qquad \mathfrak{x}\cdot\mathfrak{A} = \lambda\cdot\mathfrak{x} \qquad (6.14)$$

Jedem Eigenwert $\lambda_i$ kann (mindestens) ein rechter Eigenvektor $\mathfrak{y}_i$ und (mindestens) ein linker Eigenvektor $\mathfrak{x}_i$ zugeordnet werden. Da nämlich die Determinante $|\lambda_i\mathfrak{E} - \mathfrak{A}|$ verschwindet, existiert eine nichttriviale Lösung des Gleichungssystems $(\mathfrak{A} - \lambda_i\mathfrak{E})\mathfrak{y}_i' = \mathfrak{o}$ oder

$$\mathfrak{A}\mathfrak{y}_i' = \lambda_i\mathfrak{y}_i' \qquad (6.15)$$

Weiter betrachten wir: Verschwindet die Determinante einer Matrix, dann auch die Determinante der transponierten Matrix. Die Transponierte von $\lambda_i\mathfrak{E} - \mathfrak{A}$ ist $\lambda_i\mathfrak{E} - \mathfrak{A}'$. Somit gibt es einen Spaltenvektor $\mathfrak{x}_i' \neq \mathfrak{o}$, so daß $(\mathfrak{A}'\ \lambda_i\mathfrak{E})\mathfrak{x}_i' = \mathfrak{o}$, woraus nach neuerlicher Transponierung folgt

$$\mathfrak{x}_i\mathfrak{A} = \lambda_i\mathfrak{x}_i \qquad (6.16)$$

Die Menge aller rechten (linken) Eigenvektoren von $\lambda_i$ bildet den rechten (linken) Eigenraum von $\lambda_i$. Man kann sich leicht davon überzeugen, daß Eigenräume Vektorräume sind, deren Dimension mindestens 1 beträgt.

Wir betrachten nun den einfachsten Fall, daß die charakteristische Gleichung von $\mathfrak{A}$ lauter einfache Wurzeln habe:

$$\Delta(\lambda) = (\lambda-\lambda_1)\cdot(\lambda-\lambda_2)\cdot \ldots \cdot(\lambda-\lambda_s) \qquad \text{mit} \quad \lambda_i \neq \lambda_j \quad \text{für } i \neq j \tag{6.17}$$

Wir ordnen nun den Wurzeln $\lambda_i$ gemäß (6.15) und (6.16) rechte und linke Eigenvektoren zu:

| | $\lambda_1$ | $\lambda_2$ | ... | $\lambda_s$ |
|---|---|---|---|---|
| linke Eigenwerte | $\mathfrak{x}_1$ | $\mathfrak{x}_2$ | ... | $\mathfrak{x}_s$ |
| rechte Eigenwerte | $\mathfrak{y}_1'$ | $\mathfrak{y}_2'$ | ... | $\mathfrak{y}_s'$ |

Satz 6.1

Die Eigenvektoren $\mathfrak{x}_1, \mathfrak{x}_2, \ldots, \mathfrak{x}_s$ sind linear unabhängig.

Die Eigenvektoren $\mathfrak{y}_1', \mathfrak{y}_2', \ldots, \mathfrak{y}_s'$ sind linear unabhängig.

Beweis:

Wir führen den Beweis zunächst für die Menge der linken Eigenvektoren $\mathfrak{x}_i$. Nach Voraussetzung ist $\mathfrak{x}_i \neq \mathfrak{o}$ für alle i. Also gibt es mindestens einen linear unabhängigen Eigenvektor.

Es sei nun $\sigma$ die größte Anzahl der linear unabhängigen Eigenvektoren und $1 \leq \sigma < s$. Sie seien etwa o.B.d.A. gegeben durch $\mathfrak{x}_1, \mathfrak{x}_2, \ldots, \mathfrak{x}_\sigma$. Der Eigenvektor $\mathfrak{x}_{\sigma+1}$ wäre dann in der Form

$$\mathfrak{x}_{\sigma+1} = c_1\mathfrak{x}_1 + c_2\mathfrak{x}_2 + \ldots + c_\sigma\mathfrak{x}_\sigma$$

darstellbar. Multiplikation von rechts mit $\mathfrak{A}$ sowie Multiplikation mit $\lambda_{\sigma+1}$ ergeben

$$\lambda_{\sigma+1}\mathfrak{x}_{\sigma+1} = c_1\lambda_1\mathfrak{x}_1 + c_2\lambda_2\mathfrak{x}_2 + \ldots + c_\sigma\lambda_\sigma\mathfrak{x}_\sigma$$

und

$$\lambda_{\sigma+1}\mathfrak{x}_{\sigma+1} = c_1\lambda_{\sigma+1}\mathfrak{x}_1 + c_2\lambda_{\sigma+1}\mathfrak{x}_2 + \ldots + c_\sigma\lambda_{\sigma+1}\mathfrak{x}_\sigma$$

Nach Subtraktion folgt

$$c_1(\lambda_1-\lambda_{\sigma+1})\mathfrak{x}_1 + c_2(\lambda_2-\lambda_{\sigma+1})\mathfrak{x}_2 + \ldots + c_\sigma(\lambda_\sigma-\lambda_{\sigma+1})\mathfrak{x}_\sigma = \mathfrak{o}$$

Nun ist $\lambda_i - \lambda_{\sigma+1} \neq 0$ für $i = 1, \ldots, \sigma$; da nach Voraussetzung die Vektoren $\mathfrak{x}_1, \ldots, \mathfrak{x}_\sigma$ unabhängig sind, müßte $c_1 = c_2 = \ldots = c_\sigma = 0$ gelten und damit $\mathfrak{x}_{\sigma+1} = \mathfrak{o}$. Dieser Widerspruch verschwindet nur, wenn durch $\varrho = s$ die Wahl eines Eigenwertes $\lambda_{\sigma+1} \neq \lambda_i$, $i = 1, \ldots, \sigma$ und eines zugehörigen Eigenvektors unmöglich wird.■

In gleicher Weise kann der Beweis für die Menge $\mathfrak{y}_1', \ldots, \mathfrak{y}_s'$ geführt werden.

Satz 6.2

Für das innere Produkt von linken und rechten Eigenvektoren gilt:

$$\mathfrak{x}_i \cdot \mathfrak{y}_j \begin{cases} = 0 & \text{für } i \neq j \\ \neq 0 & \text{für } i = j \end{cases} \; ; \; i, j = 1, \ldots, s \tag{6.18}$$

Das heißt: linke und rechte Eigenvektoren, die zum gleichen Eigenwert gehören, sind nicht orthogonal, ansonst orthogonal.

Beweis:
Wir betrachten das Matrizenprodukt $\mathfrak{x}_i \mathfrak{A} \mathfrak{y}_j'$ . Das Assoziativgesetz für Matrizenmultiplikation liefert die Beziehung

$$(\mathfrak{x}_i \mathfrak{A})\mathfrak{y}_j' = \mathfrak{x}_i(\mathfrak{A}\mathfrak{y}_j') , \tag{6.19}$$

die in folgender Weise ausgewertet werden kann:

$$(\mathfrak{x}_i \mathfrak{A})\mathfrak{y}_j' = \lambda_i \mathfrak{x}_i \mathfrak{y}_j'$$
$$\mathfrak{x}_i(\mathfrak{A}\mathfrak{y}_j') = \lambda_j \mathfrak{x}_i \mathfrak{y}_j'$$

Subtraktion ergibt $(0) = (\lambda_i - \lambda_j)\mathfrak{x}_i \mathfrak{y}_j'$ . Wenn $i \neq j$, ist $\lambda_i - \lambda_j \neq 0$ und somit $\mathfrak{x}_i \mathfrak{y}_j' = (0)$. Daraus folgt wegen (6.6) $\mathfrak{x}_i \cdot \mathfrak{y}_j =$ für das skalare Produkt.

Nun betrachten wir etwa den Eigenvektor $\mathfrak{x}_1$. Die Mannigfaltigkeit aller zu $\mathfrak{x}_1$ orthogonalen Vektoren hat die Dimension $s - 1$. Die Vektoren $\mathfrak{y}_2, \ldots, \mathfrak{y}_s$ liegen alle in dieser Mannigfaltigkeit und sind linear unabhängig. Sie spannen daher diese Mannigfaltigkeit auf. Wäre $\mathfrak{y}_1$ ebenfalls orthogonal zu $\mathfrak{x}_1$, so würden $\mathfrak{y}_1, \mathfrak{y}_2, \ldots, \mathfrak{y}_s$ in einer Mannigfaltigkeit der Dimension $s - 1$ liegen und damit im Widerspruch zu Satz 6.1 linear abhängig sein. Also ist $\mathfrak{x}_1 \cdot \mathfrak{y}_1 \neq 0$. In gleicher Weise zeigt man $\mathfrak{x}_i \cdot \mathfrak{y}_i' \neq 0$ für $i = 2, \ldots, s$.■

Da Eigenvektoren nur bis auf Faktoren $\neq 0$ bestimmt sind, können wir $\mathfrak{x}_i$, $\mathfrak{y}_i$ immer so wählen, daß

$$\mathfrak{x}_i \cdot \mathfrak{y}_i = 1 \tag{6.20}$$

Wir betrachten nun die beiden Matrizen

$$\mathfrak{X} = \begin{pmatrix} \mathfrak{e}_1 \\ \mathfrak{e}_2 \\ \vdots \\ \mathfrak{e}_s \end{pmatrix} \qquad\qquad \mathfrak{Y} = (\mathfrak{y}_1', \mathfrak{y}_2', \ldots, \mathfrak{y}_s')$$

Dann gilt:

a) $\mathfrak{X}\,\mathfrak{Y} = \mathfrak{E}$ beziehungsweise $\mathfrak{X}^{-1} = \mathfrak{Y}$ und $\mathfrak{X} = \mathfrak{Y}^{-1}$ (6.21)

b) $\mathfrak{X}\,\mathfrak{A}\,\mathfrak{Y} = \mathfrak{D}\{\lambda_1, \ldots, \lambda_s\}$ . (6.22)

Die Beziehung (6.21) folgt unmittelbar aus Satz 6.2, der Annahme (6.20) und der Formel (6.5) für die Matrizenmultiplikation.

Zur Begründung von (6.22) berechnen wir zunächst

$$\mathfrak{X}\,\mathfrak{A} = \begin{pmatrix} \mathfrak{e}_1 \\ \mathfrak{e}_2 \\ \vdots \\ \mathfrak{e}_s \end{pmatrix} \mathfrak{A} = \begin{pmatrix} \lambda_1 \mathfrak{e}_1 \\ \lambda_2 \mathfrak{e}_2 \\ \vdots \\ \lambda_s \mathfrak{e}_s \end{pmatrix} \tag{6.23}$$

und weiter

$$(\mathfrak{X}\,\mathfrak{A})\,\mathfrak{Y} = \begin{pmatrix} \lambda_1 \mathfrak{e}_1 \\ \lambda_2 \mathfrak{e}_2 \\ \vdots \\ \lambda_s \mathfrak{e}_s \end{pmatrix} (\mathfrak{y}_1' \; \mathfrak{y}_2' \; \ldots \; \mathfrak{y}_s') = \begin{pmatrix} \lambda_1 & 0 & \ldots & 0 \\ 0 & \lambda_2 & \ldots & 0 \\ \vdots & \vdots & & \\ 0 & 0 & \ldots & \lambda_s \end{pmatrix} \tag{6.24}$$

Aus (6.22) gewinnen wir schließlich die Darstellung

$$\mathfrak{A} = \mathfrak{Y}\,\mathfrak{D}\,\mathfrak{X} = \mathfrak{X}^{-1}\mathfrak{D}\,\mathfrak{X} = \mathfrak{Y}\,\mathfrak{D}\,\mathfrak{Y}^{-1} \tag{6.25}$$

Damit ist die Ähnlichkeit zwischen $\mathfrak{A}$ und einer aus den Eigenwerten von $\mathfrak{A}$ aufgebauten Diagonalmatrix gezeigt. Diagonalmatrizen sind einfach genug gebaut, um dem eingangs skizzierten Programm zur Berechnung von Matrizenpotenzen zu genügen

$$[\mathfrak{D}\{\lambda_1, \ldots, \lambda_s\}]^n = \mathfrak{D}\{\lambda_1^n, \ldots, \lambda_s^n\} \tag{6.26}$$

Somit erhalten wir als explizite Darstellung von $\mathfrak{A}^n$:

$$\boxed{\mathfrak{A}^n = \begin{array}{l} \mathfrak{X}^{-1}\, \mathfrak{D}\{\lambda_1^n, \ldots, \lambda_s^n\}\, \mathfrak{X} \\ \mathfrak{Y}\, \mathfrak{D}\{\lambda_1^n, \ldots, \lambda_s^n\}\, \mathfrak{X} \end{array}} \qquad (6.27)$$

Für die praktische Berechnung von $\mathfrak{A}^n$ kann man (6.27) noch weiter umformen. Dazu führen wir spezielle Diagonalmatrizen ein:

$$\text{Die Einheitsmatrix} \quad \mathfrak{E} = \mathfrak{D}\{1, 1, \ldots, 1\}$$

$$\text{und} \quad \mathfrak{E}_i = \mathfrak{D}\{0, \ldots, 1, \ldots, 0\} \quad i = 1, \ldots, s$$

(6.28)

$\mathfrak{E}_i$ ist dadurch erklärt, daß $a_{ii} = 1$, alle sonstigen Elemente der Matrix sind gleich Null.

Für die Matrizen $\mathfrak{E}_i$ gilt:

a) $$\sum_{i=1}^{s} \mathfrak{E}_i = \mathfrak{E}$$

b) $$\mathfrak{E}_i^2 = \mathfrak{E}_i \; ; \qquad \mathfrak{E}_i \mathfrak{E}_j = \mathfrak{O} \quad \text{für } i \neq j$$

c) $$\mathfrak{D}(\lambda_1^n, \ldots, \lambda_s^n) = \sum_{i=1}^{s} \lambda_i^n \mathfrak{E}_i$$

Nun werden weitere Matrizen $\mathfrak{B}_i$ eingeführt:

$$\mathfrak{B}_i = \mathfrak{X}^{-1} \mathfrak{E}_i \mathfrak{X} = \mathfrak{Y} \mathfrak{E}_i \mathfrak{X} \qquad i = 1, \ldots, s \qquad (6.29)$$

Die Eigenschaften a), b) und c) übertragen sich in folgender Weise auf die Matrizen $\mathfrak{B}_i$ :

a') $$\sum_{i=1}^{s} \mathfrak{B}_i = \mathfrak{E} \qquad (6.30)$$

b') $$\mathfrak{B}_i^2 = \mathfrak{B}_i \; ; \quad \mathfrak{B}_i \cdot \mathfrak{B}_j = \mathfrak{O} \quad \text{für } i \neq j \qquad (6.31)$$

c') $$\boxed{\begin{array}{l} \mathfrak{A}^n = \lambda_1^n \mathfrak{B}_1 + \lambda_2^n \mathfrak{B}_2 + \ldots + \lambda_s^n \mathfrak{B}_s \\ \text{für } n = 0, 1, 2, \ldots \end{array}} \qquad (6.32)$$

Damit ist $\mathfrak{A}^n$ als eine Linearkombination konstanter, nur von $\mathfrak{A}$ abhängigen Matrizen dargestellt; der varialbe Exponent n tritt nur in den Koeffizienten der Linearkombination auf.

Durch direkte Rechnung kann man zeigen, daß die $\mathfrak{B}_i$ als ein Produkt des Typs (6.7) aus Eigenvektoren darstellbar sind:

$$\mathfrak{B}_i = \mathfrak{y}_i' \mathfrak{x}_i = \begin{pmatrix} x_1 y_1 & \cdots & x_s y_1 \\ \vdots & & \\ x_1 y_s & \cdots & x_s y_s \end{pmatrix} \qquad i = 1, \ldots, s$$

wobei man nun die Normierung $\mathfrak{x}_i \cdot \mathfrak{y}_i = 1$ zu beachten hat.

Wir fassen das Ergebnis zusammen in

Satz 6.3

Eine quadratische Matrix $\mathfrak{A}$ vom Typ (s x s) habe die verschiedenen Eigenwerte $\lambda_1, \lambda_2, \ldots, \lambda_s$. Dann ist

$$\mathfrak{A}^n = \lambda_1^n \mathfrak{B}_1 + \lambda_2^n \mathfrak{B}_2 + \ldots + \lambda_s^n \mathfrak{B}_s \; ; \quad n = 0, 1, \ldots$$

wobei $\mathfrak{B}_i = \mathfrak{y}_i' \mathfrak{x}_i$ mit $\mathfrak{x}_i$ linker Eigenvektor von $\lambda_i$, $\mathfrak{y}_i'$ rechter Eigenvektor von $\lambda_i$

mit der Normierung $\mathfrak{x}_i \cdot \mathfrak{y}_i = 1$ für alle $i = 1, \ldots, s$.

Die Berechnung der Eigenvektoren einer Matrix $\mathfrak{A}$ ist mitunter ziemlich mühsam. Man kann ihre Verwendung bei der Berechnung von $\mathfrak{A}^n$ vermeiden und $\mathfrak{A}^n$ auch als Linearkombination aus den Matrizen $\mathfrak{E}$, $\mathfrak{A}, \ldots, \mathfrak{A}^{s-1}$ aufbauen. Dazu benutzen wir die Darstellung (6.32) und schreiben sie für die Exponenten $0, 1, \ldots, s-1$ und n direkt an:

$$\begin{aligned}
\mathfrak{B}_1 + \mathfrak{B}_2 + \ldots + \mathfrak{B}_s &= \mathfrak{E} \\
\lambda_1 \mathfrak{B}_1 + \lambda_2 \mathfrak{B}_2 + \ldots + \lambda_s \mathfrak{B}_s &= \mathfrak{A} \\
&\qquad\qquad (6.33) \\
\lambda_1^{s-1} \mathfrak{B}_1 + \lambda_2^{s-1} \mathfrak{B}_2 + \ldots + \lambda_s^{s-1} \mathfrak{B}_s &= \mathfrak{A}^{s-1} \\
\lambda_1^n \mathfrak{B}_1 + \lambda_2^n \mathfrak{B}_2 + \ldots + \lambda_s^n \mathfrak{B}_s &= \mathfrak{A}^n
\end{aligned}$$

Das System (6.33) kann als ein lineares Gleichungssystem zur Berechnung der Matrizen $\mathfrak{B}_1, \mathfrak{B}_2, \ldots, \mathfrak{B}_s$ aufgefaßt werden. Es beinhaltet insgesamt $s + 1$ Gleichungen; da das System immer lösbar ist, wie die direkte Berechnung der Matrizen $\mathfrak{B}_i$ zeigte, muß eine der Gleichungen als Linearkombination der übrigen s Gleichungen darstellbar sein. Dies ist genau dann erfüllt, wenn die "Matrizendeterminante" des Systems (6.33) gleich der Nullmatrix ist:

$$\begin{vmatrix} \mathfrak{E} & 1 & \dots & 1 \\ \mathfrak{A} & \lambda_1 & \dots & \lambda_s \\ \mathfrak{A}^2 & \lambda_1^2 & \dots & \lambda_s^2 \\ \vdots & \vdots & & \vdots \\ \mathfrak{A}^n & \lambda_1^n & \dots & \lambda_s^n \end{vmatrix} = \mathfrak{O} \qquad (6.34)$$

Der Ausdruck rechts in (6.34) ist formal wie eine Determinante auszurechnen; er stellt jedoch eine Matrix dar, und zwar eine Linearkombination der Matrizen, die in der ersten Spalte stehen. Wertet man (6.34) in dieser Weise aus, so ergibt sich die Beziehung

$$D\,\mathfrak{A}^n = \sum_{\nu=0}^{s-1} (-1)^{\nu+1} D_\nu \mathfrak{A}^\nu = -D_0\,\mathfrak{E} + D_1\,\mathfrak{A} - \dots + (-1)^s D_{s-1}\,\mathfrak{A}^{s-1} \qquad (6.35)$$

Die Determinanten (nun Zahlen) $D_\nu$ entstehen aus der Determinante in (6.34), wenn man die erste Spalte und die $\nu + 1$ - te Zeile streicht, während der Koeffizient D von $\mathfrak{A}^n$ die Vandermondesche Determinante der charakteristischen Gleichung ist:

$$D = \begin{vmatrix} 1 & 1 & \dots & 1 \\ \lambda_1 & \lambda_2 & \dots & \lambda_s \\ \vdots & \vdots & & \vdots \\ \lambda_1^{s-1} & \lambda_2^{s-1} & \dots & \lambda_s^{s-1} \end{vmatrix}$$

die genau dann nicht verschwindet, wenn die Wurzeln der charakteristischen Gleichung alle verschieden sind, wie dies nach der Voraussetzung dieses Abschnitts der Fall ist. Wir erhalten somit für $\mathfrak{A}$ die Darstellung:

$$\boxed{\mathfrak{A}^n = \sum_{\nu=0}^{s-1} (-1)^{\nu+1} \frac{D_\nu}{D} \mathfrak{A}^\nu} \qquad (6.36)$$

Beispiel 6.1 Der Eigenwert 0

Eine Matrix $\mathfrak{A}$ besitzt genau dann den Eigenwert 0, wenn sie singulär ist.

Eigenwerte sind Lösungen der Gleichung $|\lambda\mathfrak{E} - \mathfrak{A}| = 0$. Ist 0 Lösung, so folgt $|\mathfrak{A}| = 0$.

Ist umgekehrt $|\mathfrak{A}| = 0$, so besitzt das Gleichungssystem $\mathfrak{A}\mathfrak{x} = 0 \cdot \mathfrak{x} = \mathfrak{o}$, das gerade dem Eigenwert 0 entspricht, eine nichttriviale Lösung $\mathfrak{x} \neq \mathfrak{o}$.

Beispiel 6.2 Stochastische Matrizen

Stochastische Matrizen haben immer den Eigenwert 1. Der dazugehörige rechte Eigenvektor ist der Eins-Vektor $\mathbb{1}'$. Die Gleichung

$$\mathfrak{P} \cdot \mathbb{1}' = 1 \cdot \mathbb{1}' \tag{6.37}$$

sagt ja nichts anderes, als daß alle Zeilensummen der Matrix den Wert 1 haben.

Beispiel 6.3 Potenzen der allgemeinen (2 x 2) Matrix.

Die charakteristische Gleichung der Matrix

$$\mathfrak{A} = \begin{pmatrix} a_{11} & a_{12} \\ a_{21} & a_{22} \end{pmatrix}$$

ist $\lambda^2 - (a_{11} + a_{22})\lambda + a_{11}a_{22} - a_{12}a_{21} = 0$, die Eigenwerte sind

$$\lambda_{1,2} = \frac{1}{2}\left[ a_{11} + a_{22} \pm \sqrt{(a_{11} - a_{22})^2 + 4a_{12}a_{21}}\right] \tag{6.38}$$

Es ist $\lambda_1 \neq \lambda_2$, wenn $(a_{11} - a_{22})^2 - 4a_{12}a_{21} \neq 0$ ist. Wir nehmen diese Bedingung zunächst als erfüllt an.

Dann gibt es eine Darstellung

$$\mathfrak{A}^n = \lambda_1^n \mathfrak{B}_1 + \lambda_2^n \mathfrak{B}_2 \qquad n = 0, 1, \ldots \tag{6.39}$$

Anstelle der Berechnung über die Eigenvektoren benutzen wir die Gleichungen (6.39) für $n = 0$ und $n = 1$ zur Berechnung der $\mathfrak{B}_i$. Man erhält

$$\mathfrak{B}_1 = \frac{\mathfrak{A} - \lambda_2\mathfrak{E}}{\lambda_1 - \lambda_2} \qquad \mathfrak{B}_2 = \frac{\mathfrak{A} - \lambda_1\mathfrak{E}}{\lambda_2 - \lambda_1} \tag{6.40}$$

Zur Darstellung mittels der Basis $\mathfrak{E}$, $\mathfrak{A}$ benutzen wir Formel (6.34) und erhalten

$$\begin{vmatrix} \mathfrak{E} & 1 & 1 \\ \mathfrak{A} & \lambda_1 & \lambda_2 \\ \mathfrak{A}^n & \lambda_1^n & \lambda_2^n \end{vmatrix} = \mathfrak{O} \quad , \quad \text{woraus}$$

$$\begin{vmatrix} 1 & 1 \\ \lambda_1 & \lambda_2 \end{vmatrix} \mathfrak{A}^n = - \begin{vmatrix} 1 & 2 \\ \lambda_1^n & \lambda_2^n \end{vmatrix} \mathfrak{E} + \begin{vmatrix} 1 & 1 \\ \lambda_1^n & \lambda_2^n \end{vmatrix} \mathfrak{A}$$

und schließlich

$$\mathfrak{A}^n = - \lambda_1 \lambda_2 \frac{\lambda_2^{n-1} - \lambda_1^{n-1}}{\lambda_2 - \lambda_1} \mathfrak{E} + \frac{\lambda_2^n - \lambda_1^n}{\lambda_2 - \lambda_1} \mathfrak{A} \qquad (6.41)$$

folgt. Ordnet man die linke Seite von (6.41) nach den Potenzen $\lambda_1^n$, $\lambda_2^n$, so erhält man wiederum (6.40)

Im Spezialfall der stochastischen Matrix verwendet man die zweiparametrige Darstellung

$$\mathfrak{A} = \begin{pmatrix} 1 - \alpha & \alpha \\ \beta & 1 - \beta \end{pmatrix}$$

Dann ist

$$\lambda_1 = 1 \qquad \lambda_2 = 1 - (\alpha + \beta).$$

Es wird

$$\mathfrak{B}_1 = \frac{1}{\alpha + \beta} \begin{pmatrix} \beta & \alpha \\ \beta & \alpha \end{pmatrix} \qquad \mathfrak{B}_2 = \frac{1}{\alpha + \beta} \begin{pmatrix} \alpha & -\alpha \\ -\beta & \beta \end{pmatrix}$$

und schließlich

$$\mathfrak{A}^n = \frac{1}{\alpha + \beta} \begin{pmatrix} \beta & \alpha \\ \beta & \alpha \end{pmatrix} + \frac{[1 - (\alpha + \beta)]^n}{\alpha + \beta} \begin{pmatrix} \alpha & -\alpha \\ -\beta & \beta \end{pmatrix} \qquad (6.42)$$

in Übereinstimmung mit der bereits früher gegebenen Formel (2.29).

## 6.1.3 Matrizenpotenzen: Der allgemeine Fall

Wir betrachten wieder eine Matrix $\mathfrak{A}$ vom Typ (s x s). Wir lassen nun mehrfache Wurzeln der charakteristischen Gleichung zu. Für die Zerlegung des charakteristischen Polynoms in Wurzelfaktoren schreiben wir nun:

$$\Delta(\lambda) = (\lambda - \lambda_1)^{s_1} (\lambda - \lambda_2)^{s_2} \dots (\lambda - \lambda_r)^{s_r}$$

$$\text{mit} \quad s_i > 0, \quad i = 1, \dots, r; \quad s_1 + s_2 + \dots + s_r = s \qquad (6.43)$$

$$\text{und} \qquad \lambda_i \neq \lambda_j \quad \text{für } i \neq j$$

Man beachte, daß nunmehr zur Unterscheidung der verschiedenen Eigenwerte Indizes aus der Indexmenge $R = \{1, \dots, r\}$ mit $r \leq s$ herangezogen werden.

Im allgemeinen läßt sich nun keine zu $\mathfrak{A}$ ähnliche Diagonalmatrix finden; an deren Stelle kann jedoch eine Matrix mit etwas modifiziertem Aufbau treten, die sogenannte Jordansche Normalform.

Eine k-dimensionale (obere) Jordanmatrix ist gegeben durch

$$\mathfrak{J}_k(\lambda) = \begin{pmatrix} \lambda & 1 & 0 & & 0 \\ 0 & \lambda & 1 & & 0 \\ 0 & 0 & \lambda & \ddots & 0 \\ & & \ddots & \ddots & \vdots \\ 0 & 0 & 0 & & 1 \\ 0 & 0 & 0 & & \lambda \end{pmatrix} = \lambda\mathfrak{E} + \mathfrak{f} \qquad k = 0, 1, \dots \tag{6.44}$$

Dabei ist $\mathfrak{f}$ eine Matrix, in der nur die "Superdiagonale" - falls vorhanden - mit lauter Einsen besetzt ist; die Potenzen von $\mathfrak{f}$ entstehen dann dadurch, daß die mit Einsen besetzte Diagonale weiter nach rechts oben rückt. Es sei etwa k = 3, dann ist

$$\mathfrak{f} = \begin{pmatrix} 0 & 1 & 0 \\ 0 & 0 & 1 \\ 0 & 0 & 0 \end{pmatrix} \qquad \mathfrak{f}^2 = \begin{pmatrix} 0 & 0 & 1 \\ 0 & 0 & 0 \\ 0 & 0 & 0 \end{pmatrix} \qquad \mathfrak{f}^3 = \begin{pmatrix} 0 & 0 & 0 \\ 0 & 0 & 0 \\ 0 & 0 & 0 \end{pmatrix}$$

Ist also $\mathfrak{f}$ vom Typ (k x k), so gilt

$$\mathfrak{f}^n \begin{cases} \neq \mathfrak{O} & \text{für } 1 \leq n < k \\ = \mathfrak{O} & \text{sonst} \end{cases} \tag{6.45}$$

Mittels der Darstellung $\mathfrak{J}_k(\lambda) = \lambda\mathfrak{E} + \mathfrak{f}$ können nun leicht die Potenzen der Jordanmatrizen berechnet werden:

$$\left[\mathfrak{J}_k(\lambda)\right]^n = \lambda^n \mathfrak{E} + \binom{n}{1} \lambda^{n-1}\mathfrak{f} + \dots + \binom{n}{k-1} \lambda^{n-k+1} \mathfrak{f}^{k-1} \tag{6.46}$$

Man kann nun zeigen, daß jede quadratische Matrix $\mathfrak{A}$ einer verallgemeinerten Diagonalmatrix $\mathfrak{J}$ ähnlich ist, deren Aufbau aus Jordanmatrizen in folgender Weise beschrieben werden kann:

Jedem Eigenwert $\lambda_i$ der Vielfachheit $s_i$ wird zunächst die Matrix $\mathfrak{J}(\lambda_i)$ zugeordnet:

$$\begin{gathered} \mathfrak{J}(\lambda_i) = \mathfrak{D}\left\{\mathfrak{J}_{s_{i_1}}(\lambda_i), \mathfrak{J}_{s_{i_2}}(\lambda_i), \dots, \mathfrak{J}_{s_{i\sigma_i}}\right\} \\ \text{mit } s_{i_1} + s_{i_2} + \dots + s_{i\sigma_i} = s_i, \quad i = 1, \dots, r \end{gathered} \tag{6.47}$$

Die Matrizen $\mathfrak{J}(\lambda_i)$ sind also vom Typ ($s_i$ x $s_i$). Die Jordansche Normalform $\mathfrak{J}$ setzt sich nun als verallgemeinerte Diagonalmatrix aus den

Matrizen $\mathfrak{J}(\lambda_i)$ zusammen:

$$\mathfrak{J} = \mathfrak{D}\left\{\mathfrak{J}(\lambda_1),\ \mathfrak{J}(\lambda_2),\ \ldots,\ \mathfrak{J}(\lambda_r)\right\} \tag{6.48}$$

Die in (6.47) erscheinenden Zahlen hängen mit den sogenannten Elementarteilern der Matrix $\mathfrak{A}$ zusammen. Im folgenden sind von Bedeutung die Zahlen

$$m_i = \max\left(s_{i_1},\ s_{i_2},\ \ldots,\ s_{i_{\sigma_i}}\right) \tag{6.49}$$

und

$$m = \sum_{i=1}^{r} m_i \tag{6.50}$$

Die Matrizen $\mathfrak{J}(\lambda_i)$ können nämlich in der Form $\lambda\mathfrak{E} + \mathfrak{N}$ dargestellt werden, wobei die Matrizen $\mathfrak{N}$ ähnlich den Matrizen $\mathfrak{J}$ gebaut sind, nur mit dem Unterschied, daß nun in der Superdiagonale Nullen und Einsen vorkommen können. Für die Potenzen von $\mathfrak{N}$ gilt nun

$$\mathfrak{N}^k \begin{cases} \neq \mathfrak{O} & \text{für} \quad 1 \leq k < m_i - 1 \\ = \mathfrak{O} & \text{sonst} \end{cases} \tag{6.51}$$

Ausgehend von der Tatsache, daß es nichtsinguläre Matrizen $\mathfrak{T}$ gibt, so daß

$$\mathfrak{A} = \mathfrak{T}^{-1}\mathfrak{J}\mathfrak{T} \tag{6.52}$$

gilt, suchen wir nun auch im allgemeinen Fall über die Darstellung (6.52) zu einer Formel für die Matrizenpotenzen $\mathfrak{A}^n$ zu gelangen.

Es sei $\mathfrak{E}_i(s_i)$ eine verallgemeinerte Diagonalmatrix, die nur an der Stelle i eine Einheitsmatrix der Dimension $s_i$ stehen hat:

$$\mathfrak{E}_i(s_i) = \mathfrak{D}\{\mathfrak{O}, \ldots, \mathfrak{E}, \ldots \mathfrak{O}\}$$

In gleicher Weise konstruieren wir aus den Matrizen $\mathfrak{N}$ verallgemeinerte Diagonalmatrizen $\mathfrak{N}_i(s_i)$. Dann können wir für die Diagonalform $\mathfrak{J}$ offenbar schreiben:

$$\mathfrak{J} = \sum_{i=1}^{r} \left(\lambda_i\, \mathfrak{E}_i(s_i) + \mathfrak{N}_i(s_i)\right) \tag{6.53}$$

Für die gegebene Matrix $\mathfrak{A}$ erhalten wir dann aus (6.52) und (6.53) die Darstellung

$$\mathfrak{A} = \sum_{i=1}^{r} \left[\lambda_i\, \mathfrak{T}^{-1}\, \mathfrak{E}_i(s_i)\mathfrak{T} + \mathfrak{T}^{-1}\, \mathfrak{N}_i(s_i)\mathfrak{T}\right] \tag{6.54}.$$

Wir setzen

$$\mathfrak{T}^{-1} \ \mathfrak{E}_i(s_i)\mathfrak{T} = \mathfrak{B}_i \qquad \text{und} \qquad \mathfrak{T}^{-1} \ \mathfrak{K}_i(s_i)\mathfrak{T} = \mathfrak{N}_i$$

und bekommen für die Matrix $\mathfrak{A}$ die Darstellung

$$\boxed{\mathfrak{A} = \lambda_1 \mathfrak{B}_1 + \dots + \lambda_r \mathfrak{B}_r + \mathfrak{N}_1 + \dots + \mathfrak{N}_r} \qquad (6.55)$$

Die Matrizen $\mathfrak{B}_i$, $\mathfrak{N}_i$ haben folgende Eigenschaften:

a) Das Produkt zweier Matrizen mit verschiedenem Index ergibt die Nullmatrix

b) $\mathfrak{B}_i \mathfrak{N}_i = \mathfrak{N}_i \mathfrak{B}_i = \mathfrak{N}_i$

c) $\mathfrak{B}_i^2 = \mathfrak{B}_i$

d) $\mathfrak{N}_i^k \neq \mathfrak{O}$ für $1 \leq k \leq m_i - 1$; $\mathfrak{N}_i^k = \mathfrak{O}$ sonst

Matrizen mit der Eigenschaft c) heißen <u>idempotent</u>, mit der Eigenschaft d) <u>nilpotent</u>.

Matrizen $\mathfrak{N}_i$ treten in der Darstellung (6.55) nur dann tatsächlich auf, wenn $m_i > 1$ ist.

Aus (6.55) zusammen mit den Rechenregeln a) bis d) für die Matrizen $\mathfrak{B}_i$ und $\mathfrak{N}_i$ folgt die Darstellung der Potenz $\mathfrak{A}^n$:

$$\boxed{\mathfrak{A}^n = \sum_{i=1}^{r} \left[\lambda_i^n \mathfrak{B}_i + \binom{n}{1} \lambda_i^{n-1} \mathfrak{N}_i + \dots + \binom{n}{m_i-1} \lambda_i^{n-m_i+1} \mathfrak{N}_i^{m_i-1}\right]} \qquad (6.56)$$

Die direkte Berechnung der Matrizen $\mathfrak{T}$ und weiter der Matrizen $\mathfrak{B}_i$ und $\mathfrak{N}_i$ ist im allgemeinen Fall ziemlich kompliziert. Es ist praktischer, wie in (6.34) als Basis der Darstellung die ersten Matrizenpotenzen

$$\mathfrak{E}, \ \mathfrak{A}, \ \mathfrak{A}^2, \dots, \ \mathfrak{A}^{m-1} \quad \text{mit} \quad m = \sum m_i$$

zu verwenden. Dazu setzen wir in (6.56) der Reihe nach $n = 0, 1, \dots, m-1$ und fassen die entstehenden Gleichungen zusammen mit der gesuchten Beziehung für $\mathfrak{A}^n$ als ein System von $m + 1$ Beziehungen zur Bestimmung von $\mathfrak{B}_1, \dots, \mathfrak{B}_r, \mathfrak{N}_1, \dots, \mathfrak{N}_1^{m_1-1}, \dots, \dots, \mathfrak{N}_r^{m_r-1}$ auf.

Als Beispiel betrachten wir den Fall $r = 3$, $m_1 = 1$, $m_2 = 3$, $m_3 = 2$; $m = 6$. Die Bestimmungsgleichung für $\mathfrak{A}^n$ wird:

$$\begin{vmatrix} \mathfrak{A}^n & \lambda_1^{\,n} & \lambda_2^{\,n} & \binom{n}{1}\lambda_2^{\,n-1} & \binom{n}{2}\lambda_2^{\,n-2} & \lambda_3^{\,n} & \binom{n}{1}\lambda_3^{\,n-1} \\ \mathfrak{E} & 1 & 1 & 0 & 0 & 1 & 0 \\ \mathfrak{A} & \lambda_1 & \lambda_2 & 1 & 0 & \lambda_3 & 1 \\ \mathfrak{A}^2 & \lambda_1^{\,2} & \lambda_2^{\,2} & 2\,\lambda_2 & 1 & \lambda_3^{\,2} & 2\,\lambda_3 \\ \mathfrak{A}^3 & \lambda_1^{\,3} & \lambda_2^{\,3} & 3\,\lambda_2^{\,2} & 3\,\lambda_2 & \lambda_3^{\,3} & 3\,\lambda_3^{\,2} \\ \mathfrak{A}^4 & \lambda_1^{\,4} & \lambda_2^{\,4} & 4\,\lambda_2^{\,3} & 6\,\lambda_2^{\,2} & \lambda_3^{\,4} & 4\,\lambda_3^{\,3} \\ \mathfrak{A}^5 & \lambda_1^{\,5} & \lambda_2^{\,5} & 5\,\lambda_2^{\,4} & 10\,\lambda_2^{\,3} & \lambda_3^{\,5} & 5\,\lambda_3^{\,4} \end{vmatrix} = \mathfrak{O} \qquad (6.57)$$

Um den Ansatz (6.56) zu treffen bzw. dessen Auswertung wie in (6.57) vornehmen zu können, benötigt man die Größen $m_i$. Dazu verwenden wir den Begriff des Minimalpolynoms einer Matrix.

Ein Polynom $f(\lambda)$ (in der Variablen $\lambda$), für das gilt: $f(\mathfrak{A}) = \mathfrak{O}$, heißt annulierendes Polynom der Matrix $\mathfrak{A}$. Man kann nun zeigen, daß das charakteristische Polynom $\Delta(\lambda) = |\lambda\mathfrak{E} - \mathfrak{A}|$ annullierendes Polynom der Matrix $\mathfrak{A}$ ist:

$$\Delta(\mathfrak{A}) = \mathfrak{O} \qquad (6.58)$$

Die Aussage (6.58) ist bekannt als Satz von Caley - Hamilton. Damit ist die Existenz eines annullierenden Polynoms vom Grade s für jede Matrix vom Typ (s x s) gezeigt. Ein Minimalpolynom $\psi(\lambda)$ der Matrix $\mathfrak{A}$ ist dann ein annullierendes Polynom vom kleinsten Grad. Als Normierungsbedingung fügt man hinzu, daß der Koeffizient der höchsten Potenz in $\psi(\lambda)$ gleich 1 ist. Das so definierte Minimalpolynom hat folgende Eigenschaften:

a) Das Minimalpolynom $\psi(\lambda)$ einer Matrix $\mathfrak{A}$ ist eindeutig bestimmt.

b) Jeder Eigenwert der Matrix $\mathfrak{A}$ ist Wurzel des Minimalpolynoms.

c) Das Minimalpolynom ist Teiler des charakteristischen Polynoms; das heißt, es existiert ein Polynom $D(\lambda)$, so daß

$$\Delta(\lambda) = D(\lambda) \cdot \psi(\lambda) \qquad (6.59)$$

Gemeinsam mit Eigenschaft b) folgt daraus, daß sich die Wurzeln des Minimalpolynoms und des charakteristischen Polynoms nur in ihrer Vielfachheit unterscheiden:

$$\Delta(\lambda) = (\lambda - \lambda_1)^{s_1} (\lambda - \lambda_2)^{s_2} \dots (\lambda - \lambda_r)^{s_r}$$
$$\psi(\lambda) = (\lambda - \lambda_1)^{m_1} (\lambda - \lambda_2)^{m_2} \dots (\lambda - \lambda_r)^{m_r} \qquad (6.60)$$
$$\text{mit} \quad 1 \leq m_i \leq s_i \,, \qquad i = 1, \dots, r$$

d) Die Vielfachheit der Wurzel $\lambda_i$ im Minimalpolynom ist gerade die in (6.49) definierte Größe $m_i$. Daraus folgt:

Die Jordansche Normalform $\mathfrak{J}$ einer Matrix $\mathfrak{A}$ ist genau dann eine Diagonalmatrix, wenn das Minimalpolynom lauter einfache Wurzeln hat. Man sieht also: Nicht die Mehrfachheit der Wurzeln des charakteristischen Polynoms, sondern die des Minimalpolynoms ist für die Nicht-Diagonalisierbarkeit einer Matrix verantwortlich.

e) Das Polynom $D(\lambda)$ ist größter gemeinsamer Teiler aller Unterdeterminanten der Ordnung s - 1 der Matrix $\lambda\mathfrak{E} - \mathfrak{A}$. Mit dieser letzten Eigenschaft ist die effektive Berechnung des Minimalpolynoms und damit der Größen $m_i$ möglich.

Beispiel 6.4

Wir betrachten die beiden (2 x 2) Matrizen

$$\mathfrak{A} = \begin{pmatrix} a & 0 \\ 0 & a \end{pmatrix} \qquad \mathfrak{B} = \begin{pmatrix} a & b \\ 0 & a \end{pmatrix}$$

Die charakteristischen Polynome sind gleich:

$$|\lambda\mathfrak{E} - \mathfrak{A}| = \begin{vmatrix} \lambda - a & 0 \\ 0 & \lambda - a \end{vmatrix} = (\lambda - a)^2$$

$$|\lambda\mathfrak{E} - \mathfrak{B}| = \begin{vmatrix} \lambda - a & b \\ 0 & \lambda - a \end{vmatrix} = (\lambda - a)^2 .$$

Unterschiede zeigen sich jedoch beim Minimalpolynom. Wir erhalten für

Matrix $\mathfrak{A}$ : $D(\lambda) = \lambda - a \qquad \psi(\lambda) = \lambda - a$

Matrix $\mathfrak{B}$ : $D(\lambda) = 1 \qquad \psi(\lambda) = (\lambda - a)^2$

Matrix $\mathfrak{A}$ ist schon in Diagonalform; die Matrix $\mathfrak{B}$ ist nicht diagonalisierbar, und es ist $m_1 = m = 2$. Die Ähnlichkeit mit der Jordanschen Normalform $\mathfrak{J} = \mathfrak{J}_2(a)$ wird durch die Transformation

$$\begin{pmatrix} a & b \\ 0 & a \end{pmatrix} = \begin{pmatrix} b & 0 \\ 0 & 1 \end{pmatrix} \begin{pmatrix} a & 1 \\ 0 & a \end{pmatrix} \begin{pmatrix} \frac{1}{b} & 0 \\ 0 & 1 \end{pmatrix}$$

direkt nachgewiesen.

Man kann übrigens zeigen, daß stochastische (2 x 2)-Matrizen immer diagonalisierbar sind.

## 6.2 Potenzen von stochastischen Matrizen

Die Eigenwerte stochastischer Matrizen haben spezielle Eigenschaften, die unter anderem auch das Verhalten der Übergangswahrscheinlichkeiten $p_{ij}^{(n)}$ für $n \longrightarrow \infty$ bestimmen. Üblicherweise wird die Theorie der stochastischen Matrizen in die allgemeine Theorie der positiven Matrizen von Perron - Frobenius eingebettet. Wir beschränken uns hier von vornherein auf stochastische Matrizen.

Satz 6.4

Für alle Eigenwerte $\lambda_i$ einer stochastischen Matrix $\mathfrak{P}$ gilt

$$|\lambda_i| \leq 1 \tag{6.61}$$

Beweis:

Es sei $\lambda$ ein beliebiger Eigenwert der stochastischen Matrix $\mathfrak{P}$. Der zugehörige rechte Eigenvektor sei $\mathfrak{y}' \neq \mathfrak{o}$

$$\mathfrak{P}\mathfrak{y}' = \lambda \mathfrak{y}'$$

Mehrfache Multiplikation mit $\mathfrak{P}$ von rechts liefert:

$$\mathfrak{P}^n \mathfrak{y}' = \lambda^n \mathfrak{y}' \qquad n = 1, 2, \ldots \tag{6.62}$$

Wir schreiben (6.62) komponentenweise:

$$\sum_{j=1}^{s} p_{ij}^{(n)} y_j = \lambda^n y_j \quad , \qquad i = 1, \ldots, s \tag{6.63}$$

und gehen zu Absolutbeträgen über:

$$\left| \sum_{j=1}^{s} p_{ij}^{(n)} y_j \right| = |\lambda^n| \, |y_j| \quad , \qquad i = 1, \ldots, s \tag{6.64}$$

Die linke Seite von (6.64) wird nun abgeschätzt

$$\left|\sum_{j=1}^{s} p_{ij}^{(n)} y_j\right| \leq \sum_{j=1}^{s} |p_{ij}^{(n)} y_j| = \sum_{j=1}^{s} p_{ij}^{(n)} |y_j| \leq \sum_{j=1}^{s} |y_j| \qquad (6.65)$$

Aus (6.64) und (6.65) folgt eine Abschätzung für $|\lambda^n|$ :

$$|\lambda^n| \; |y_i| \leq \sum_{j=1}^{s} |y_j| = C \qquad \text{für alle } i = 1, \ldots, s.$$

Wegen $\mathfrak{y}' \neq \mathfrak{o}$ gibt es ein $i_o \in S$, so daß $|y_{i_o}| > 0$ , und es wird

$$|\lambda^n| \leq \frac{C}{|y_{i_o}|} = C' \qquad \text{für } n = 1, 2, \ldots \qquad (6.66)$$

Die Gültigkeit der Abschätzung für alle n ist jedoch nur möglich, wenn $|\lambda| \leq 1$.■

Die Eigenwerte $\lambda_i$ einer stochastischen Matrix sind als Lösungen einer algebraischen Gleichung vom Grade s mit reellen Koeffizienten im allgemeinen reelle oder konjugiert komplexe Zahlen.

Wir betrachten nun die Lage der Eigenwerte in der komplexen Zahlenebene. Die Menge aller komplexen Zahlen z mit $|z| \leq 1$ nennen wir die Gaußkreisscheibe, deren Rand $|z| = 1$ den Gaußkreis. Satz 6.4 sagt, daß alle Eigenwerte einer stochastischen Matrix auf der Gaußkreisscheibe liegen.

Es seien $z_1, z_2, \ldots, z_s$ (nicht notwendig verschiedene) komplexe Zahlen. Die konvexe Hülle $\mathbb{K}$ der Zahlen $z_1, \ldots, z_s$ ist das kleinste konvexe Polygon der komplexen Zahlenebene, das diese Zahlen einschließt. Gewisse der Zahlen $z_i$ sind Eckpunkte, andere können im Innern von $\mathbb{K}$ liegen. Wir nennen z eine konvexe Linearkombination der Zahlen $z_1, \ldots, z_s$, wenn es eine Darstellung der Form

$$z = p_1 z_1 + \ldots + p_s z_s \quad \text{mit} \quad \sum p_i = 1 , \quad p_i \geq 0 \qquad (6.67)$$

gibt. Ein bekannter Satz aus der Theorie der konvexen Körper besagt, daß die Menge aller konvexen Linearkombinationen mit der konvexen Hülle $\mathbb{K}$ übereinstimmt. Ein Punkt von $\mathbb{K}$ ist Eckpunkt nur dann, wenn er in der Form

$$\begin{aligned} &z = p_{i_1} z_{i_1} + \ldots + p_{i_\sigma} z_{i_\sigma} \quad \text{mit} \quad \sum_{k=1}^{\sigma} p_{i_\sigma} = 1 \\ &\text{und} \quad z_{i_1} = z_{i_2} = \ldots = z_{i_\sigma} \end{aligned} \qquad (6.68)$$

darstellbar ist, das heißt, er ist eine konvexe Linearkombination allein aus gleichen der Zahlen $z_1, \ldots, z_s$, er muß also durch eine aus diesen Zahlen repräsentiert sein.

Die Zahlen $z_1, \ldots, z_s$ mögen nun auf der Gaußkreisscheibe liegen. Wann liegt eine konvexe Linearkombination z dieser Zahlen auf dem Rand? Dazu ist offenbar notwendig, daß

a) die Zahl z ein Eckpunkt der konvexen Hülle ist;

b) die Zahl z eine der Zahlen $z_i$, $i = 1, \ldots, s$ sei;

c) diese Zahl den Betrag 1 hat

oder, mit anderen Worten: die Zahl z muß mit einer Zahl $z_i$ übereinstimmen, die den Betrag 1 hat.

Unter den Zahlen auf dem Gaußkreis zeichnen wir die Einheitswurzeln aus. Eine komplexe Zahl z heißt Einheitswurzel, wenn es eine ganze Zahl $h \neq 0$ gibt, so daß $z^h = 1$ gilt. Die Einheitswurzeln sind Eckpunkte eines regelmäßigen, dem Gaußkreis einbeschriebenen h-Ecks, das so gelegen ist, daß ein Eckpunkt im Punkt $z = 1$ liegt.

Nach diesen Vorbereitungen können wir den folgenden Satz formulieren und beweisen:

Satz 6.5

Jeder Eigenwert einer stochastischen Matrix vom Betrag 1 ist eine Einheitswurzel.

Beweis:

Es sei $|\lambda| = 1$. Wir betrachten den zugehörigen rechten Eigenvektor $\mathfrak{y}' \neq \mathfrak{o}$ und das Gleichungssystem

$$\mathfrak{P}\,\mathfrak{y}' = \lambda\,\mathfrak{y}'$$

oder

$$\sum_{j=1}^{s} p_{ij}\, y_j = \lambda\, y_i \qquad \text{für alle } i = 1, \ldots, s \qquad (6.69)$$

Da Eigenvektoren nur bis auf konstante Faktoren bestimmt sind, kann man $\mathfrak{y}'$ so normieren, daß der Maximalbetrag seiner Komponenten 1 wird:

$$\max_{i \in S} |y_i| = 1 \qquad (6.70)$$

Wir betrachten nun alle Komponenten von $\mathfrak{y}'$ mit dem Betrag 1. Es sei

$$I(\lambda) = \{ i \mid i \in S \text{ und } |y_i| = 1 \} \tag{6.71}$$

Wegen $\mathfrak{y}' \neq \mathfrak{o}$ ist die Menge $I(\lambda)$ nicht leer. Es sei etwa $i_o \in I(\lambda)$, also $|y_{i_o}| = 1$. Es gilt

$$\sum_{j=1}^{s} p_{i_o j}\, y_j = \lambda y_{i_o} \tag{6.72}$$

Die Zahl $\lambda y_{i_o}$ hat den Betrag $|\lambda|\,|y_{i_o}| = 1$, liegt also auf dem Gaußkreis. Gleichung (6.72) besagt, daß sie eine konvexe Linearkombination von Punkten auf der Gaußkreisscheibe ist, da für alle $y_i$ wegen (6.70) gilt: $|y_i| \leq 1$. Sie muß also eine der Zahlen mit einem Index aus $I(\lambda)$ sein, etwa $y_{i_1}$:

$$y_{i_1} = \lambda y_{i_o} \quad \text{mit} \quad |y_{i_1}| = 1. \tag{6.73}$$

Es gibt also ein $i_1 \in I(\lambda)$, so daß (6.73) gilt. Für die Komponente $y_{i_1}$ können die gleichen Überlegungen wiederholt werden; es gibt also einen Index $i_2 \in I(\lambda)$, so daß gilt:

$$y_{i_2} = \lambda y_{i_1} = \lambda^2 y_{i_o}$$

Setzen wir dieses Verfahren fort, so erhalten wir eine Folge $\{i_n\}$ von Indizes mit

$$y_{i_n} = \lambda^n y_{i_o} \tag{6.74}$$

Da aber $i_n \in I(\lambda)$ für alle n gilt, gibt es nur eine endliche Anzahl tatsächlich verschiedener $i_n$. Es gibt also mindestens zwei verschiedene ganze Zahlen a, b, so daß $y_{i_b} = y_{i_a}$ oder gemäß (6.74)

$$\lambda^b y_{i_o} = \lambda^a y_{i_o}$$

woraus wegen $y_{i_o} \neq 0$ folgt: $\lambda^b = \lambda^a$ oder $\lambda^{b-a} = 1$. Damit gibt es eine Zahl $h = b - a \neq 0$, so daß $\lambda^h = 1$. ■

Nun betrachten wir die Darstellung (6.56) für Matrizenpotenzen etwas genauer für stochastische Matrizen. Zu diesem Zweck zerlegen wir die Indexmenge $R = \{1, \ldots, r\}$ in vier Teilmengen:

$$R_1 = \{i \mid \lambda_i = 0\}$$

$$R_2 = \{i \mid \lambda_i = 1\}$$

$$R_3 = \{i \mid |\lambda_i| = 1, \quad \lambda_i \neq 1\}$$

$$R_4 = \{i \mid |\lambda_i| < 1, \quad \lambda_i \neq 0\}.$$

Die Mengen $R_1$, $R_3$ und $R_4$ können leer sein, $R_2$ ist immer eine einelementige Menge. Wir können $R_2 = \{1\}$, das heißt $\lambda_1 = 1$ setzen.

Es sei

$$\mathfrak{f}_i(n) = \lambda_i^n \mathfrak{b}_i + \binom{n}{1} \lambda_i^{n-1} \mathfrak{n}_i + \ldots + \binom{n}{m_i-1} \lambda_i$$

und

$$\mathfrak{P}^n = \sum_{i=1}^{\tau} \mathfrak{f}_i(n) \tag{6.75}$$

Es sei zunächst $i \in R_1$, also $\lambda_i = 0$. Das zugehörige $\mathfrak{f}_i(n)$ gewinnen wir aus (6.54):

$$\mathfrak{f}_i(n) = \mathfrak{T}^{-1} \mathfrak{K}_i^n \mathfrak{T} \tag{6.76}$$

Die Matrix $\mathfrak{f}_i(n)$ ist also nur für $1 \leq n < m_i - 1$ verschieden von $\mathfrak{o}$.

Nun sei $\lambda_i \neq 0$. Wir setzen $\frac{1}{\lambda_i} \mathfrak{n}_i = \mathfrak{n}_i'$ und

$$\mathfrak{f}_i(n) = \lambda_i^n \mathfrak{g}_i(n)$$

das heißt, es wird $\mathfrak{g}_i(n) = \mathfrak{b}_i + \binom{n}{1} \mathfrak{n}_i' + \ldots + \binom{n}{m_i-1} \mathfrak{n}_i'^{m_i-1}$ .

Wir können dabei $\mathfrak{g}_i(n)$ als eine Polynommatrix in der Variablen n vom Grade $m_i - 1$ auffassen.

Über den Grad einer Summe von $\mathfrak{g}_i(n)$ kann man folgendes sagen:
Es sei $R' \in R$ eine Indexmenge, so daß $\lambda_i \neq 0$ für $i \in R'$. Dann ist der Grad von

$$\sum_{i \in R'} \mathfrak{g}_i(n) = \max_{i \in R'} (m_i - 1) \tag{6.77}$$

Diese Beziehung folgt aus dem speziellen Aufbau der Matrizen $\mathfrak{g}_i(n)$ aus den Matrizen $\mathfrak{b}_i(s_i)$ und $\mathfrak{K}_i(s_i)$, die eine Kompensation von Gliedern, die aus $\mathfrak{g}_i(n)$ und $\mathfrak{g}_j(n)$ mit $i \neq j$ stammen, nicht zuläßt. Insbesondere ist der Grad der Polynommatrix $\sum_{i \in R} \mathfrak{g}_i(n)$

genau dann gleich 0, wenn

$$m_i = 1 \qquad \text{für alle} \quad i \in R' \tag{6.78}$$

Berücksichtigen wir die Zerlegung $R = R_1 \cup R_2 \cup R_3 \cup R_4$, so erhalten wir für die Potenzen $\mathfrak{P}^n$ folgende Darstellung:

$$\mathfrak{P}^n = \mathfrak{C}_n + \mathfrak{Y}_1(n) + \sum_{i \in R_3} \lambda_i^n \; \mathfrak{Y}_i(n) + \sum_{i \in R_4} \lambda_i^n \; \mathfrak{Y}_i(n) \tag{6.79}$$

wobei die Matrix $\mathfrak{C}_n$ dem - eventuell vorhandenen - Eigenwert 0 entspricht. Nun betrachten wir die vier Summanden in (6.79) für $n \longrightarrow \infty$. Es gilt

$$\lim_{n \to \infty} \mathfrak{C}_n = \mathfrak{O} \tag{6.80}$$

$$\lim_{n \to \infty} \sum_{i \in R_4} \lambda_i^n \; \mathfrak{Y}_i(n) = \mathfrak{O} \tag{6.81}$$

Zu (6.80): Die Grenzbeziehung folgt unmittelbar aus (6.76)

Zu (6.81): Der Grad der Polynommatrix $\mathfrak{Y}_i(n)$ ist $m_i - 1$. Nun ist $\lim_{n \to \infty} \lambda_i^n n^g = 0$ für alle $g \leq m_i - 1$, da $|\lambda_i| < 1$. Es geht also jeder Summand in (6.81) und damit auch die Summe über alle $i \in R_4$ gegen 0. Bezeichnen wir das allgemeine Glied der Matrix (6.81) mit $g_{jk}(n)$, so gilt also

$$\lim_{n \to \infty} g_{jk}(n) = 0 \qquad \text{für alle} \quad j, k \in S. \tag{6.82}$$

Die Summanden mit Eigenwerten vom Betrag 1 erfordern eine gesonderte Behandlung. Nach Satz 6.5 gibt es zu jedem Eigenwert mit $|\lambda_i| = 1$ eine ganze Zahl $h_i \neq 0$, so daß $\lambda_i^{h_i} = 1$. Es sei die Zahl H das kleinste gemeinsame Vielfache der Zahlen $h_i$ mit $i \in R_2 \cup R_3$. Es ist also

$$\lambda_i^{mH} = 1 \qquad m = 1, 2, \ldots \quad \text{und} \quad i \in R_2 \cup R_3 \tag{6.83}$$

Für $n = mH$ wird aus den beiden kritischen Summanden

$$\mathfrak{Y}_1(n) + \sum_{i \in R_3} \lambda_i^n \; \mathfrak{Y}_i(n) = \sum_{i \in R_2 \cup R_3} \mathfrak{Y}_i(mH) = \mathfrak{Y}(mH) \tag{6.84}$$

Der rechte Ausdruck in (6.84) wird damit gemäß (6.77) zu einer Polynommatrix vom Grade $M = \max_{i \in R_2 \cup R_3} (m_i - 1)$ in der ganzzahligen Variablen m.

Unter den Elementen von $\mathcal{Y}(mH)$ gibt es ein Polynom $h_{jk}(mH)$ in mH vom Grade M. Das entsprechende Element in $\mathcal{P}^{mH}$ wird dann

$$p_{jk}^{(mH)} = h_{jk}(mH) + c_{jk}(mH) \tag{6.85}$$

wobei $c_{jk}(mH)$ von den Summanden $\mathcal{C}_{mH}$ und $\sum_{i \in R_4} \lambda_i^{mH} \cdot \mathcal{Y}_i(mH)$ beigesteuert wird. Wegen $c_{jk}(mH) \longrightarrow 0$ für $m \longrightarrow \infty$ ist

$$\lim_{m \to \infty} |p_{jk}^{(mH)}| = \lim_{m \to \infty} |h_{jk}(mH)| \tag{6.86}$$

Wäre nun der Grad $M > 1$, würde gelten $\lim_{m \to \infty} |h_{jk}(mH)| = + \infty$, das heißt, es gäbe eine Teilfolge von Exponenten H, 2H, ..., mH, ..., so daß die Beträge der Übergangswahrscheinlichkeiten über alle Grenzen streben, was im Widerspruch zu $0 \leq p_{jk}^{(n)} \leq 1$ steht. Es ist also $M = 0$ oder

$$m_i = 1 \qquad \text{für alle} \quad i \in R_2 \cup R_3 \tag{6.87}$$

Dies kann man auch in folgender Weise ausdrücken:

Satz 6.6

Alle Eigenwerte einer stochastischen Matrix mit dem Betrag 1 sind einfache Nullstellen des Minimalpolynoms von $\mathcal{P}$. Die zugehörigen Jordankästchen $\mathcal{J}(\lambda_i)$ sind Diagonalmatrizen.

Für stochastische Matrizen $\mathcal{P}$ kommen wir somit von (6.79) zu einer vereinfachten Darstellung der Potenzen

$$\mathcal{P}^n = \mathcal{C}_n + \mathcal{B}_1 + \sum_{i \in R_3} \lambda_i^n \mathcal{B}_i + \sum_{i \in R_4} \lambda_i^n \mathcal{Y}_i(n) \tag{6.88}$$

Ist $R_3 = \emptyset$, so leitet man aus (6.88) ab:

$$\lim_{n \to \infty} \mathcal{P}^n = \mathcal{B}_1 \tag{6.89}$$

woraus man sofort die Aussage ableiten kann, daß eine aperiodische, endliche Markovkette immer einen Gleichgewichtsvektor besitzt.

Ist jedoch $R_3$ nichtleer, so existiert kein Grenzwert, weil der Ausdruck $\sum_{i \in R_3} \lambda_i^n \mathcal{B}_i$ immer wieder einen Zyklus von Matrizen durchläuft, dessen Länge ein Teiler der Zahl H ist.

Man kann die Theorie der positiven bzw. stochastischen Matrizen so aufbauen, daß viele wichtige Begriffe aus der Theorie der Markovketten mit endlichem Zustandsraum erhalten werden, so z.B. die Begriffe irreduzible Kette, Rekurrenzklasse, periodische Klasse, transitiver Zustand, usw. Allerdings wird dabei für die Theorie dieser Markovketten nichts wesentlich Neues mehr erreicht.

Beispiel 6.5

Die Potenzen der Übergangsmatrix

$$\mathfrak{P} = \begin{pmatrix} 0 & 1 & 0 \\ \frac{1}{2} & 0 & \frac{1}{2} \\ \frac{1}{2} & \frac{1}{2} & 0 \end{pmatrix}$$

Das charakteristische Polynom wird:

$$\Delta(\lambda) = |\lambda\mathfrak{E} - \mathfrak{P}| = \lambda^3 - \frac{3}{4}\lambda - \frac{1}{4} = (\lambda - 1)(\lambda + \frac{1}{2})^2$$

Der Eigenwert $-\frac{1}{2}$ ist Doppelwurzel der charakteristischen Gleichung. Die Indexmenge für verschiedene Eigenwerte ist $R = \{1, 2\}$ und

$$\lambda_1 = 1 \qquad\qquad \lambda_2 = -\frac{1}{2}$$

zur weiteren Behandlung wird es notwendig, das Minimalpolynom aufzusuchen. Unter den zweizeiligen Minoren der Matrix $\lambda\mathfrak{E} - \mathfrak{P}$ finden wir (durch Streichen der ersten Spalte und der ersten, bzw. der zweiten Zeile) die Polynome

$$\begin{vmatrix} \lambda & -\frac{1}{2} \\ -\frac{1}{2} & \lambda \end{vmatrix} = \lambda^2 - \frac{1}{4} \qquad \text{und} \qquad \begin{vmatrix} -1 & 0 \\ -\frac{1}{2} & \lambda \end{vmatrix} = -\lambda$$

deren g.g.T. konstant ist. Das Minimalpolynom ist daher gleich dem charakteristischen Polynom und die Wurzelexponenten im Minimalpolynom werden $m_1 = 1$, $m_2 = 2$. Die zugehörige Jordansche Normalform ist in diesem Fall bereits vollständig bestimmt:

$$\mathfrak{J} = \begin{pmatrix} 1 & 0 & 0 \\ 0 & -\frac{1}{2} & 1 \\ 0 & 0 & -\frac{1}{2} \end{pmatrix}$$

Matrizen, für welche die Beziehung $\mathfrak{P} = \mathfrak{T}^{-1}\mathfrak{J}\mathfrak{T}$ gilt, sind

$$\mathfrak{T}^{-1} = \frac{1}{2}\begin{pmatrix} 2 & -2 & 8 \\ 2 & 1 & -6 \\ 2 & 1 & 0 \end{pmatrix} \quad \text{und} \quad \mathfrak{T} = \frac{1}{9}\begin{pmatrix} 3 & 4 & 2 \\ -6 & -8 & 14 \\ 0 & -3 & 3 \end{pmatrix}$$

was man durch direkte Rechnung leicht nachprüft.

Wir suchen nun die Darstellung

$$\mathfrak{P} = \lambda_1 \mathfrak{B}_1 + \lambda_2 \mathfrak{B}_2 + \mathfrak{N}_1 + \mathfrak{N}_2$$

Es ist

$$\mathfrak{B}_1 = \mathfrak{T}^{-1}\begin{pmatrix} 1 & 0 & 0 \\ 0 & 0 & 0 \\ 0 & 0 & 0 \end{pmatrix}\mathfrak{T} = \frac{1}{9}\begin{pmatrix} 3 & 4 & 2 \\ 3 & 4 & 2 \\ 3 & 4 & 2 \end{pmatrix}$$

$$\mathfrak{B}_2 = \mathfrak{T}^{-1}\begin{pmatrix} 0 & 0 & 0 \\ 0 & 1 & 0 \\ 0 & 0 & 1 \end{pmatrix}\mathfrak{T} = \frac{1}{9}\begin{pmatrix} 6 & -4 & -2 \\ -3 & 5 & -2 \\ -3 & -4 & 7 \end{pmatrix}$$

$$\mathfrak{N}_1 = \mathfrak{T}^{-1}\mathfrak{O}\,\mathfrak{T} = \mathfrak{O}$$

$$\mathfrak{N}_2 = \mathfrak{T}^{-1}\begin{pmatrix} 0 & 0 & 0 \\ 0 & 0 & 1 \\ 0 & 0 & 0 \end{pmatrix}\mathfrak{T} = \frac{1}{6}\begin{pmatrix} 0 & 2 & -2 \\ 0 & -1 & 1 \\ 0 & -1 & 1 \end{pmatrix}$$

Die Idempotenzrelationen $\mathfrak{B}_1^{\,2} = \mathfrak{B}_1$, $\mathfrak{B}_2^{\,2} = \mathfrak{B}_2$, die Nilpotenzrelation $\mathfrak{N}_2^{\,2} = \mathfrak{O}$, sodann $\mathfrak{B}_2 \cdot \mathfrak{N}_2 = \mathfrak{N}_2$ und $\mathfrak{B}_1 \mathfrak{B}_2 = \mathfrak{B}_1 \mathfrak{N}_2 = \mathfrak{O}$ sind leicht nachzuprüfen. Eine weitere Kontrolle ergibt sich aus der Tatsache, daß die Zeilen von $\mathfrak{B}_1$ die Grenzverteilung einer durch $\mathfrak{P}$ gegebenen Markovkette sind.

Für $\mathfrak{P}^n$ erhalten wir - unter Berücksichtigung von $\lambda_1 = 1$ - die Darstellungen

$$\mathfrak{P}^n = \mathfrak{B}_1 + \lambda_2^{\,n} \mathfrak{B}_2 + n \cdot \lambda_2^{\,n-1} \mathfrak{N}_2$$

$$\mathfrak{P}^n = \mathfrak{B}_1 + \left(-\tfrac{1}{2}\right)^n \left[\mathfrak{B}_2 - 2n \cdot \mathfrak{N}_2\right]$$

oder ausgeschrieben:

$$\mathfrak{P}^n = \frac{1}{9}\left\{\begin{pmatrix} 3 & 4 & 2 \\ 3 & 4 & 2 \\ 3 & 4 & 2 \end{pmatrix} + \left(-\frac{1}{2}\right)^n \begin{pmatrix} 6 & -4-6n & -2+6n \\ -3 & 5+3n & -2-3n \\ -3 & -4+3n & 7-3n \end{pmatrix}\right\} \qquad (6.90)$$

Um zu dem Ergebnis (6.90) zu gelangen, mußten wir die Matrizen $\mathfrak{T}$ , $\mathfrak{T}^{-1}$ kennen. Die Konstruktion der Matrix $\mathfrak{T}^{-1}$ geschieht wiederum durch die Angabe ihrer Spaltenvektoren, die nun jedoch - in nicht ganz einfacher Weise - aus Gleichungen der Form

$$(\lambda \mathfrak{E} - \mathfrak{P})^{\nu} \mathfrak{v}' = \mathfrak{o}$$

gewonnen werden.

Will man diese Prozedur vermeiden, empfiehlt sich die Anwendung der Formeln vom Typ (6.57). Hier erhalten wir

$$\begin{vmatrix} \mathfrak{P}^n & 1 & (-\frac{1}{2})^n & n(-\frac{1}{2})^n \\ \mathfrak{E} & 1 & 1 & 0 \\ \mathfrak{P} & 1 & -\frac{1}{2} & 1 \\ \mathfrak{P}^2 & 1 & \frac{1}{4} & -1 \end{vmatrix} = \mathfrak{O} \qquad (6.91)$$

woraus man nach einiger Rechnung wiederum auf die Darstellung (6.90) kommen kann.

## Anstelle eines Literaturverzeichnisses

sollen hier kurz einige Bücher besprochen werden, die ich bei der Abfassung des vorliegenden Skriptums benutzt habe. Dabei möchte ich, wo notwendig, kurz über die spezifischen Anregungen berichten, die ich von den einzelnen Darstellungen erhalten habe und auch, wo sie verwendet wurden. An der einen oder anderen Stelle mag ein hilfreiches Wort über die Verwendbarkeit des angeführten Werkes einfließen.

### I. Lehrbücher der Wahrscheinlichkeitsrechnung und der stochastischen Prozesse, die unter anderem Markovketten behandeln.

[1] W. FELLER, An Introduction to Probability Theory and its Applications, Vol. I, Third Ed. Wiley International Edition, New York 1968. 509 S.

Dieses klassische Lehrbuch der Wahrscheinlichkeitsrechnung ist auch für das Studium diskreter Markovketten von großem Nutzen. In den Kapiteln XV und XVI findet man in knapper und eleganter Darstellung eine Fülle von Material, das bis an neueste Entwicklungen heranführt. Zu vermerken wäre der Wechsel der Terminologie gegenüber früheren Auflagen, etwa die Verwendung des Ausdrucks "persistenter Zustand" für den früheren "rekurrenter Zustand". Die Abschnitte 4.1.2 und 4.4.1 des vorliegenden Skriptums bauen auf Fellers Kapites XIII über "rekurrente Ereignisse" auf.

[2] L. TAKÁCS, Stochastic Processes, Problems and Solutions, Methuen, London 1962. 135 S.

Dies ist eine schmale, doch inhaltsreiche Einführung in die Theorie der stochastischen Prozesse, die ihre Kürze allerdings dem geschickten Kunstgriff verdankt, Details sowie viele Beweise als Sammlung von Übungsaufgaben mit Lösungen zu präsentieren.

Dieses Büchlein verleitete mich zu einer genaueren Betrachtung des in Satz 2.3 ausgesprochenen Sachverhalts. Ich fand ihn gleich als Übungsaufgabe Nr. 1 - die Lösung allerdings bescheidet den

Leser mit dem lapidaren Hinweis auf die bei mit unter (1.17) angeführte Formel. Ausführlichere Hilfe war jedoch dann in [9], S. 88 ff. zu finden.

[3] E. PARZEN, Stochastic Processes, Holden-Day, San Francisco 1965. 324 S.

Markovketten werden dort im Kapitel 6 ziemlich ausführlich behandelt. Die Darstellung ist präzise und relativ leicht lesbar. Als Besonderheit sei vermerkt die Hervorhebung von sogenannten "non return states", die in der vorliegenden Darstellung zu den Äquivalenzklassen von Zuständen mit einem Element gezählt werden. Die Sätze 4.23 und 4.24 finden sich bei Parzen als Complements 5 A und 5 B. Aus den Kapiteln 6.5 und 6.6 habe ich vor allem die Anregung zu einer genaueren Befassung mit den Größen $f_{ij}{}^*$ übernommen, die sich bei mir hauptsächlich im Abschnitt 4.5.2 findet.

[4] D.R. COX, H.D. MILLER, The Theory of Stochastic Processes, Methuen, London 1965. 398 S.

Dieses Buch behandelt in den ersten drei Kapiteln die Theorie der Markovketten, ausgehend von der Beschreibung einfacher Irrfahrtmodelle. Der Aufbau wird dadurch etwas unsystematisch, bietet dafür aber reichhaltiges, konkretes Anschauungsmaterial, das in steigender Allgemeinheit zur üblichen Theorie der Markovketten führt. Die in dem vorliegenden Skriptum gegebenen Rekurrenz- und Transienzkriterien, sowie der Satz über die Existenz stationärer Maße, wurden zum größten Teil in der Fassung dieses Buches übernommen.

[5] S. KARLIN, A First Course in Stochastic Processes, Academic Press, New York 1966. 502 S.

Unter den "ersten Kursen" über stochastische Prozesse ist dieser wohl einer der gehaltreichsten, auch was die Theorie der Markovketten angeht. Vieles aus der hier zitierten Literatur ist dort ausführlich verarbeitet. Konkrete Ergänzungen werden durch eine Reihe von substantiellen Aufgaben, die den einzelnen Kapiteln angefügt sind, geboten. Ich halte dieses relativ wenig bekannte Werk, das die Theorie der Markovketten in den Kapiteln 2 bis 6 bringt - den Verzweigungsprozessen ist überdies Kapitel 11 gewidmet - für sehr empfehlenswert.

[6] J.W. COHEN, The Single Server Queue, North Holland Publishing Company, Amsterdam 1969, 657 S.

Dieses Buch ist zwar - sehr ausführlich und vollständig - einem Spezialthema aus dem Anwendungsbereich stochastischer Prozesse gewidmet, bringt jedoch in seinem ersten Teilabschnitt auf 25 Seiten eine knappe Darstellung von Markovketten mit abzählbarem Zustandsraum, die besonders auf die in der Theorie der Warteschlangen benötigten Rekurrenz- und Transienzkriterien abzielt.

## II. Spezialdarstellungen von Markovketten

[7] K.L.Chung, Markov Chains With Stationary Transition Probabilities, Second Edition, Grundlehren der mathematischen Wissenschaften in Einzeldarstellungen, Band 104, Springer-Verlag, Heidelberg 1967. 301 S.

Der Autor beabsichtigt zwar in erster Linie eine Darstellung von Markovprozessen mit stetigem Parameter und diskretem Zustandsraum, widmet aber als Vorbereitung das erste Drittel den Markovketten mit diskretem Parameter. Das Werk Chung's, das 1960 zum erstenmal erschien, übte seither großen Einfluß in der einschlägigen Literatur aus.

[8] J.G. KEMENY, J.L. SNELL, Finite Markov Chains, Van Nostrand Comp., Princeton 1960. 210 S.

[9] J.G. KEMENY, J.L. SNELL, A.W. KNAPP, Denumerable Markov Chains, Van Nostrand Comp., Princeton 1966. 439 S.

Obwohl sehr verschieden in ihrem Anspruch und ihrem Gehalt, sind beide Bücher im gleichen Geist geschrieben. Zunächst eine gemeinsame Schwierigkeit: Ohne Anstrengung lassen sich beide Werke nur lesen, wenn man sie von Anfang an durchnimmt, ein ad-hoc Einstieg irgendwo unterwegs fällt schwer. Das liegt zum großen Teil an der eigenwilligen Notation, die in fast allen Details von der üblichen Schreibweise der Literatur über diskrete Markovketten abweicht, bis hinunter zu den elementaren Wahrscheinlichkeitsaussagen (so kommt z.B. der Ausdruck "random variable" in keinem der beiden Bücher vor). Hat man aber diese von den Autoren gestellte Nebenbedingung auf sich genommen, wird man von der Lektüre großen Gewinn haben können. [8] wendet sich an den Anfänger, während [9] eine zwar in sich geschlossene, aber doch einige Anforderungen stellende Einführung in "den" modernen Aspekt der Theorie der diskreten Markovketten bietet, nämlich die Potentialtheorie. Eine gemeinsame Besonderheit: Starke Betonung der Matrizenrechnung bei Vermeidung der Eigenwerttheorie.

Das Konzept von [8] ermutigte mich, die Relation der Erreichbarkeit im Markovgraphen so stark zu betonen und systematisch auszubauen.

[10] P. GORDON, Théorie des chaines de markov finies et ses applications, Dunod, Paris 1965. 132 S.

Eine sehr klare und übersichtliche Darstellung der Theorie der Markovketten mit endlichem Zustandsraum. Bemerkenswert der Beweis des Erneuerungstheorems im elementaren Kontext und die Betonung des Relationskonzepts.

Übernommen habe ich aus diesem Text die Beweisidee zu den Sätzen 6.4 bis 6.6 über die Eigenwerte stochastischer Matrizen, da hier, abweichend von anderen Darstellungen, wie in [4], [5] und [12], Teil II, nicht erst auf allgemeine positive Matrizen Bezug genommen wurde, sondern sofort die Eigenschaften der stochastischen Matrizen ausgenutzt werden.

[11] F. SPITZER, Principles of Random Walk. Van Nostrand Comp. Princeton, 1964. 406 S.

Neben den diskreten Verzweigungsprozessen zählen Irrfahrten in (mehrdimensionalen) Zahlengittern zu den wichtigsten Spezialfällen diskreter Markovketten. Dieses Buch ist ein Kompendium der Irrfahrtprobleme, wobei harmonische Analyse und Potentialtheorie die Darstellung beherrschen, die bei relativ leichter Lesbarkeit von großer Geschlossenheit und Eleganz ist.

Direkte Anregungen kamen von den ersten Seiten: Das Konzept der analytischen Definition der Irrfahrt läßt sich auch auf Markovketten übertragen; daraus folgen die Formulierungen (3.7) und (3.8) für $p_{ij}^{(n)}$ und $f_{ij}^{(n)}$, die immerhin beim Beweis der Formel (4.109) für Absorptionswahrscheinlichkeiten eingesetzt werden konnten.

## III. Lehrbücher der Matrizenrechnung

[12] F. GANTMACHER, Matrizenrechnung, VEB Deutscher Verlag der Wissenschaften, Berlin.
Teil I: Allgemeine Theorie, 2. Aufl. 1965. 324 S.
Teil II: Spezielle Fragen und Anwendungen. 2.Aufl. 1966. 244 S.

Von diesen beiden Bänden wurde hauptsächlich der erste konsultiert. Die Matrizendeterminante und deren Gebrauch zur Formulierung einer Bestimmungsgleichung für Matrizenfunktionen habe ich modifiziert als Bestimmungsgleichung für Matrizenpotenzen übernommen. Der Teil II bringt unter anderem ein ausführliches Kapitel, das als "Paralleltheorie" zur Theorie endlicher Markovketten entwickelt wird. Auszüge davon findet man auch in den Büchern [4] und [5] .

[13] W. GRÖBNER, Matrizenrechnung. Bibliographisches Institut Mannheim 1966. 279 S.

Dies ist eine knappe, aber sehr reichhaltige Darstellung der Matrizenrechnung bei Betonung der algebraischen Aspekte. Man findet hier etwa die Darstellung einer Matrix als Linearkombination idempotenter und nilpotenter Matrizen, sowie ein recht übersichtliches Rezept für die Transformation einer Matrix auf die Jordansche Normalform, das mich bei der Konstruktion und Auswertung meines letzten Beispiels 6.5 unterstützt hat.

# Lecture Notes in Operations Research and Mathematical Systems

Vol. 1: H. Bühlmann, H. Loeffel, E. Nievergelt, Einführung in die Theorie und Praxis der Entscheidung bei Unsicherheit. 2. Auflage, IV, 125 Seiten 4°. 1969. DM 12,– / US $ 3.30

Vol. 2: U. N. Bhat, A Study of the Queueing Systems M/G/1 and GI/M/1. VIII, 78 pages. 4°. 1968. DM 8,80 / US $ 2.50

Vol. 3: A. Strauss, An Introduction to Optimal Control Theory. VI, 153 pages. 4°. 1968. DM 14,– / US $ 3.90

Vol. 4: Einführung in die Methode Branch and Bound. Herausgegeben von F. Weinberg. VIII, 159 Seiten. 4°. 1968. DM 14,– / US $ 3.90

Vol. 5: L. Hyvärinen, Information Theory for Systems Engineers. VIII, 205 pages. 4°. 1968. DM 15,20 / US $ 4.20

Vol. 6: H. P. Künzi, O. Müller, E. Nievergelt, Einführungskursus in die dynamische Programmierung. IV, 103 Seiten. 4°. 1968. DM 9,– / US $ 2.50

Vol. 7: W. Popp, Einführung in die Theorie der Lagerhaltung. VI, 173 Seiten. 4°. 1968. DM 14,80 / US $ 4.10

Vol. 8: J. Teghem, J. Loris-Teghem, J. P. Lambotte, Modèles d'Attente M/G/1 et GI/M/1 à Arrivées et Services en Groupes. IV, 53 pages. 4°. 1969. DM 6,– / US $ 1.70

Vol. 9: E. Schultze, Einführung in die mathematischen Grundlagen der Informationstheorie. VI, 116 Seiten. 4°. 1969. DM 10,– / US $ 2.80

Vol. 10: D. Hochstädter, Stochastische Lagerhaltungsmodelle. VI, 269 Seiten. 4°. 1969. DM 18,– / US $ 5.00

Vol. 11/12: Mathematical Systems Theory and Economics. Edited by H. W. Kuhn and G. P. Szegö. VIII, IV, 486 pages. 4°. 1969. DM 34,– / US $ 9.40

Vol. 13: Heuristische Planungsmethoden. Herausgegeben von F. Weinberg und C. A. Zehnder. II, 93 Seiten. 4°. 1969. DM 8,– / US $ 2.20

Vol. 14: Computing Methods in Optimization Problems. Edited by A. V. Balakrishnan. V, 191 pages. 4°. 1969. DM 14,– / US $ 3.90

Vol. 15: Economic Models, Estimation and Risk Programming: Essays in Honor of Gerhard Tintner. Edited by K. A. Fox, G. V. L. Narasimham and J. K. Sengupta. VIII, 461 pages. 4°. 1969. DM 24,– / US $ 6.60

Vol. 16: H. P. Künzi und W. Oettli, Nichtlineare Optimierung: Neuere Verfahren, Bibliographie. IV, 180 Seiten. 4°. 1969. DM 12,– / US $ 3.30

Vol. 17: H. Bauer und K. Neumann, Berechnung optimaler Steuerungen, Maximumprinzip und dynamische Optimierung. VIII, 188 Seiten. 4°. 1969. DM 14,– / US $ 3.90

Vol. 18: M. Wolff, Optimale Instandhaltungspolitiken in einfachen Systemen. V, 143 Seiten. 4°. 1970. DM 12,– / US $ 3.30

Vol. 19: L. Hyvärinen, Mathematical Modeling for Industrial Processes. VI, 122 pages. 4°. 1970. DM 10,– / US $ 2.80

Vol. 20: G. Uebe, Optimale Fahrpläne. IX, 161 Seiten. 4°. 1970. DM 12,– / US $ 3.30

Vol. 21: Th. Liebling, Graphentheorie in Planungs- und Tourenproblemen am Beispiel des städtischen Straßendienstes. IX, 118 Seiten. 4°. 1970. DM 12,– / US $ 3.30

Vol. 22: W. Eichhorn, Theorie der homogenen Produktionsfunktion. VIII, 119 Seiten. 4°. 1970. DM 12,– / US $ 3.30

Vol. 23: A. Ghosal, Some Aspects of Queueing and Storage Systems. IV, 93 pages. 4°. 1970. DM 10,– / US $ 2.80

Bitte wenden/Continued

Vol. 24: Feichtinger, Lernprozesse in stochastischen Automaten.
V, 66 Seiten. 4°. 1970. DM 6,– / $ 1.70

Vol. 25: R. Henn und O. Opitz, Konsum- und Produktionstheorie I.
II, 124 Seiten. 4°. 1970. DM 10,– / $ 2.80

Vol. 26: D. Hochstädter und G. Uebe, Ökonometrische Methoden.
XII, 250 Seiten. 4°. 1970. DM 18,– / $ 5.00

Vol. 27: I. H. Mufti, Computational Methods in Optimal Control Problems.
IV, 45 pages. 4°. 1970. DM 6,– / $ 1.70

Vol. 28: Theoretical Approaches to Non-Numerical Problem Solving. Edited by R. B. Banerji and M. D. Mesarovic. VI, 466 pages. 4°. 1970. DM 24,– / $ 6.60

Vol. 29: S. E. Elmaghraby, Some Network Models in Management Science.
III, 177 pages. 4°. 1970. DM 16,– / $ 4.40

Vol. 30: H. Noltemeier, Sensitivitätsanalyse bei diskreten linearen Optimierungsproblemen.
VI, 102 Seiten. 4°. 1970. DM 10,– / $ 2.90

Vol. 31: M. Kühlmeyer, Die nichtzentrale t-Verteilung.
II, 106 Seiten. 4°. 1970. DM 10,– / $ 2.90

Vol. 32: F. Bartholomes und G. Hotz, Homomorphismen und Reduktionen linearer Sprachen.
XII, 143 Seiten. 4°. 1970. DM 14,– / $ 4.10

Vol. 33: K. Hinderer, Foundations of Non-stationary Dynamic Programming with Discrete Time Parameter.
VI, 160 pages. 4°. 1970. DM 16,– / $ 4.60

Vol. 34: H. Störmer, Semi-Markoff-Prozesse mit endlich vielen Zuständen. Theorie und Anwendungen.
VII, 128 Seiten. 4°. 1970. DM 12,– / $ 3.50

Vol. 35: F. Ferschl, Markovketten. VI, 168 Seiten. 4°. 1970. DM 14,– / $ 4.10

GPSR Compliance

*The European Union's (EU) General Product Safety Regulation (GPSR) is a set of rules that requires consumer products to be safe and our obligations to ensure this.*

*If you have any concerns about our products, you can contact us on ProductSafety@springernature.com*

In case Publisher is established outside the EU, the EU authorized representative is:

Springer Nature Customer Service Center GmbH
Europaplatz 3
69115 Heidelberg, Germany

**Batch number: 10844827**

Printed by Printforce, the Netherlands